HEYNE FILMBIBLIOTHEK

W0198106

Heiko R. Blum / Sigrid Schmitt

KLAUS MARIA BRANDAUER

Schauspieler und Regisseur

Mit Beiträgen von
Jürgen M. Thie und Thomas Thieringer

Originalausgabe

WILHELM HEYNE VERLAG
MÜNCHEN

HEYNE FILMBIBLIOTHEK
Nr. 32/235

Herausgegeben von Bernhard Matt
Redaktion: Rolf Thissen

BILDNACHWEIS

Archiv des Autors 8, 10, 24, 31, 35, 64, 65, 87, 103, 138 (2), 139 (2), 140 (2), 141 (2), 187, 213; Archiv Petar Cheq 113; Archiv für Filmkunde 19, 23, 43, 47, 48, 51, 52, 56, 57, 58, 68 (2), 69 (2), 83, 99, 147, 151, 157, 174, 176, 177, 195; Freie Filmkritik 12, 25, 27, 29, 33, 39, 41, 44, 45, 50, 53, 54, 60, 61 (2), 63, 66, 89, 92, 97, 115, 119, 122, 123, 129, 130, 145, 148, 155, 160, 163, 165, 166 (3), 167 (2), 170 (2), 171 (3), 173, 180, 184, 194, 198, 203, 207, 208, 209, 210, 211, 212, 221, 231, 234, 240, 243, 256, 257, 258, 259, 263; Gorski 21, 199, 239; Handmade 79; Landestheater Tübingen 215, 217, 218; Margit Münster 81; Winfried Rabanus 249; K. Steinberger 7, 13

Copyright © 1996 by Wilhelm Heyne Verlag GmbH & Co. KG, München
Printed in Germany 1996
Umschlagfoto: DPA/Muncke, München
Rückseitenfoto: DPA, München
Umschlaggestaltung: Atelier Ingrid Schütz, München
Herstellung: H + G Lidl, München
Satz: Fotosatz Völkl, Puchheim
Druck und Verarbeitung: Ebner Ulm

ISBN 3-453-09406-9

Inhalt

ANHANG

Vorwort

Eine hochbegabte Familie: eine Regisseurin, die mit Gespür für Menschen, Situationen und Landschaften Klassik und Moderne aufs feinsinnigste bediente; ein Schauspieler, glutvoll, drängend, explosiv. Wenn er sagt: »Ich bin doch der Carlos von der

Klaus Maria Brandauer

Karin Brandauer

Burg«, dann schwingt neben der Ironie auch ein gutes Stück Eitelkeit mit; und schließlich der Sohn Christian, ein talentierter Komponist, der Filmmusiken und Musicals schreibt und vor allem die Poesie seiner Mutter in ihren Filmen mittrug. Das sind, beziehungsweise das waren die Brandauers, und »Die

Brandauers« sollte dieses Buch ursprünglich heißen. Inzwischen ist Karin Brandauer gestorben, plötzlich, kurz vor Beginn einer aufregenden Regiearbeit – sie wollte Marlen Haushofers DIE WAND inszenieren –, gestorben an einer heimtückischen Krankheit, die sie kannte, aber deren Ausmaß sie nicht erfassen konnte oder erfassen wollte. Klaus Maria Brandauer, der Schauspieler, inzwischen auch Regisseur, hat nach einer überraschenden Einstiegsarbeit – der Geschichte des Hitler-Attentäters GEORG ELSER – Thomas Manns sehr persönliche Erzählung MARIO UND DER ZAUBERER inszeniert; zum erstenmal hat hier sein Sohn Christian, der die Musiken zu den meisten Filmen seiner Mutter komponiert hat, für Klaus Maria die Musik geschrieben.

Mehr als zwei Jahre nach Karins Tod, geht Klaus Maria Brandauer daran, DIE WAND zu verfilmen. Es wird – wie er sagt – ein anderer Film werden als der, den Karin gedreht hätte, »aber vielleicht wird es unser gemeinsamer Film«. 1995 ist der Schauspieler, der zwischen New York und Paris, Rom und Berlin ständig unterwegs war, wieder in Wien seßhaft geworden. Brandauer lehrt heute wieder regelmäßig am Max-Reinhardt-Seminar, was er – mit Unterbrechungen – seit 20 Jahren tut. Im Mai 1995 ist er an der Universität Wien zum Ordentlichen Hochschulprofessor ernannt worden und ist heute dort tätig.

Auf Anregung von Dr. Mati Kranz von der Universität Frankfurt/Main, dem deutschen Repräsentanten der Universität Tel Aviv, wurde ein Fonds zur Einrichtung eines »Karin-Brandauer-Lehrstuhls« an der Universität Tel Aviv gegründet.

Bei mehreren Gesprächen mit Karin Brandauer über viele Jahre hinweg ist die Idee zu diesem Buch gereift. Es gibt keine Aufzeichnungen, nur die Erinnerung, später hat sich dann Klaus Maria Brandauer viel Zeit genommen bei Begegnungen in München, Köln und Altaussee sowie bei unzähligen Telefonaten. Brandauer hätte am Schluß gerne mit den Autoren gemeinsam den Text noch einmal überarbeitet, aber das hätte für den Verlag noch einmal eine Verzögerung um Monate bedeutet. So ist es im Endeffekt eine nicht voll autorisierte Edition geworden, doch wir hoffen, daß es dennoch ein Buch über die Brandauers geworden ist.

Köln, im Januar 1996
Heiko R. Blum / Sigrid Schmitt

Sean Connery:
»Er ist ein begnadeter Schauspieler«

»Ich saß in Edinburgh bei den Festspielen im Kino, es waren schöne Tage und gute Filme, doch eines Tages sah ich den Film eines Ungarn, der mich fasziniert hat. Es war die Verfilmung eines Romans von Klaus Mann. Der Film hieß – wie der Roman – MEPHISTO, und die Hauptrolle spielte Klaus Maria Brandauer. Seither konnte ich den Namen nicht mehr vergessen. Ich sprach mit dem Regisseur, dem Ungarn István Szabó, ein sehr

»Never Say Never Again«, sagte Sean Connery und kam als James Bond zurück. Als Gegenspieler holte er sich den von ihm verehrten Klaus Maria Brandauer. SAG NIEMALS NIE.

feiner Mensch. Wir sprachen über Klaus, und er war – glaube ich – genauso begeistert von ihm wie ich. Er wollte noch sehr viel mit ihm drehen – und hat es schließlich auch getan. Ich habe die anderen Filme nicht gesehen, aber ich hatte das Glück, mit Klaus gemeinsam zweimal zu spielen. Das erste Mal war es, als ich NEVER SAY NEVER AGAIN drehte. Ich hatte Jack Schwartzman, meinen Produzenten, und Kevin McClory, von dem die Idee zum Film stammte, auf Klaus aufmerksam gemacht, ich wollte ihn unbedingt für die Rolle des Largo. Doch Brandauer sagte: No!, ganz einfach: Nein! Als ich ihn schließlich nach endlosen Versuchen an der Strippe hatte, konnte ich ihn schnell überzeugen. Wir hatten sehr viel Spaß. Bei einer kleinen Arbeit in Salzburg sah ich ihn dann als JEDERMANN und war froh, als ich ihm am Set von RUSSIA HOUSE wiederbegegnete. Da spielte er einen sehr zurückhaltenden russischen Dichter, eine magische Figur, eine kleine, sehr eindrucksvolle Rolle. Viele waren von Klaus begeistert, meine Partnerin Michelle Pfeiffer, der Regisseur Fred Schepisi – alle, die etwas vom Spiel verstanden. Klaus gehört zu den großen, leidenschaftlichen Schauspielern, die man viel zu selten sehen kann, und ich hoffe, daß ich ihn irgendwann am Set eines Films wiedertreffe. Man wird diesen Klaus Maria Brandauer international entdecken. Nun war er ja neben Meryl Streep und Robert Redford in OUT OF AFRICA, und inzwischen müßte man seinen Namen überall kennen.« *(Hamburg, 1993)*

Klaus Georg Steng
alias Klaus Maria Brandauer

Klaus Georg Steng kommt am 22. Juni 1944 zur Welt. Er bleibt das Einzelkind des Zollbeamten Georg Steng und seiner Frau Maria, geborene Brandauer. Vom ersten Schrei im Salinen-

Klaus Maria Brandauer mit Maximilian Schell in der Sendung SHOW-GESCHICHTEN.

Klaus Maria Brandauer und Elisabeth Bergner 1984 in München.

hospital von Bad Aussee in der Steiermark zum bedeutungs-
schweren »Sein oder Nichtsein« des HAMLET am Wiener
Burgtheater ist's ein weiter Weg. Die Kindheit in Altaussee,
Grenzach, Oberkirch und Kehl ist sorgenfrei. Nach der Matura,
dem Abitur 1962, geht der junge Klaus Georg nach Stuttgart
an die Hochschule für Musik und darstellende Kunst. Zwei
Semester sind genug: Am Landestheater Tübingen beginnt am
20. September 1963 die Bühnenkarriere des Klaus Maria Bran-
dauer. Der ehrgeizige 19jährige hat erkannt, daß der Geburts-
name der Mutter für die Karriere förderlicher ist.
Der junge Edelmann Claudio aus Shakespeares MASS FÜR
MASS, vom Beginn des Stückes an vom Tode bedroht und am
Ende gerettet, wird der erste Erfolg des jungen Schauspielers.
Doch bereits die zweite Tübinger Rolle als »1. Unauffälliger«

in Ulrich Bechers DER BOCKERER ist fast schon die letzte an diesem Theater. Lakonischer Kommentar Brandauers: »Ich bin zum Theater gegangen, um auffällig zu sein!« Doch Regisseur und Hausherr Fritz Herterich nimmt ihm das frühe Ausscheiden nicht übel, im Gegenteil: Als Intendant des Landestheaters Salzburg holt er ihn dorthin. So wird Salzburg zur nächsten Station in Klaus Maria Brandauers Karriere, die dritte dann das Düsseldorfer Schauspielhaus. Danach geht es geradewegs nach Wien, ans Theater in der Josefstadt und schließlich – an das Burgtheater als Krönung. »Auf zwei Dinge kann ich um nichts in der Welt verzichten: auf meinen Heimatort Altaussee und auf die Bühne des Wiener Burgtheaters«, sagt Brandauer später.

In München ist er sowohl im Residenztheater als auf der Bühne der Kammerspiele zu sehen. Überhaupt: in den siebziger Jahren ist er einer der populärsten Theaterschauspieler des deutschsprachigen Raums.

»Sein Bühnentemperament ist unverkennbar österreichischen Charakters; empfindlich, labil, doch auch strahlend und schnellfüßig. Bubencharme mit Abgründen und Zwielichtigkeiten«, schreibt Benjamin Henrichs im Jahresheft 1976 von »Theater Heute«.

Arthur Schnitzler gehört – verständlicherweise – zu Brandauers Lieblingsautoren, immer wieder spielt er auch Shakespeare, den von ihm so geliebten HAMLET allerdings erst ganz spät in seiner Bühnenlaufbahn. Mit dem HAMLET hat es so seine Schwierigkeiten, das weiß auch Klaus Maria Brandauer: »Das Problem bei HAMLET ist: In dem Alter, in dem man ihn spielen sollte, ist man zu jung, um ihn zu begreifen. Aber wenn man ihn begriffen hat, dann ist man als Schauspieler eigentlich schon wieder zu alt dafür.«

Im Fernsehen erscheint er erst als Darsteller in konservierten Bühneninszenierungen, bald aber findet man ihn auch in herkömmlichen Fernsehspielen. Eine seiner frühen Fernsehrollen ist der Georg von Wergenthin in der Schnitzler-Adaptation DER WEG INS FREIE von Karin Brandauer, seiner Frau.

Die Friseurstochter Karin Müller stammt wie Klaus aus Altaussee, sie kennen sich von Kindheit an, und eines Tages hat es »gefunkt«. Als sie 18 ist, heiraten Karin und Klaus, sie ist schwanger, bald kommt Sohn Christian zur Welt. Das Kind musischer Eltern ist von klein an musikbegabt. Mit sechs spielt es Klavier, die Eltern sorgen dafür, daß es »am Ball« bleibt. Christian wächst im Umfeld von Theater und Drehort auf; auch wenn sich beide Eltern für ihn viel Zeit nehmen, das Klima, die Stimmung, das Temperament gehören zu Bühne und Studio. Später wird sich das auszahlen: Christian schreibt und instrumentiert die Musik für Karins Fernsehspiele, er geht nach Chicago, wird ein bekannter Komponist, bleibt aber mit den Eltern immer in enger Verbindung – ja, man wohnt in Wien sogar unter dem gleichen Dach. Eine glückliche Familie, eine produktive Unterstützung jedes einzelnen bei den Arbeiten des anderen. Doch dann stirbt – trotz schwerer Krankheit für alle überraschend – Karin Brandauer. Es steht bereits der Drehbeginn für ihren immer wieder verschobenen Film DIE WAND fest, gerade war sie noch in der Jury der Lübecker Filmtage. Jetzt drohen Vater und Sohn in ein tiefes Loch zu fallen. Doch sie fangen sich im Laufe der nächsten Jahre, finden zu neuer, kreativer Arbeit – auch gemeinsam: Christian Brandauer komponiert die Musik für Klaus Maria Brandauers Film MARIO UND DER ZAUBERER, die erste gemeinsame Arbeit von Vater und Sohn; für DIE WAND, die Klaus Maria nach Karins Drehbuch inszeniert, wird Christian wieder die Musik schreiben.

Das Kino bringt schon Anfang der siebziger Jahre eine Veränderung in den Arbeitsalltag des Schauspielers. Nicht österreichische oder deutsche Produzenten aber kommen auf die Idee, Klaus Maria Brandauer auf die Leinwand zu bringen, sondern die Amerikaner: Produzent Ingo Preminger und Regisseur Lee Katzin sehen im Münchner Residenztheater Klaus Maria Brandauer als Petruchio. Nach der Vorstellung kommen sie mit einem Drehbuch und einem fertigen Vertrag für THE SALZBURG CONNECTION in die Garderobe. Erst meint der vielbeschäftigte Bühnenstar: Was soll ich in einem Hollywood-Film bei Twentieth Century Fox? Doch bald reizt es ihn, natürlich auch die gute Bezahlung und der Luxus in den Hotels, der eigene Chauffeur, der Ruhm des Leinwandhelden. Es dauert danach dennoch – obwohl es viele Filmangebote gibt – acht Jahre, bis ihn wieder ein Projekt reizt. Es ist eine deutsch-ungarische Koproduktion des prominenten Ungarn András Kovács: EIN SONNTAG IM OKTOBER über den ungarischen Reichsverweser Miklós Horthy, der aus dem Bündnis mit Hitler und Mussolini aussteigen wollte. Der Film war bei uns nur im Fernsehen zu sehen.

Dann ruft ein anderer Ungar an und will ihn für die Rolle des MEPHISTO nach Klaus Manns Schlüsselroman. Brandauer sagt spontan zu, es ist der Beginn einer wunderbaren Freundschaft. Drei Filme drehen István Szabó und Klaus Maria Brandauer miteinander – man kann sie später als Trilogie bezeichnen: MEPHISTO – OBERST REDL – HANUSSEN. Deutsch-ungarische Koproduktionen, kein Hollywood. Doch der Siegeszug des ME-PHISTO macht die internationale Filmszene auf Brandauer erneut aufmerksam, jetzt ist er ein Star, eine Figur, eine Persönlichkeit. Da wird ein neuer Bond-Film mit Sean Connery gedreht, und Sean wünscht sich Klaus Maria Brandauer als Gegenspieler Largo. Irvin Kershner bietet ihm die Rolle an, doch Brandauer lehnt ab. – Ein Star des Burgtheaters in einem James-Bond-Film?! Doch dann ruft Sean Connery an, überzeugt Brandauer rasch – und eine neue Freundschaft bahnt sich an. Connery ist begeistert vom diesem Bühnenschauspieler. Brandauer vermittelt Connery eine Rolle, die er nicht übernehmen kann, und Connery holt ihn für eine weitere Produktion: RUSSIA HOUSE. Aber zuvor lernt Brandauer den russischen Schriftsteller Jewgenij Jewtuschenko kennen, und der möchte mit ihm in der Sowjetunion einen Film machen. Brandauer sagt zu, obwohl es keinen einzigen Rubel geben wird. Dafür darf Klaus Maria gemeinsam mit Karin – solange er möchte – durch die Sowjetunion reisen. Klaus spielt, die Brandauers genießen die Sowjetunion, und Brandauer sagt später: »Das war die großzügigste Gage!« Von dem fast fünfstündigen Filmgab es bei uns nur eine Fernsehversion von 100 Minuten zu sehen.

Das Fiasko mit dem Polen Skolimowski (DAS FEUERSCHIFF nach Siegfried Lenz) hinterläßt bei allen Beteiligten nur einen schalen Geschmack. Dann kommt die Karen-Blixen-Geschichte OUT OF AFRICA von Regisseur Sydney Pollack. Brandauer macht neben Meryl Streep und Robert Redford eine gute Figur, sein internationaler Ruhm steigt. Joe Roth besetzt ihn in STREETS OF GOLD, 1989 kommt endlich das GEORG ELSER-Projekt in Gang. John Frankenheimer war seinerzeit als Regisseur ausgestiegen, der Produzent überträgt nun Brandauer selbst die Regie. Das ist eine gute Entscheidung. Andere Filme wie Andrew Birkins BRENNENDES GEHEIMNIS und Danny Hustons COLETTE erweisen sich als Fehlinvestitionen, doch in Bernhard Wickis SPINNENNETZ gibt Brandauer der Rolle des Lenz die richtige Zwiespältigkeit.

Dann ruft die FRANZÖSISCHE REVOLUTION, ein gigantischer Zweiteiler zur 200-Jahr-Feier der Ereignisse von 1789. Für Brandauer ist das eine Prestige-Arbeit, der österreichische Schauspieler als Danton …

»Ich bin der Carlos von der Burg« –
Klaus Maria Brandauer im Gespräch

Was irritiert Sie am meisten, wenn Sie auf der Bühne oder vor der Kamera stehen? Was kann Sie aus der Ruhe bringen?

Mich beunruhigt am meisten, wenn ich das, was ich mir vorgenommen habe, was ich erarbeitet habe, nicht erreiche. Das kann sein, wenn ein unruhiges Publikum da ist, wenn man so ganz das Gefühl hat, es sitzt eigentlich niemand im Zuschauerraum, obwohl 1000 Menschen da sind, und eine Art Teilnahmslosigkeit sich breitmacht, die nicht unbedingt Teilnahmslosigkeit sein muß. Also wir hatten am Burgtheater ein Abonnement Nummer fünf. Dieses Abonnement ist ein Schreckensabonnement. Alle Schauspieler, die in diesem Abonnement spielen, würden am liebsten den Beruf an den Nagel hängen, denn es ist während der drei Stunden kein Huster, kein Schneuzer, nichts zu hören, überhaupt nichts, keine Reaktion. Und das bringt einen irgendwie zur Verzweiflung, weil man denkt, es ist überhaupt niemand da. Applaudiert haben sie dann am Schluß immer sehr kräftig. Ich weiß nicht, warum das so ist. Es ist, als wenn sich Menschen verschworen hätten, das irritiert einen dann natürlich auch.

Aber wirklich, was mich furchtbar irritiert, ist, wenn ich mir etwas vornehme und ich merke, es geht heute nicht, ich komme nicht, ich erreiche es nicht. Ich habe das Gefühl, meinem Gegenüber antworte ich gar nicht, sondern ich denke: Was ist denn das überhaupt? Jetzt sage ich einen Text und ich kann nicht einmal mehr »Guten Tag« sagen, oder plötzlich kommt Ihnen auch in den Sinn, daß Sie sagen: »Fahren Sie nach Moskau?« In dem Moment, wo Sie sagen: »Fahren Sie nach Moskau?«, denken Sie: Wieso nach Moskau? Sie fährt doch gar nicht nach Moskau. Ich bin doch hier im Wiener Burgtheater und frage irgend jemanden, den ich gut kenne: »Fahren Sie nach Moskau?« Solche Merkwürdigkeiten würde ich in den Bereich der Schizophrenie einreihen. Die kommen Ihnen manchmal. Es kommt auch manchmal vor, daß der Gang durch den Rathauspark Richtung Burgtheater ein merkwürdiger Gang ist, daß Sie sagen: So, jetzt ist es dann sieben, und da beginnt der HAMLET. Ja, und dann grüßt Sie noch jemand, dann hält sie noch jemand auf, der involviert Sie in ein Gespräch über irgend etwas ganz anderes, und Sie wissen: Da wurdeln schon die Leute drin, und es ist wie ein Riesenameisenhaufen, und dann geht der Vorhang auf, und es ist alles still, und jetzt erwartet jemand, daß Sie eine Geschichte mit Ihren Freunden oder Kollegen entwickeln. Also es ist die ganze Tätigkeit gelegentlich irritierend, und wenn ich mir jetzt so selber zuhöre, dann muß ich aber sagen, daß die glücklicheren Momente so überwiegen, daß Sie so etwas überhaupt machen können, daß es gepaßt hat, daß man sie genommen hat, daß Sie das gelernt haben einigermaßen und daß Sie damit auch noch Ihren Weg machen, also die überwiegen natürlich.

Auf der Höhe des Ruhms: Hendrik Höfgen, der große Darsteller.

19

Wie zwingend ist ein Drehbuch bei Ihrer Arbeit?

Ich bin mit meinen Freunden sehr gut vorbereitet. Ich würde mir das auch verbitten, unvorbereitet an einen Drehtag heranzugehen. Ich bin aber, weil wir gut vorbereitet sind, offen für jeden Zufall. Es kann sein, daß irgend etwas Unwägbares, nicht Voraussehbares geschieht, und wenn uns das für unsere Geschichte, für die Situation, in der wir gerade arbeiten, an der wir gerade drehen, wichtig erscheint, dann bauen wir das ein. So flexibel muß man immer sein. Ein Drehbuch ist ein Drehbuch, dann kommt die Interpretation des Drehbuches, vorher ist das Drehbuch eine Interpretation der Geschichte, die Sie verfilmen wollen, dann kommen Menschen dazu, die wollen das mit Leben erfüllen. Das sind immer erneute, glückliche oder unglückliche Begegnungen. Und man muß versuchen, als Räuberhauptmann – wie ich die Tätigkeit eines Regisseurs gerne bezeichne –, das halt auf einen gemeinsamen Nenner zu bringen.

Man könnte Sie als einen Kortner-Schüler bezeichnen ... Kortner war ja ein bißchen Dompteur, bei dem es schwer war für einen Schauspieler, etwas einzubringen. Von Szabó weiß ich, daß Sie selber sehr viel einbringen. Wie sind Sie als Regisseur?

Also ich habe eine sehr zementierte, fest vorgenommene Meinung und einen Plan, den ich durchsetzen will, aber wenn ein besseres Argument kommt, als ich es selber habe, oder ein Vorschlag, ein besserer als meiner, dann bin ich jederzeit bereit, heiße ich es geradezu willkommen, die bessere Einsicht, den besseren Vorschlag zur Intention des Regisseurs werden zu lassen.

Der muß aber dann in Ihren Bogen genau hineinpassen ...

Der muß nicht unbedingt hineinpassen, der kann auch kontrapunktisch sein. Es kann auch etwas ganz anderes sein, als ich mir je vorgestellt habe. Natürlich aber muß es im Zusammenhang zu unserer Geschichte plausibel sein, das ist klar. Aber die Schauspieler – da müssen Sie nicht mich fragen, da fragen Sie besser die Schauspieler, die mit mir gearbeitet haben –, die wissen, daß sie geradezu herausgefordert sind, provoziert sind, ihre eigene Figur so selbstisch und persönlich zu durchdenken,

Klaus Maria Brandauer

damit wir viel zu reden haben und viel zusammenzulegen haben oder viele Abgrenzungsmöglichkeiten haben.

Haben Sie, zum Beispiel bei MARIO UND DER ZAUBERER, *lange vorgearbeitet, oder entsteht bei Ihnen alles am Set?*

Ja, die Schauspieler, die feststanden, waren sehr früh in diesen Prozeß involviert. Ich habe mit ihnen immer wieder gesprochen, und durch mehrmalige Verschiebungen war das sogar ein intensiver ständiger Kontakt mit den Leuten. Ich halte das für eine sehr, sehr wichtige Geschichte, daß man vor dem Drehtag weiß, was man machen will. Wenn man in der Früh um neun Uhr, wenn es losgehen soll, erst zu diskutieren anfängt, das habe ich überhaupt nicht gern. Dann verlieren Sie noch mehr Zeit. Und vor allen Dingen haben Sie nicht die Freiheit, etwas auszudrücken. Was Sie Wochen vorher schon besprochen haben, ist bereits das Ihre, wenn Sie es aber kurz davor erfahren, kann es jemanden sehr verstören, sehr in seinem eigenen Konzept, sehr in seinem eigenen Gefühl beeinträchtigen, und ich weiß nichts besser als jeder andere: Ein sich wohl fühlender Schauspieler ist glaubhafter als einer, der sich nicht wohl fühlt. So ist – was die Schauspieler anbelangt – meine Priorität Nummer eins: Sie müssen sich wohl fühlen. Ich gebe zu, daß ich sämtliche Verführungskünste – wenn ich sie überhaupt besitze – anwende oder versuche anzuwenden, damit sie sich wohl fühlen.

Wie schwierig ist es für sie gewesen, gleichzeitig zu spielen und Regie zu führen?

Ich habe diese Frage in den letzten Tagen mehrmals beantwortet und beantworte sie wieder so und appelliere auch an Sie, daß Sie mir einfach glauben: Es war nicht schwer. Es war beim GEORG ELSER nicht schwer, und es ist auch jetzt bei MARIO UND DER ZAUBERER nicht schwer gewesen. Ich war in der ständigen Konzentration mit einem Thema, das ich sowieso in mir hatte, und so war es eine logische Folge, daß man gelegentlich gesagt hat: So jetzt sind meine Szenen dran. Ich war ja konzentriert im Thema; jetzt brauchte ich nur meine Figur, die ich mir ja ausgedacht hatte und mit dem Regisseur natürlich ausgedacht hatte, dem Regisseur, den ich gut kenne, den ich seit 50 Jahren in- und auswendig kenne, also wir haben da ein gleiches Spiel, wir kennen unsere Fehler, wir kennen unsere Schwächen, aber auch unsere guten Seiten. Es gilt also, einfach das fortzuführen; ich möchte niemandem zu nahe treten, aber natürlich gibt es lange, lange Wartepausen für Schauspieler, im Film ist das ja klar. Ich hatte nicht die Annehmlichkeit, während dieser Wartepausen als Schauspieler des Zauberers Cipolla in meinem Wohnwagen zu sitzen und zu malen oder zu lesen oder zu telefonieren oder zu schlafen. Sondern in dieser Zeit habe ich, wenn Sie wollen, Regie geführt oder meinen Räuberhauptmann gespielt. Und manchmal habe ich mir ein Jackett angezogen und verlängerte meine Konzentration in meinen Körper, in meine Gedanken, in die Figur des Cipolla.

Eine Hoffnung von morgen – Klaus Maria Brandauer als Boxer Alek Neumann in Joe Roths STREETS OF GOLD.

Kommt da so etwas wie Schizophrenie auf?

Ja, ich würde das gern so beschreiben, und ich habe das auch früher immer so beschrieben, was für ein schizophrenes Verhältnis das ist. Heute macht es mir keinen Spaß, diese Schizophrenie noch mal zu beschreiben. Das ist es nicht: Ich bin der Klaus Maria Brandauer, ich führe Regie, ich habe mich vorbe-

Klaus Maria Brandauer

Klaus Maria Brandauer als Christian in Carl Sternheims DER SNOB.

reitet, ich bin ein Schauspieler, ich weiß, daß dieser Schauspieler natürlich diesen Cipolla spielt und es nicht ist. Aber es wäre
schön, wenn es mir aufgrund meiner Fertigkeit in Momenten
gelingen würde, die Figur den Leuten so glaubhaft zu machen,

daß sie sagen: Ja, das lebt jetzt wirklich – und man vergißt, daß dahinter ein Schaupieler ist, sondern man glaubt eine Figur. Aber natürlich bin's immer ich, und ich empfinde natürlich. Ja, wenn Sie wollen, damit wir uns intellektuell unterhalten können, es ist doch ein furchtbar schizophrener Umstand, schrecklich, ich weiß gar nicht, was die linke Hand des Regisseurs und die rechte Hand des Schauspielers tun. Was macht denn der Kopf, der ist ja dann doch noch irgendwie Brandauer, auch der Regisseur ist irgendwie eine Rolle. Wir spielen immer, wer's weiß, ist klug, sagt mein Landsmann Arthur Schnitzler, und sicher ist das auch nicht nur auf seinem Mist gewachsen, das hat sicher schon ein alter Grieche gesagt. Also ich scheue mich nicht vor Schwierigkeiten, ich liebe Schwierigkeiten. Ich scheue mich nicht vor der Arbeit, wenn ich arbeite, dann 100 Prozent so fleißig; und was ich davon weiß und was ich mir überlegt habe, das möchte ich einbringen. Dazu habe ich, das merke ich jetzt schon beim zweiten Mal, irgendwie ein glückliches Händchen oder Näschen für Leute, die mich freundschaftlich und liebevoll, manche sogar zärtlich in meiner Arbeit begleiten, in den wichtigen Positionen, die aber so eigenständig sind, daß sie mir so viel Steine in den Weg schmeißen, die ich dann alle ausräumen muß. Und wenn ich sie nicht aufräumen kann, dann weiß ich: Da ist irgendwie ein Fehler, da ist eine Verknotung, und dann werden wir diesen gordischen Knoten zusammen durchschneiden ...

Der Cipolla hat ja Ähnlichkeit mit dem Hanussen.

Im Grunde sind alle Figuren miteinander verwandt, so wie alle Menschen, die je gelebt haben, jetzt leben und in Zukunft leben, mit uns verwandt sind. Wir sind natürlich ganz stolz darauf, daß wir Bruder und Schwester und Cousin und Cousine 180. Grades von Mozart und Beethoven und natürlich Dante sind, aber selbstverständlich auch von Stalin und Nero, und je eher wir das zuzugeben bereit sind, um so offener können wir unser Leben gestalten, um so offener können wir auch unseren Mitmenschen begegnen.

Thomas Mann und Musik, das ist ja sehr wichtig; Sie haben in MARIO UND DER ZAUBERER einen hervorragenden Komponisten beschäftigt, Ihren Sohn Christian Brandauer. War er als Kind schon gleich ein musikalisches Talent?

Der Christian hat mit sechs Jahren angefangen, Klavier zu spielen, und es war unser Ehrgeiz, daß er das auf jeden Fall jeden Tag übt. Da der Christian die ersten vier Jahre in Altaussee auf-

Klaus Maria Brandauer, der Star aus Sydney Pollacks OUT OF AFRICA.

wuchs – das war uns wichtig, damit er weiß, was eine Kuh und was ein Misthaufen ist und etwas Landleben genießt, so wie Karin und ich das auch genießen konnten –, war es notwendig, jemanden zu finden, der schaut, daß er das auch macht, und so war der Christian mit zehn, zwölf Jahren ein wirklich guter Klavierspieler, und ich war ziemlich stolz auf ihn. Und eines Tages hat er mich überrascht, indem er sagte, er spiele jetzt nicht mehr Klavier, sondern ich soll ihm eine Gitarre kaufen. Ich habe natürlich keine Gitarre gekauft. Ich habe gesagt: Du spielst weiter Klavier, und das machst du so toll. Dann hat ihm mein Schwiegervater eine Gitarre gekauft, und plötzlich ist der Christian – wie sehr viele junge Leute – schon früh zur Jazzgitarre übergegangen. Er hat bald eine kleine Schulband gehabt und hat Musik gemacht und schon versucht, eigene Kompositionen zu erstellen.

Nicht nur Karin und ich, sondern auch meine Schwiegereltern und meine Eltern und meine Großeltern sind, wenn man so will, obwohl sie ganz andere Berufe hatten, irgendwie musisch veranlagt. Bei uns singt man gern; es gibt keine Familienfeier, wo nicht einige zu verschiedenen Instrumenten greifen und etwas spielen können, und die, die nicht spielen können auf Instrumenten, die haben dann schöne Stimmen und singen dazu. Also das hat vielleicht den Ausschlag gegeben. Heute ist der Christian ein gestandener junger Komponist, der eine eigene Band hat und jeden Montag in Wien mit seiner Band spielt, aber sein Hauptaugenmerk im Moment ist, daß er eben komponiert, darunter auch Filmmusiken, und so war es geradezu logisch, daß ich ihn bat, für MARIO UND DER ZAUBERER die Musik zu machen. Und wie jeder Vater sagen würde, habe ich ihn nicht deshalb genommen, weil er mein Sohn ist, sondern weil er gut ist – und ich habe ihn natürlich auch genommen, weil er mein Sohn ist. Daß der Christian am Drehort war oder wenn wir dann zusammen die Musiken besprochen haben, das war schon ganz schön, und dann verschwimmt das ja auch, Arbeit und familiäre Bindungen. Aber im Moment der Wahrheit, wenn Sie in einem Raum sind und die Musik hören, die für den Film komponiert wurde, dann spielt es keine Rolle mehr, daß das der Sohn ist, sondern dann muß die Sache gut sein und passen und richtig sein – und das war's.

Blicke ... aus GEORG ELSER ...

Welchen Stellenwert hat in Ihren Filmen die Musik?

Für mich haben im Film die Bilder die erste Priorität, eine Aneinanderreihung von Bildern. Ich habe nichts gegen andere Filme, die von vorne bis hinten zugesprochen sind, aber für mich
ist es eine Aneinanderreihung von Bildern, und solange Bilder
das, was wir ausdrücken wollen, ausdrücken können, reicht das.
Wo das Bild das allein nicht mehr kann, kann gesprochen werden; wo die Sprache und die Bilder eine Unterstützung brau-

chen, eine Untermalung, da ist es die Musik. Ich habe lieber eine kontrapunktische Begleitung. Musik ist eigentlich für mich fast alles an Tönen und Geräuschen, was man in einem Film braucht. Ich weiß schon, daß Musik Noten sind, die man auf Instrumenten spielen kann oder die eine Stimme singen kann, aber auch jetzt das Geräusch draußen, das wir hier hören, alle Töne – also wir bestehen ja aus Tönen, manche formen sich zu Worten, manche zu Musiken. Töne also, aneinandergereihte Töne, das alles gehört ja zu einem Film dazu. Sehr gern habe ich es, wenn man nicht merkt, daß es so eine Untermalung ist; eine Liebesszene und 200 Geigen, also dem mißtraue ich, das ist so eine Doppelung. Ich habe manchmal bei Filmen mir den Jux erlaubt und einfach den Ton weggeschaltet, und dann schaut die Sache wieder ganz anders aus. Eine Filmmusik kann einen Film, der vielleicht gar nicht so spannungsreich ist, sehr spannungsreich machen, kann also sehr, sehr viel – wenn es eine tolle Musik ist – verändern; auch eine schlechte Musik verändert natürlich. Ein Bild pur – ist pur. Mit Tönen ist das etwas anderes. Es ist etwas anderes, ob Sie einen Hühnerhof sehen, und es macht Kikeriki; oder Sie sehen den Stephansdom, und es macht Kikeriki. Das hat auch eine Wirkung. Sie wissen ja, wie komplex die Arbeit am Film ist. Die Welt besteht aus Tönen, wir bestehen aus Tönen, und insofern ist natürlich Musik ein wichtiger Bestandteil im Film. In MARIO UND DER ZAUBERER gibt es keine Musik, die nicht ortbar ist, weil dort ein Grammophon, da ein Radio eingeschaltet wird, da ein Orchester Tanzmusik spielt. Eine Ausnahme: die Anfangs- und die Schlußtitelmusik, sonst gibt es nur veritable Musik durch richtige Quellen, es gibt also keine Untermalung.

Das war beim ELSER ja genauso: Kontrapunkte und Dissonanzen können da sein zwischen Bildern und Tönen, nur wenn's nicht hinhaut, macht's den Film kaputt.
Bestand bei Ihnen schon immer beim Spielen, beim Theaterspielen und im Fernsehen, so ein Wunsch, einen Film zu inszenieren, oder hatten Sie früher gar nicht an Film gedacht?

Also zum Regieführen kam ich gleich bei meiner ersten Rolle beim Landestheater in Tübingen. Ich habe meine Arbeit als Schauspieler – ich weiß nicht, mit welcher Muttermilch ich das eingesogen habe – gleich als eine Art Mitregisseur verstanden; also ich wollte mich ja einbringen, ich habe mir ja was überlegt, ich hatte nicht die Vorstellung, daß ein Schauspieler jemand ist, der auf die Bühne kommt, und der Regisseur sagt: Geh'n Sie von links nach rechts. Und er sagt: Wieso? Tja, weil Sie sonst fristlos entlassen werden. Also das versteh' ich ja nicht als Arbeitsverhältnis zwischen Regisseur und Schauspieler. Ich wollte schon immer das Meine durchsetzen und mich mit Leuten, mit denen ich etwas mache, darüber unterhalten, wie wir's machen wollen. Wenn ich den Eindruck hatte, das ist nun gar nicht so, wie ich es irgendwie spüre, oder da kommen keine zwei Wege zusammen, dann habe ich es lieber gelassen. Ich war immer

Eine absolut zwiespältige Figur: Klaus Maria Brandauer als Lenz in Bernhard Wickis DAS SPINNENNETZ.

in der glücklichen Lage, daß ich entweder Leute gefunden habe, die auf mich eingegangen sind, oder daß ich etwas nicht machen mußte, wo ich mich nicht wohl fühlte. Das ist nicht selbstverständlich, ich hatte nur das Glück, ganz einfach, daß ich mich nie darum sorgen mußte, wie geht es weiter oder wovon lebe ich. Dafür bin ich unheimlich dankbar. Natürlich hatte ich am Theater nach und nach den Wunsch, Regie zu führen, und gleich im zweiten Jahr am Theater habe ich eine Revolutionskomödie inszeniert. Vier Personen, eine Geschichte über einen Revolutionär in der Französischen Revolution mit einem Aristokraten und einem netten Fräulein und einem Diener; ich hatte damals noch nicht sehr viel Ahnung, aber mit den Schauspielern habe ich mir so langsam und fast wie ein Autodidakt und vor allem durch das Zuschauen bei anderen Regisseuren – ich bin immer auf Proben gesessen – das Rüstzeug, das Handwerkszeug, wenn Sie so wollen, zum Regieführen erarbeitet. Aber das wichtigste Rüstzeug war meine Tätigkeit als Schauspieler und vor allem mein Leben.

Als erfahrener Schauspieler begegnen Sie ja sicher oft am Set jungen, talentierten Schauspielern. Wie können Sie ihnen Hilfestellung geben, oder besser, wie erreichen Sie das, was István Szabó Energieaustausch nennt?

Im Grund genommen versucht man ja immer – was zunächst einmal falsch ist –, Dinge, die man beim Partner erhofft, aber die nicht da sind, dem eigenen Gefühl nach irgendwie zu erzeugen, zu provozieren. Und da machen wir oft unglaubliche Fehler, weil wir – während der andere vielleicht noch versucht, etwas stammelnd herauszufinden –, gerade dabei dieses zarte Gebäude des anderen zerstören. Das ist eine sehr, sehr gefährliche Sache. Ich war da früher am Theater unglaublich rigoros. Wenn du dich jetzt nicht aufregst, dann kann ich mich nicht noch mehr aufregen – solche Forderungen stellte ich. Ich glaube, daß ein Schauspieler nur durch sich und durch die Beschäftigung mit seiner Figur – wenn er ganz versucht, identisch zu sein mit dem, was er sich vorstellt von der Figur – dann kann eigentlich der Partner unabhängig von seinen Begabungen gar nicht anders, als Ihnen den richtigen Satz zu geben oder Ihnen richtig zu antworten. Daß ich gerne gute Stimmung verbreite

Klaus Maria Brandauer als Abenteurer Alex in Randal Kleisers aufregender Disney-Produktion WOLFSBLUT.

an einem Drehort, das ist bekannt, und das besonders, wenn es sehr schwierige und schreckliche Szenen sind; daß ich versuche, mich zu dekonzentrieren, im Sinne einer Konzentration, und dann meine Witzeleien mache. Das enerviert manchmal die Mitarbeiter sehr, auch Regisseure natürlich.

Gibt es Fälle, wo Sie gerne weggelaufen wären?

Es gibt Fälle, wo ich gerne weggelaufen wäre. Es gab Fälle, wo ich weggelaufen bin. Das war in der Zeit, als ich noch nicht so sehr wußte (ich wußte es immer schon ein bißchen), daß das, was wir machen, zunächst nicht wichtig ist; wir sind bestenfalls das Salz in der Suppe, so müssen wir uns alle auch betrachten. Im Detail sollten wir ernsthaft sein, verbissen kämpfen, aber im Überbau müssen wir das ein bißchen lockerer sehen. Wir sind nur – hoffentlich nicht nur – der Schnittlauch auf allen Suppen, sondern das Salz in der Suppe.

Sie sprechen jetzt als Schauspieler und als Regisseur?

Ich meine beide. Alle, die wir das machen, was wir machen, also wir haben doch wirklich – und ich empfinde es heute wieder, obwohl ich es auch als schwere Arbeit betrachte, diese Promotion-Tour zum Start von MARIO UND DER ZAUBERER, ich habe hier zehn, zwölf Interviews gegeben. Fernsehinterviews, manchmal dieselben Fragen, manchmal dieselben Antworten, aber ich mache es mit großer Lust und Laune, und während so ein Unbehagen aufkam, daß es jetzt eigentlich genug ist, dachte ich: Ist das nicht herrlich! Ich flieg' schon in der Früh von Berlin nach Köln. In der Früh – was passiert am Flughafen? Ich komme zu spät mit meiner Presseagentin; wir müssen das nächste Flugzeug nehmen, das in zehn Minuten wegfliegt, und sagen: Also bitte, können Sie umschreiben – da kommt ein dritter vollkommen außer Atem und sagt: Bitte, ich muß auch noch in die Maschine nach Köln, mein Name ist Thomas Mann! Ich promote gerade den Film MARIO UND DER ZAUBERER nach Thomas Mann, und da sage ich: Bitte geben Sie mir sofort Ihre Adresse, Sie müssen zur Premiere kommen, dann kann ich wirklich behaupten, daß Thomas Mann heute abend auch anwesend ist. Das ist doch herrlich, da flieg' ich, ein ruhiger Flug, ich fürchte mich, ich kann es Ihnen jetzt auch mal sagen, weil ich so das Gefühl habe, wir sitzen gar nicht vor einem Publikum, sondern wir sind ganz zu zweit alleine hier, ich fürchte mich vor jedem Flug. Ich umkreise die Welt, ich weiß nicht zum wievielten Male, aber sobald ich ein Flugzeug sehe, habe ich nasse Innenhände, aber es war ein sehr angenehmer Flug. Wir sind hier gelandet, und ich habe das, was ich liebe, nämlich unseren Film und unsere Arbeit, vertreten können, darüber reden können. Das ist doch wunderbar! Manchmal findet man dann wieder Gesichter und Menschen, mit denen man vor ein paar Jahren schon gesprochen hat, es ist so wie ein alle paar Jahre stattfindender Checkup, wo man sagt: Ah, es hat sich das und das verändert, oder ist die Zeit stehengeblieben? Merkwürdigerweise sind alle Menschen oder die meisten Menschen, die künstlerisch tätig sind, in einem Fluß, in einer großen Familie, die sie durcheinanderwirbelt, die für einen Moment innehalten, wo die Zeit stehenbleibt. Und das ist etwas, wo ich fast sentimental werde, wenn ich denke, daß ich das Glück habe, das jetzt über 30 Jahre machen zu können. Ich habe es mir gewünscht – und ich bin immer noch dabei. Das ist doch herrlich! Doch jetzt genug …

István hat etwas gesagt von dem Unterschied zwischen Schauspielern, die auf der Leinwand sehr gut wirken und auf der Bühne nicht, und anderen, die auf der Bühne wirken und im Film nicht …

Ein unauffälliger Mann: GEORG ELSER – EINER AUS DEUTSCHLAND, *er steht unter Verdacht, ein Attentat auf Hitler verübt zu haben. Klaus Maria Brandauers aufregender Film.*

Das faszinierendste Beispiel dafür – wir wollen ja im Empire State Building ganz oben bleiben – ist Laurence Olivier für mich. Der Laurence Olivier, den ich mehrere Male auf der Bühne in London gesehen habe, ist ein mystischer Riesenmythen-Kraftlackel der Bühne gewesen. Und er war ein hinreißender Filmschauspieler; aber die Kraft, das Elementare, die Verwandlung, die Personifizierung selbst im Sinne von »der Glaube versetzt Berge«, daß man dachte, das *ist* Shylock – das ist ihm im Film nicht gelungen für mein Gefühl, und ich weiß mich da in Übereinstimmung mit vielen anderen. Also das muß nicht kongruent sein, die Gesetze des Films sind tatsächlich anders. Wenn zum Beispiel ein Nicht-Schauspieler in der Lage ist, vor einer Kamera so zu sein, wie er ganz persönlich ist, und er hat eine starke Persönlichkeit oder irgend etwas sehr Persönliches, dann reicht das oft durchaus, daß man sagt: Mein Gott, das hat mich aber beeindruckt. Und ich glaube, daß eine ganze Reihe von namhaften Filmschauspielern im Sinne von Schauspielerei gar keine Schauspieler waren.

Bogart zum Beispiel.

Ja, der Blick von Humphrey Bogart, den ich stundenlang ansehen kann, der jetzt so oft wieder kopiert wird, daß Leute im Film plötzlich so schauen – man denkt darüber nach und denkt, jetzt möchte ich's endlich wissen. Was bei Humphrey Bogart also das Markenzeichen war, ich glaube der William Wyler hat einmal zu ihm gesagt: Humphrey, spiel nicht, du, bitte, spiel ja nicht – und das wurde Humphrey Bogart. Das schmälert ja seine Persönlichkeit überhaupt nicht, das beweist nur die Eigengesetzlichkeit des Films. Selbstverständlich auch Gary Cooper, der Gang ... Was ist denn das Berühmteste von Gary Cooper? Der Gang in HIGH NOON. Wie der geht mit seinen langen Beinen! Natürlich waren das interessante, schillernde Persönlichkeiten. Aber deswegen müssen wir ihnen nicht den Stempel aufdrücken, daß das Schauspieler waren. Ich weiß nicht, wie der Gary Cooper als Lear gewesen wäre – und natürlich auch mancher gute Bühnenschauspieler als Westernheld!

Sie sprachen davon, daß Sie mit Ihrer Frau zusammen in der Sowjetunion waren. Sie haben einen Fernsehfilm gemacht, diesen

Schnitzler-Zweiteiler, DER WEG INS FREIE. Das war auch der erste größere Film von Karin. Hat Sie sie sehr beeinflußt in Ihrer Arbeit als Schauspieler?

Also die Karin – jetzt unabhängig davon, wie wir dann zusammengearbeitet haben, viele Jahre später – hatte von Anfang an Interesse am Theater, sie saß immer bei den Proben, wenn ich gearbeitet habe, soweit es ihre Zeit erlaubte und der Christian sie nicht nervte. Sie wurde so langsam mein heimlicher Oberspielleiter, denn sie hat mich natürlich nach und nach am besten gekannt in der Arbeit. Was andere Regisseure als etwas Wunderbares empfinden, das hat sie bereits von mir gesehen, und so war ich immer aufgerufen und von ihr ermuntert, Dinge zu tun und Dinge zu sprechen, die ich von mir selbst noch nicht gehört hatte. Also blieb das immer irgendwie frisch im Fluß, aber das hörte dann natürlich auf, als sie selber sich entschlossen hat, ihre Berufsausbildung anzugehen. Das war zu jenem Zeitpunkt, als unser Sohn sich selber anziehen konnte, und in dem Moment bestand ja gar keine Notwendigkeit mehr, daß sie ständig zu Hause war, und sie hat dann die Filmakademie besucht. Ursprünglich wollte sie sich mal mit Malerei und mit Journalismus beschäftigen, also schreiben und Bilder malen. Das ist dann eingeflossen in ihre Arbeit, in das Filmemachen. Und während sie auf der Filmakademie gelernt hat, hab' ich immer bei ihr, die enorm fleißig war, gekiebitzt. So waren wir ständig im Gespräch. Wir hatten immer Themen über alles mögliche, über künstlerische Dinge und über technische Dinge, und diesen Einfluß, den kann man jetzt nicht aufteilen in beruflichen und privaten. Das war der Einfluß das ist der Einfluß und das bleibt der Einfluß.

Sie sagten, es gab Momente, wo Sie gerne weggelaufen wären, und Momente, wo Sie weggelaufen sind. Wo sind Sie denn weggelaufen?

Beim Film war mein Weglaufen meistens bereits vor der ersten Klappe, Gott sei Dank. Einen Film im Stich zu lassen, das geht nicht. Das ist völlig unmöglich, da ist zu viel Geld im Spiel, das wäre geradezu eine Katastrophe. Beim Theater ist das schon ein wenig leichter, weil es die Möglichkeit gibt, daß jemand anders das spielt und weil man das verschieben kann, was man hingegen beim Film sehr schwer kann. Ich habe HAMLET probiert mit einem wirklichen Freund von mir, Hans Neuenfels – ich bin nach wie vor mit ihm befreundet – am Hamburger Thalia-Theater. Ich war beauftragt, HAMLET zu machen. Boy Gobert fragte: Wen willst du als Regisseur? Ich sagte: Ich möchte den Hans Neuenfels. Sagte Boy Gobert: Kommt nicht in Frage! Also kurz und gut, ich habe ihm den Neuenfels eingeredet, das war damals noch so, heute müßte man ihn niemandem mehr einreden. Und dann haben wir angefangen und haben uns nicht verstanden, und an einem Tag habe ich gesagt: Weißt du was, ich spreche jetzt den Monolog »Sein oder Nichtsein«, und dann kamen die Putzfrauen herein und haben sich das angesehen, und ich habe gesagt: Auf Wiedersehen, und ward nie mehr gesehen. Ich weiß gar nicht, ob das so richtig war damals.

Durchs Kino das Leben meistern –
Klaus Maria Brandauer zu seinen Filmen
und Rollen

THE SALZBURG CONNECTION

Sie haben ihre Filmkarriere mit einem kleinen amerikanischen Action-Film begonnen ...

Mein erster Film war The SALZBURG CONNECTION, da hatte ich noch kein Fernsehen und nichts gemacht, das war ein Holly-

Johann Kronsteiner mit einer geheimnisvollen Kiste unterwegs: THE SALZBURG CONNECTION war Klaus Maria Brandauers erstes Auftreten vor der Kamera.

wood-Film, eine Preminger-Produktion mit Lee Katzin als Regisseur.

Wie war das damals für Sie?

Ich hatte hier – glaube ich – Petruchio gespielt am (Münchner) Residenztheater; der Katzin und der Ingo Preminger waren in der Vorstellung und haben mich nachher sprechen wollen und gesagt, hier ist ein Drehbuch, und sie würden sich freuen, wenn ich das spielen würde. Und ich dachte: Twentieth Century Fox! Das ist nicht schlecht, also jetzt aber! Und dann las ich das Drehbuch, das handelte am Toplitz-See und der war vier Kilometer von meinem Heimatort Altaussee entfernt. Jetzt hatte ich schon das Glück, einen ersten Film zu machen und gleich einen Hollywood-Film. Und wo handelt das? Am Toplitz-See. Es ging nämlich um den Schatz am Toplitz-See, das war ein Bestseller von Helen MacInnes. THE SALZBURG CONNECTION hieß dann der Titel, und dann haben wir dort gedreht. Obwohl ich in Altaussee gewohnt habe, habe ich mich in Salzburg in einem kleinen Hotel einquartiert und habe die Annehmlichkeiten eines Filmschauspielers mit einer Limousine und Chauffeur genossen und fand es eigentlich ganz prima, denn zum Burgtheater oder zum Theater in der Josefstadt oder zum Residenztheater hat mich natürlich kein Privatchauffeur gebracht. Also ich habe die Annehmlichkeiten des sogenannten Karrieristischen irgendwie gespürt, fand es am Set furchtbar langweilig, die ganze Geschichte entsetzlich fad und dachte, ein Mensch, der mit Molière-Texten und Shakespeare-Texten und Schiller-Texten lebt und Samuel Beckett spielt, muß auf einmal sagen: »You know, I was a little later in the bar.« Das war wirklich langweilig, und obwohl das vom Umstand des Geldverdienens sehr verlockend war, habe ich das irgendwie nicht mehr so beachtet, weitere Filme zu machen, ich dachte, es sei wichtiger, ich versuche jetzt einmal, mich zu etablieren als Theaterschauspieler. Damals kam gerade das Burgtheater auf mich zu, und ich habe dann tatsächlich einige Filme abgelehnt, um am Burgtheater als Don Carlos zu debütieren und den Ferdinand zu spielen und dann halt so die Rollen, die ich dann alle gespielt habe. Ich bereue das heute überhaupt nicht. Es hat dann sehr lange gedauert, bis man mich wieder gefragt hat, nachdem ich sehr viele heute sehr berühmte deutschsprachige Filmregisseure, aber auch ausländische, zurückgewiesen hatte. Ich sagte immer: »Ich bin der Carlos vom Burgtheater. Was können Sie mir schon bieten?«

EIN SONNTAG IM OKTOBER

Es war dann nicht Szabó, der als erste Ungar kam und Sie besetzte, sondern András Kovács, mit dem Sie den zweiten Film gemacht haben ...

András Kovács, das war dann mein zweiter Film: EIN SONNTAG IM OKTOBER. Das war eine kleinere Geschichte, in Ungarn ein Kinofilm, aber eine Koproduktion mit deutschen Fernsehan-

Martin Lüttge und Klaus Maria Brandauer in EIN SONNTAG IM OKTOBER.

41

stalten. Der András war natürlich ein wichtiger Regisseur, und es war dann meine zweite Rolle mehrere Jahre nach dieser SALZBURG CONNECTION.

MEPHISTO

EIN SONNTAG IM OKTOBER war bei uns nur im Fernsehen zu sehen. Und dann kam MEPHISTO.

Dann war jemand am Telefon und sagte: Mein Name ist István Szabó, einer mit einem ganz weichen zärtlichen Timbre in der Stimme, und er sagte: Ich habe die Absicht, MEPHISTO von Klaus Mann zu machen. Und spontan sagte ich: Das ist in Ordnung, das ist meine Rolle. Und er meinte zögernd: Warten Sie – und ich: Nein, das machen wir! Und wir haben uns getroffen und viel darüber geredet, und ich war ganz erstaunt, daß ein so gebildeter, feiner, sensibler Mensch, der nicht eine Sekunde an der Oberfläche redet, nicht eine Sekunde das Klischee des Künstlerischen, des Filmenden, Theatermäßigen hat, fast wie ein Philosoph mit mir geredet hat, und ich war überrascht: Der ist der Regisseur. Das war eine feine Geschichte mit ihm. Und dann haben wir gedreht.

Und da hatten Sie auch das Glück, daß Sie so eine wirklich phantastische Besetzung hatten …

Das Ganze war eigentlich ein Glücksfall, denn wir haben 1980 gedreht, also in einer Zeit, in der sehr viel virulent wurde in Europa. In Polen begann die Bewegung von Solidarnosc; es kam die Kristina Janda, die uns immer berichtete; die polnischen Schauspieler erzählten, was sich in Warschau tut; und die Ungarn erzählten, was sich im Land tut; und der Rolf Hoppe kam aus der DDR, und ich war aus Österreich, und es gab Deutsche, und es gab Franzosen und auch Engländer. Ein berühmter Journalist spielte mit, David Robinson, und so wurde das ein Sammelsurium von verschiedenen Sprachen, Landsmannschaften. Wir haben sogar in fünf Sprachen gedreht. Man muß sich das vorstellen! Heute sagt man: Sprechen wir alles in Englisch, das versteht jeder. Fünf Sprachen wurden dort gesprochen, und zwar während der Aufnahmen! Jemand hat in Ungarisch eine Frage gestellt, Sie haben deutsch geantwortet, und ein anderer

Gustaf Gründgens läßt grüßen: Klaus Maria Brandauer in der Titelrolle von István Szábos Heinrich-Mann-Verfilmung MEPHISTO neben Rolf Hoppes Luftwaffengeneral.

hat französisch zurückgesprochen. Es war hinreißend organisiert von einem sensationellen Heer-Führer István Szabó. Wo ich dachte, ein so leiser Mensch kann das gar nicht sein, aber wenn es dann sein muß, ist er auch ein Generalfeldmarschall. Und die Arbeit mit ihm war so wichtig, und sie hat ja Gott sei Dank Fortsetzung gefunden, und es wird auch wieder sein. Wenn wir uns demnächst sehen, werden wir besprechen, was für einen Streich wir vielleicht gemeinsam aushecken können. Das war eine wesentliche Beeinflussung – ähnlich wie Kortner – auf dem filmischen Gebiet, aber auch für mein Leben. Ein ganz wichtiger – Gott sei Dank – gewachsener Freund, István Szabó.

NEVER SAY NEVER AGAIN

Dann kam die Wiederkehr des Sean Connery als James Bond, und Sie waren der Largo.

Ja, dann machte erst mal MEPHISTO sozusagen seinen Siegeszug rund um die Welt. Er wurde in allen wichtigen Ländern gespielt, und man wurde auf mich aufmerksam, es gab viele Preise, darunter auch den Oscar für den besten ausländischen Film. Dann kam Irvin Kershner auf mich zu, der damals der Speaker of Foreign Language Pictures Association war, und sagte: Hast du nicht Lust auf einen James Bond? Und ich sagte: James Bond? Kommt doch überhaupt nicht in Frage! – Und ich sagte

James Bonds erbitterter Feind ist Maximilian Largo (Klaus Maria Brandauer) – hier mit der verführerischen Domino (Kim Basinger). NEVER SAY NEVER AGAIN sagt Sean Connery und kehrt noch einmal als 007 zurück …

Fatima Blush (Barbara Carrera) ist eine gefährliche Frau, und Maximilian Largo (Klaus Maria Brandauer) ist ihr Partner. Szene aus Irvin Kershners SAG NIEMALS NIE!

noch ein bißchen flapsig: Ich bin doch der Don Carlos vom Burgtheater, wie kommst du denn auf so etwas, in so einer Sache mitzuspielen! Er ließ aber nicht locker, also ich wollte das eigentlich nicht, und dann hat der Sean Connery angerufen. Er sagte: Erst einmal, es ist leichter, den Papst zu erreichen als dich, du bist ja immer unterwegs; zweitens sag' ich dir: Mach mit bei dem Film, »we will have a lot of fun and a lot of money«. Das sind so schlagende Argumente gewesen von Sean, da konnte ich nicht widerstehen.

Er sagte mir, er wäre auch in Salzburg gewesen und habe Sie als JEDERMANN gesehen –

Er war in Salzburg und hat mich besucht, und ich habe ihn eingeladen zu einer Art Personality Show, die heißt JEDERMANN FÜR JEDERMANN, eine Live-Sendung im Fernsehen für Österreich und auch für Bayern, einen Teil von Deutschland. Und da habe ich in einer Sendung Freunde eingeladen, darunter auch Sean Connery, und der war dann in der Vorstellung. Wir sind seit vielen Jahren befreundet und haben uns nicht oft genug, aber doch immer wieder gesehen.

Und er hat auch gesagt, er will wieder mit ihnen arbeiten, und Sie haben ja auch in RUSSIA HOUSE noch einmal zusammengearbeitet ...

Er war besonders toll in einem Moment, ich sollte in THE HUNT FOR »RED OCTOBER« den russischen Kapitän spielen, ich konnte dann nicht, weil ich der Danton in FRENCH REVOLUTION war. Das ist hinten und vorn nicht ausgegangen, und der Sean hatte ohne ein Bedenken, obwohl es schon klar war, daß ich das spielen sollte, gesagt: Klar, das mache ich, und hat's dann auch getan und hatte einen irrsinnigen Erfolg. Das wäre gar nicht schlecht gewesen, wenn ich das gewesen wäre.

KINDERGARTEN

Ich habe gehört, daß Sie ein Freund von Jewtuschenko sind und aus Freundschaft diese kleine Sache, den Film KINDERGARTEN, mit ihm gemacht haben.

Jewgenij Jewtuschenko hat mir eines Tages einen Brief geschrieben, daß er meinen Film gesehen hat und daß er vor seinem ersten Film steht, er wolle zum erstenmal Regie führen. Er wollte eine eigene Geschichte, einen eigenen Roman verfilmen, KINDERGARTEN, und er schrieb, daß er mich gerne hätte für eine Figur in dem Film, und daß er mir aber überhaupt nichts zahlen könne, weil er kein Geld habe. Das einzige, was er mir bieten könne, sei eine Reise durch die damalige Sowjetunion mit Karin zusammen, und zwar wohin ich will und solange ich will. Es wurde eine der höchsten Gagen, die ich je bekommen habe, ich habe so viel gesehen von Tiflis über Leningrad und Moskau bis Sibirien. Es war herrlich, und überall wurden wir mit offenen Armen empfangen. Wir waren natürlich privilegiert, wie man dann schon ist, wenn man herumgereicht wird, haben einen so tiefen Einblick gewonnen in so viele Völker der Sowjetunion. Das war aufregend und in einer Zeit, in der es noch ziemlich kalt war zwischen Ost und West. Und Jewtuschenko, den ich persönlich nicht kannte, lernte ich dann an jenem Tag mit einer roten Rose in der Hand am Flughafen in Moskau kennen. Als erstes ist er sofort mit uns ans Grab von Pasternak nach Peredelkino gefahren, und da war eine Bank vor dem Grab, und er hatte einen Sekt dabei und einen Wodka, und er sprach Pasternak-Gedichte. Ich habe dann Altenberg- und Schnitzler-Gedichte gesprochen, und so haben wir sehr lange getrunken, und so war es für Jewtuschenko wichtig, daß der erste Besuch von Karin und mir in Rußland das Grab von Pasternak war, was damals in Gefahr war, überhaupt dem Erdboden gleichgemacht zu werden. Dann sind wir in Pasternaks

Der sowjetische Dichter Jewgenij Jewtuschenko neben dem Filmjungen Serjosha Gussak als Shenja in seinem eigenen Film KINDERGARTEN, in dem Klaus Maria Brandauer einen humanen deutschen Offizier spielt.

Klaus Maria Brandauer als deutscher Offizier, der sich nicht als Feind, sondern als Mensch verhält. Aus Jewtuschenkos Film KINDERGARTEN.

ehemalige Villa gegangen, und das war ziemlich schön. Ich spielte in seinem Film einen deutschen Offizier, der einen russischen Offizier verhört – im Haus von Tolstoi in Jasnaja Poljana. Ich saß im Arbeitssessel von Tolstoi, und draußen war ein Gästebuch. Das war herrlich. Da gab es viele Eintragungen in russischer Schrift bis 1941, und dann plötzlich auf einmal stand da: »2. Februar 1941: Bin heute im Bett von Tolstoi gewesen und habe dort geschlafen. Müller, Obergefreiter, Saarbrücken.« Und dann kamen monatelang deutsche Eintragungen, wirklich fein säuberlich weitergeführt, bis es wieder russisch wurde. Das ist eine solch bewegende Erinnerung und war in dem Moment so wichtig für uns, weil es den Unsinn dieses Gegenseitig-die-Köpfe-Einschlagens so deutlich dokumentiert hat und die Sehnsucht nach Harmonie und eigentlich nach Poesie des Lebens von uns allen, von allen Menschen. Und Jewtuschenko schöpfte aus dem vollen. Es war ihm wurscht, was ein Achssprung ist. Sämtliche Gesetze des Filmes waren ihm vollkommen egal, er hat gesagt, er dreht so, wie er denkt, und der Kameramann hat manchmal aufgeheult. Er hat gesagt: Das geht doch nicht! Jewtuschenko aber sagte, ich mache es so, und es wurde ein wunderbarer vierdreiviertel Stunden langer Film mit herrlichen Situationen, ein Abriß der russischen Geschichte, eigentlich seine eigene Geschichte von der Kindheit bis in sein 50. Lebensjahr. Also das war der Poet, Dichter, Schriftsteller und Regisseur Jewgenij Jewtuschenko. Unabhängig davon, was die Fachwelt zu seinem Film sagt – für mich war es eine prachtvolle herrliche Begegnung.

Der Film war leider bei uns nur in gekürzter Fassung im Fernsehen zu sehen.

Oberst Redl

István hat erzählt, daß er als Vorbereitung einige Zeit vorher intensiv mit den Schauspielern Buchstabe für Buchstabe das Drehbuch durchgearbeitet habe. Sie haben auch so etwas gesagt, vielleicht können Sie da noch ergänzen, ob Sie unterschiedlich arbeiten, ob Sie mit dem ganzen Ensemble oder mit einzelnen probieren. István erzählte, er habe mit Ihnen bei Mephisto und bei Oberst Redl vorher einzeln gearbeitet. Wie machen Sie das?

Ein Film wie Oberst Redl zum Beispiel ist von István Szabó für mich geschrieben worden. Das ist natürlich eine ganz andere Geschichte. Er kannte mich da schon sehr gut, er kannte mich fast so gut wie ich mich selber, und wir sind seither sehr gut befreundet. Aber zu der Zeit war das einfach ein Kulminationspunkt an gegenseitigem Interesse in der Arbeit und auch im persönlichen Bereich. So wurde diese Rolle für mich geschrieben. Da braucht man dann nicht mehr so viel zu reden, dann ist man einfach generell in den Themenkreis eingebun-

Heitere Stunden an der Adriaküste: Oberst Redl und seine Geliebte Katalin – Klaus Maria Brandauer und Gudrun Landgrebe.

den, und es gibt am ersten Drehtag kaum noch etwas zu besprechen. Da sind eigentlich alle Fragen beantwortet, weil man ja während des Schreibens des Drehbuchs – die erste Fassung, die zweite Fassung, die dritte Fassung – schon über das eine oder andere diskutiert hat, sich gewünscht hat, daß das eine oder andere einfließt, daß die eine oder andere Szene mit hineingenommen wird. Das war so eine Art – ohne daß man irgendwie in die Nähe von Drehbuchmitarbeit kam – von Kollaboration von vornherein. Ich halte das prinzipiell auch so, und zwar in der Weise, daß ich schon sehr früh die Menschen, die mit uns zusammenarbeiten sollen – Schauspieler, aber auch Leute hinter der Kamera – anspreche. In dem Moment, wo ich das Gefühl habe, ich sollte eine Arbeit machen, war ich am Telefonhörer und habe den Kameramann Koltai angerufen und hab gesagt: Paß auf, ich möchte den Film machen. Wann hast du Zeit? Weil es für mich ganz, ganz wichtig war, diesen Lajos Koltai, diesen großen Künstler und intimen Freund, mit dabeizu-

Oberst Redl, Alfredo Velocchio, Gudrun Landgrebe in István Szábos
OBERST REDL.

haben, da ist eine Sorge schon einmal weg. Denn die Sorge ist nicht nur, daß man nicht so einen begabten Menschen findet, sondern daß man so viel reden muß, und wenn man Menschen dabeihat, mit denen man sich versteht, dann ist es okay.

DAS FEUERSCHIFF

Sie haben mit Skolimowski einen Film gemacht …

DAS FEUERSCHIFF nach dem Roman von Siegfried Lenz. Wir drehten das auf Sylt mit meinem Freund Robert Duvall. Das war eine wunderbare Paarung, und wir haben uns auch darauf gefreut. Das wurden aber nicht sehr erfreuliche Dreharbeiten. Erstens lag es daran, daß es so irrsinnig kalt war und daß in der Nähe von unserem Drehort auf dem Schiff sich ein deutscher Fliegerhorst befand, wo ständig irgendwelche Übungsflüge gemacht wurden. Das war ein Fehler der Produktion, wir waren alle ziemlich genervt; und zweitens, mit Jerzy, den ich als Dreh-

Captain Miller in Lebensgefahr: Klaus Maria Brandauer in Jerzy Skoli-mowskis DAS FEUERSCHIFF.

buchautor durch zwei Filme sehr schätzte, war das keine sehr schöne Zusammenarbeit. Es war eher so eine Feindseligkeit, die nicht wirklich zum Ausbruch kam. Wir hatten dann plötzlich das Gefühl, daß wir nicht viel miteinander anfangen konnten. Und das war dann auch so. Der Film, auf den bin ich trotzdem irgendwie, ja stolz kann man nicht sagen, aber ich bin froh, daß ich ihn gemacht habe. Es war eine interessante Arbeit, diesen Kapitän zu spielen, der andere Verantwortungen nicht übernehmen kann, wie zum Beispiel auf ein Kriegsschiff zu gehen und nun möglicherweise wieder das zu tun, was er im Krieg getan hat: auf Leute schießen. Aber daß dieses Schiff mit dem Leuchtturm da steht und immer da stehenbleiben wird, damit die vorbeifahrenden Schiffe ein Positionszeichen haben, diese Verantwortung, sagt er, kann ich übernehmen. Und als dann Banditen aufs Schiff kommen, Duvall und seine Gruppe, kämpft er darum, daß dieses Schiff trotz allem stehenbleibt, denn die Banditen wollen das Schiff um jeden Preis, um zu fliehen, und dieser Konflikt war aufregend.

OUT OF AFRICA

Mit JENSEITS VON AFRIKA haben Sie nach dem Auslands-Oscar für MEPHISTO eine Oscar-Nominierung als Schauspieler erhalten. Wie fühlt man sich da?

Die Nominierung war für mich eine Überraschung, denn ich hätte bei dieser Rolle nie daran gedacht. Es war nicht leicht: Ich habe versucht, diesen Bror Blixen besonders glaubwürdig zu gestalten. Das war schwierig, denn er war ja nicht besonders sympathisch. Aber dann habe ich gemerkt, daß er kein Lügner

Tanja und Bror Blixen – eine Ehe zerbricht … Meryl Streep und Klaus Maria Brandauer in Sydney Pollacks JENSEITS VON AFRIKA.

Meryl Streep und Klaus Maria Brandauer als Tanja und Bror Blixen.
JENSEITS VON AFRIKA.

ist, daß das, was er sagt, für ihn bindend ist. Und so habe ich ihn auch gespielt.

Es setzt doch wohl harte Arbeit voraus, zu solchem Erfolg zu gelangen?

Natürlich, das ist richtig, und ich möchte es auch nicht anders. »In Bereitschaft sein ist alles« – sagt Hamlet. Sie müssen immer bereit sein, und davor liegt ein sehr dornenreicher Weg.

Wie schafft man Theater und Film gleichzeitig – und dann vielleicht auch noch eine Filmregie?

Wissen Sie, Theaterarbeit ist schon viel schwerer, aber doch auch sehr befriedigend. Man muß sehr viel mehr leisten und wird oft verdammt schlecht bezahlt. Dennoch: Ich könnte nie ohne das Theater leben. Ich brauche den Kontakt zum Publikum, wie ich meinen Kontakt zu Altaussee, zu Österreich, zum Wiener Burgtheater brauche. Für viele mag das verrückt klingen, aber das ist so.

THE FRENCH REVOLUTION

Und diese FRENCH REVOLUTION, das war Fernsehen?

Das war ein zweiteiliger Film: DIE GLORREICHEN JAHRE und DIE SCHRECKLICHEN JAHRE. Da gab's eine große Filmpremiere, eigentlich für den Staatsfilm zur 200-Jahr-Feier der Französischen Revolution. Also schon ein unglaubliches Budget, Hunderte von Millionen französische Francs waren da hineingeflossen, und ich fühlte mich natürlich geschmeichelt, in einer französischen Jubiläumsgeschichte als Österreicher aus der Steiermark Danton zu sein. Das war – vier Stunden Kino – selbst in Frankreich nicht gerade ein Riesenerfolg beim normalen Publikum, aber ich bin sehr froh, daß ich es gemacht habe, und wie ich höre, kommt die Produktion demnächst ins deutsche Fernsehen.

HANUSSEN

Hanussen ist ein berühmter, aber komplizierter und widersprüchlicher Charakter. Gern war ich diese Figur nicht, weil ich mich während der Dreharbeiten als Truppenübungsplatz betrachtet habe, als Exerzierfeld, auf dem Gedanken und Situationen, Vergangenheit und handelnde Personen herumtrampeln. Durch die glückhafte Zusammenarbeit bei MEPHISTO ist für István und mich eine weltweite Anerkennung hineingekommen. Inzwischen sind wir eng befreundet. Da er zufällig Filmregisseur ist und ich zufällig Schauspieler, versuchen wir das Ergebnis unserer Gespräche in unsere Arbeit einfließen zu lassen. Das bedeutet nicht, daß es eine Ausschließlichkeit gibt. In acht Jahren drei Filme: das läuft nicht Gefahr, daß es zu routiniert wird.

Sie sehen auch in der Figur Hanussen einen Menschen, der sich verändern könnte unter anderen Voraussetzungen?
Ich habe mir schon einige Male den Vorwurf gefallen lassen müssen, wir hätten aus einem Scharlatan einen positiven Hel-

den gemacht. Das haben wir natürlich nicht getan, vielmehr wollten wir etwas aufzeigen. Es muß nämlich möglich sein, den Saulus zum Paulus zu machen. Und zwar bei jedem von uns. Wenn wir auf die Welt kommen, werden wir zwangsläufig Fehler machen. Vielleicht sind wir verdammt dazu, möglicherweise als Betriebsunfall der Natur. Ich kann es nicht ändern. Aber wir kriegen es nicht in den Griff, indem wir darüber schweigen und andere verurteilen, sondern wir kriegen es nur gemeistert, wenn wir darüber reden und unsere Fehler zugeben. Darum bin ich mit Leib und Seele lieber ein Künstler als ein Politiker. Ein Politiker muß Wahlen gewinnen, muß machiavellistisch denken im Sinne von »Der Zweck heiligt die Mittel«. Das heißt, um seine Ziele zu erreichen, muß er häufig etwas anderes versprechen. Wenn er anständig ist, spielt er eventuell mit dem Gedanken, alles wieder in Ordnung zu bringen, sobald er an der Macht ist. Aber Macht verführt bekanntermaßen.

Ein Magier – Klaus Maria Brandauer als Jan Hanussen.

Für schöne Frauen hat er immer ein Gespür: Jan Hanussen alias Klaus Maria Brandauer in Aktion.

Hanussen als Opfer ganz bestimmter historischer Voraussetzungen, die so oder ähnlich rekapitulierbar sind?

Ja, denn ich meine, daß die Menschen heute ein Zukunftsbild brauchen. Nach dem Zweiten Weltkrieg ist in der Folge des Wirtschaftswunders ein Vakuum entstanden, wodurch erneut die banale Frage aufgeworfen wurde, wem wir wo blindlings folgen, einfach deshalb, weil es uns seelisch schlecht geht in diesen Tagen nach Tschernobyl, in einer bis an die Zähne bewaffneten Welt. In solchen Zeiten haben es Möchtegern-Politiker und falsche Propheten, Pseudophilosophen und Religionsstifter sehr leicht. Sie kommen auf sanften Pfoten einhergeschlichen, um den Menschen etwas Falsches zu verkaufen, ähnlich wie in den zwanziger Jahren, als nach dem Ersten Weltkrieg jeder froh war, daß er überlebt hatte. Im Schatten solcher Ge-

Zwei Freunde – Erland Josephson als Dr. Bettelheim und Klaus Maria Brandauer als Jan Hanussen in István Szábos Film.

schichte kommen dann brodelnde politische Einbildungen heraus. Sollen wir einen 18jährigen verurteilen, der für eine Idee plötzlich Feuer fängt, bis er von selbst draufkommt, daß alles Blödsinn ist? Für mich stellt sich nicht die Frage, ob einer ein Nazi war, sondern ob er heute noch einer ist. Jedem Menschen müssen wir Fehler zugestehen. Es wäre nur schön, wenn man zwischen dem ersten und dem letzten Atemzug zumindest zur Einsicht gelangt. Denn wenn wir ohne eine moralische oder menschliche Komponente leben, dann sind wir wie Tiere, dann hat es keinen Sinn, daß wir noch Gehirnwindungen haben.

Betrifft das auch jenen mysteriösen Erik Jan Hanussen, den legendären Okkultisten und Hellseher der Weimarer Republik, dessen mysteriöser Tod 55 Jahre später immer noch Rätsel aufgibt? Ist der sogenannte Prophet Hitlers und Künder des Reichs-

tagsbrandes nicht auch ein begreifbares Opfer der eigenen Skru-
pel und Moralvorstellungen?

In einer Berliner Zeitung aus dem Jahre 1931 stand die Titel-
überschrift »Ein Österreicher erobert Berlin«. Jeder dachte,
Hitler sei damit gemeint, dabei war es Hanussen. Das heißt, die
Parallelität zweier Menschen, die wie Hitler und Hanussen viele Anhänger hinter sich geschart haben, ist geradezu gegeben.
Beide versuchten, Zukunftsbilder zu entwerfen, der eine sehr
spielerisch im Varieté, der andere zielstrebig, mit einer Ideolo-
gie, an die er vielleicht sogar selbst geglaubt hat – unabhängig,
wie mörderisch und barbarisch diese Einbildung auch immer
war. Mich interessieren die Hitlers in uns allen. Was ich nicht
verstehen kann, ist, daß Millionen von Menschen einem einzigen erlauben, sich so über sie hinwegzusetzen. Wenn Hanussen
eine Botschaft hat, dann als Aufruf: Freunde, laßt nicht irgendwelche Mächtige über euch entscheiden, sondern versucht, jeden Tag eure Stimme zu erheben, damit ihr eure Wünsche,
Sehnsüchte und Bedürfnisse anmeldet. Und interessiert euch
für die Gesellschaft, in der wir leben.

Georg Elser

Sie haben mit Georg Elser zum erstenmal einen Kinofilm sel-
ber inszeniert und jetzt Mario, danach werden Sie Die Wand
drehen. Sie wollen also weiter als Regisseur arbeiten?

Schauen Sie, was bin ich denn? Ich bin ein Schauspieler, der
viele, viele Jahre, eigentlich Jahrzehnte, Schauspieler ist und
natürlich das Seine immer eingebracht hat, und ich bestehe
durchaus bei den meisten auch darauf, Mitregisseur zu sein.
Dann habe ich inszeniert, mit mir oder ohne mich am Theater:
Shakespeare, Schnitzler, Samuel Beckett, und es war auch irgendwie logisch, daß ich einmal versuche, einen Film zu inszenieren. Und dann dachte ich, versuchen will ich das nicht, ich
will es gleich machen. Also, ich wollte da auch nicht so als Lehr-
bub ankommen, und es hat sich einfach ergeben. Es war reiner
Zufall damals bei Georg Elser, denn es sollte ursprünglich
John Frankenheimer inszenieren und ich die Rolle spielen.
Dann fiel aber der Dollar ins Bodenlose, und die Amerikaner

Rebecca Miller als Anneliese.

behaupten ja immer, der Dollar ist der Dollar, und da ändert sich das Budget nicht, und wir konnten es nicht mehr produzieren. Dann mußten wir zwei Jahre warten. Zwei Jahre später rief mich dann Produzent John Dayly von der Hemdale Production an – das sind die, die PLATOON und THE LAST EMPEROR produziert haben – und sagte: Klaus, willst du das noch machen? – Ja, sag ich, gern. Warum? Das interessiert mich brennend, dieser Elser. Wer inszeniert es denn? Und da sagte John: »You.« Also nicht, daß Sie jetzt denken, das ist alles ganz so leicht gewesen. Aber es war so.

War es Glück, daß Frankenheimer es nicht gemacht hat?

Der hatte damals vielleicht keine Zeit mehr. Ich weiß es nicht. »You!«, sagte er, und ich sagte: »What are we going to do?« Er sagte: Komm nach Los Angeles. Am nächsten Tag war ich also

Oben: Georg Elser im Bürgerbräukeller ...Unten: Die Feierstunde beginnt ...

in Los Angeles, war dort wochenlang, wir haben gesprochen, ich habe mit sehr vielen Schauspielern geredet, ich habe mir sehr viel Theater angeschaut, weil es mir so unterschwellig klar war, wir sollten da internationale Schauspieler nehmen. Das habe ich ja dann auch getan. Allerdings eher nicht solche Leute, wie die Produktion wollte, sondern ich habe in der Inszenierung von Peter Brook, also in dem Tschechow-Stück DER KIRSCHGARTEN, die Tochter von Arthur Miller – das wußte ich damals noch nicht –, die Rebecca Miller, gesehen, und ich sagte: Die muß ich haben als Anneliese. Und Brian Dennehy habe ich in einem anderen Theater gesehen, da habe ich gesagt: Du mußt das unbedingt spielen. Ich traf hauptsächlich auf Theaterleute, die dann in unserem Film gespielt haben. Und ich wußte, mit Schauspielern kann ich möglicherweise durch meine Erfahrungen beim Theater arbeiten. Einiges habe ich kiebitzenderweise bei meiner Frau gelernt, denn als sie die Filmakademie besuchte, war ich schon immer neugierig, was sie da lernt, und wir waren dann vor allem durch ihre Arbeit im ständigen Gespräch. Karin war wesentlich, ja entscheidend daran beteiligt, daß ich davon immer mehr Ahnung bekam. Und dann habe ich den GEORG ELSER inszeniert. Ganz wesentlich war natürlich, daß ich wieder das Glück hatte, mit Menschen zusammenzusein, die korrektiv und liebevolle Begleitung und kraftvoll waren, wie zum Beispiel mein Freund Lajos Koltai. Also den an der Seite zu haben, ist weiß Gott ein großes Glück, ein Künstler von optimaler Qualität als Kameramann, ein hinreißender Lichtsetzer von unendlicher Phantasie und Einfallsreichtum und gleichzeitig ein Kameramann, der nicht nur gut ein Drehbuch lesen kann, sondern auch eigens zu interpretieren versteht, mit dem man stundenlang über einen Stoff reden kann.

Na, das ist doch herrlich. Und so war natürlich klar, daß wir auch bei MARIO wieder zusammenarbeiten sollten, zumal wir uns zur Zeit von Istváns Filmen immer gesagt haben: Wir machen einen Film zusammen. Nun haben wir es schon zum zweiten Mal erreicht.

Das ist doch schön.

Wie kam es zu WOLFSBLUT, einer eher konventionellen Disney-Produktion?

Oh, ich wollte schon immer mal bei Walt Disney spielen, und als ich die Rolle dieses Trappers angeboten bekam, griff ich zu. Einfach so. Nennen wir es einmal die Erfüllung eines Kindheitstraums.

Jack Londons Roman WOLFSBLUT als aufwendige Disney-Produktion mit Ethan Hawke als Greenhorn Jack Conroy, Susan Hogan als Belinda und Klaus Maria Brandauer als Goldsucher Alex.

RUSSIA HOUSE

Eine kleine, sehr feine Rolle – wie kam es dazu?

Sean Connery war ich einen Gefallen schuldig. Ich hatte einen Vertrag mit Paramount für den Film THE HUNT FOR »RED OCTOBER«, und ich wollte so gerne den Danton in der FRANZÖSISCHEN REVOLUTION spielen. Das überkreuzte sich, und Sean Connery sprang für mich ein und spielte den russischen U-Boot-Kommandanten. Dann nahm ich die Rolle in RUSSIA HOUSE an.

DAS RUSSLAND-HAUS ist ein aufregender Agentenfilm mit Sean Connery als Barley Blair und Michelle Pfeiffer als Katja, inszeniert von Fred Schepisi.

Klaus Maria Brandauer spielt den russischen Physiker Dante neben Sean Connerys Barley Blair.

COLETTE

Auch das ein Kindheitstraum – COLETTE?

Ja, wenn Sie so wollen, war es das auch. Als Kind verschlang ich ihre Bücher, ich fand die französische Schriftstellerin Colette so erotisch, wunderbar. Sie war eine Provokateurin für das Leben und die Kunst, und dafür hatte ich wohl schon sehr früh ein Gefühl. Der Willy ist keine besonders sympathische Figur, aber ich finde positive Figuren per se langweilig. Außerdem kommt es mir bei Rollenangeboten auch immer auf das Umfeld an: Wer ist mein Partner, wer mein Gegenspieler?

Klaus Maria Brandauer als Henry Gauthier Villars in Danny Hustons
COLETTE.

MARIO UND DER ZAUBERER

Viele prominente und weniger prominente Regisseure von Luchino Visconti bis Franz Seitz haben immer wieder erzählt, daß sie den MARIO *irgendwann einmal machen wollen, und man hat ihn nun für Sie aufgehoben. Wie erklären Sie sich das, daß dieser doch heute auch wieder aktuelle Stoff nicht früher angepackt wurde?*

Ich weiß es nicht, ich hörte auch, daß viele Leute es verfilmen wollten, Thomas Mann selber hat es auch als einen möglichen Film bezeichnet; ich glaube, er hatte schon einen Vertrag und eine Vereinbarung, es ist dann nicht zustande gekommen. Also kam es vor einigen Jahren dazu, daß man es mir angetragen hat;

aufgehoben worden ist es sicher nicht für mich – oder vielleicht doch.

Bei den ersten Ankündigungen des Films sind viele Namen genannt worden, Anthony Hopkins zum Beispiel. War das von Anfang an so geplant, daß es eine internationale Besetzung wird?

Ich weiß von diesen Informationen nichts, ich weiß natürlich, mit welchen Leuten wir gesprochen haben. Sobald Sie sich einem Thema nähern und wissen, daß Sie daraus einen Film machen werden, dann schauen Sie natürlich als Regisseur und auch als Schauspieler: Wer könnte da mitspielen? Und dann reden Sie mit Leuten darüber, ob sie Zeit hätten, ob sie die Figur interessieren würde. Dann möchte natürlich jeder das Drehbuch lesen, aber das Drehbuch war so schnell nicht fertig. Und die Besetzung, die wir jetzt haben, den Speiszettel, wie ich so gerne sage zu unserer Besetzungsliste, mit der bin ich wirklich vollauf zufrieden und glücklich, weil es eine wahnsinnig schöne Zeit war mit den Erwachsenen und vor allen Dingen auch mit den Kindern und Jugendlichen. Wir haben ja fünf Hauptdarsteller, die Kinder sind, ein neunjähriges Mädchen, einen zwölfjährigen Buben, den Stephan und die Sophie, die Kinder der Fuhrmanns, den Anthony Priem, das ist der Frugero, der Sohn der Principessa und des Principe, und natürlich – nicht zu vergessen – auch noch Menschen, die noch nie vor der Kamera gestanden sind, nämlich den 17jährigen Pavel Greco, der den Mario spielt, ein Oberschüler, und eine Oberschülerin, die Valentina Chico, die die Silvestra spielt.

Mit Kindern zu arbeiten, wenn man sie einmal gefunden hat, ist eine dankbare Aufgabe.

In unserem Fall hatten wir die richtige Nase und offensichtlich auch Glück mit den Kindern, weil es sehr unkompliziert und sehr einfach war, weil sie eine starke Persönlichkeit mitgebracht haben und sehr viele Voraussetzungen, als würden sie eines Tages tatsächlich so etwas werden wollen wie Schauspieler.

Folgende Seite: Szenen aus MARIO UND DER ZAUBERER.

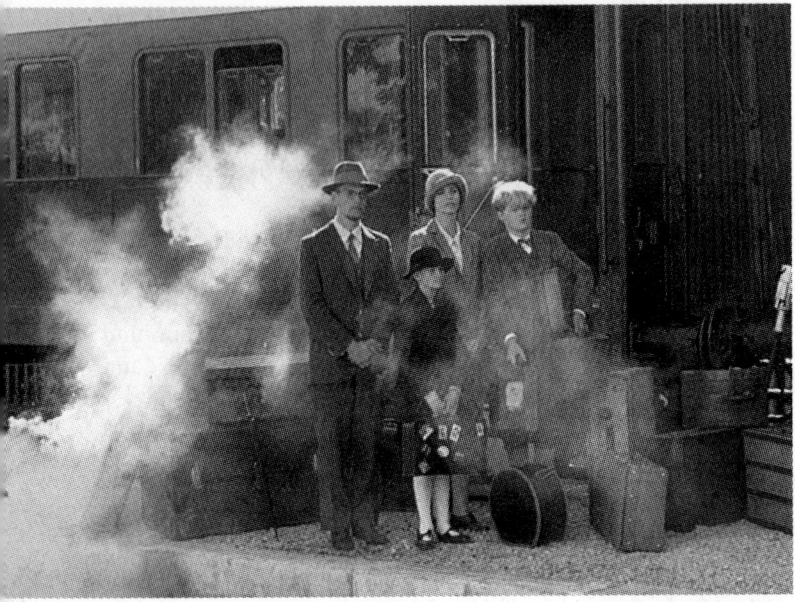

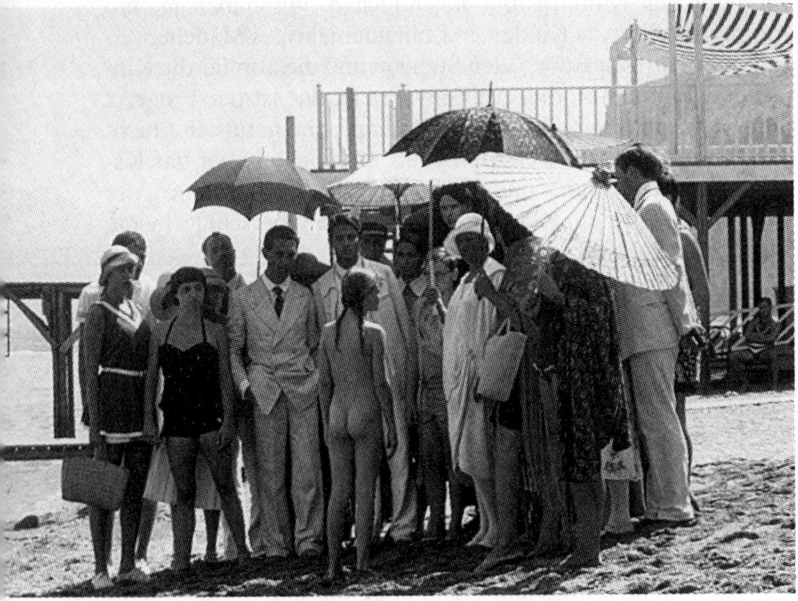

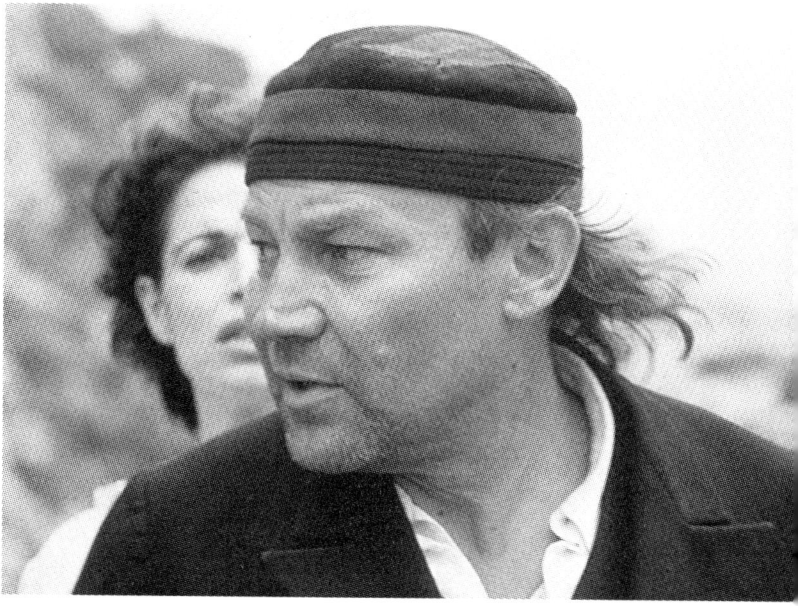

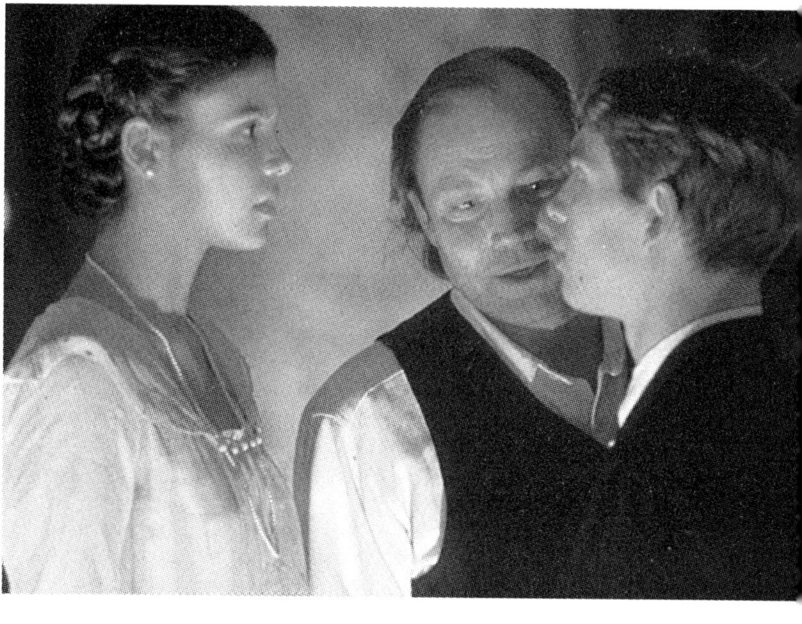

Ich habe öfter gesehen, wenn am Set mit Kindern gearbeitet wird, daß sie unheimlich viel einbringen und sehr kritisch sind.

Ja, sie sind noch nicht verdorben durch die Klischees und die scheinbare Hierarchie, die trotz allem nicht abzuschaffen ist bei solchen Tätigkeiten wie der, einen Film zu organisieren.

Wie lange liegt es zurück, daß Sie diese Thomas-Mann-Novelle verfilmen wollten?

Das ist fünf, sechs Jahre her.

War es schwierig, das zu realisieren?

Es war nicht sehr schwierig, das durchzusetzen. Das erste, was wir brauchten, war ein Drehbuch. Und die Dinge, die man herausliest aus der Novelle von Thomas Mann, oder wie ich sie halt gerne interpretiert hätte, mußte man erst auf Papier bringen, damit Sie – wenn es schon nicht ein fertiges Drehbuch ist – eine Art Libretto haben, ein Gerüst, mit dem Sie arbeiten können. Und das hat ziemlich lange gedauert, da gab es sehr viele Anläufe. Sehr viele gute Exposés und Drehbücher sind geschrieben worden, doch irgendwie war es noch nicht das, womit ich zufrieden war. Alle, die daran gearbeitet haben, mögen mir verzeihen, aber es hat mir halt – um es glatt zu sagen – so nicht gefallen. Dann haben mein Freund Burt Weinshanker, mit dem ich mehrere Monate WHITE FANG in Alaska gedreht habe, und ich uns darüber gemacht – er hat geschrieben, ich habe immer wieder erzählt, und ich war dann ziemlich erfreut, daß das, was ich schon vor Jahren erzählt habe, fast in der richtigen Folge im Film ist. Das ist eine ungeheure Überraschung für einen selber, man weiß das ja, daß man das eigentlich sehen will, aber man ist dann doch überrascht, wenn es dann tatsächlich so ist, wie man es sich seit Jahren vorgestellt hatte.

Sie gehören zu den Regisseuren, die einen Film von Anfang bis Ende total durchziehen, wirklich alles überwachen. Man sagt dann manchmal, der will alles selber machen, man merkt es aber vielen amerikanischen Filmen an, vor allem, wenn die persönliche Note fehlt, wenn alles so maschinell gemacht wirkt.

Einen Film herstellen vom Anfang, von der Idee an bis zum fertigen Produkt, bis zur Null-Kopie, und eigentlich – wie Sie ja sehen – bis zur Premiere. Denn auch das gehört zum Film dazu, daß man eine Sache, die man gerne hat, die man für wichtig hält, auch ankündigt und unter die Leute bringt – und zwar auch wieder mehrere Wochen. Das gehört für mich zum Film dazu.

Noch einmal zu MARIO. Was war eigentlich das Wesentliche bei diesem Film, bei der Inszenierung und bei der Interpretation?

Ich weiß es eigentlich gar nicht, was das Wesentliche ist. Es gibt zu viele parallel laufende Dinge. Es gibt die Reise eines norddeutschen Schriftsteller-Ehepaars mit seinen Kindern, die schon seit Jahren in Italien ihren Urlaub verbringen und auch dieses Jahr wieder hinfahren. Sie sehen diese wunderbare Landschaft, diese herrlichen Bauten, diese irrsinnigen Farben, diesen herrlichen gelben Sandstrand, der so gelb ist, wie er nirgends ist, und azurblau der Himmel, azurblau das Meer; sie sehen herrliche glutvolle, dunkelhaarige Schönheiten und entzückende junge Kellner und einen eleganten Hoteldirektor, der viel eleganter ist als die meisten seiner Gäste oder fast alle, einen merkwürdigen Bürgermeister, einen dicklichen Polizeichef, der aber dann doch tapsend und wie ein Jaguar, wie ein Puma, ein Tier durch Torre de Venere schleicht, und seine Frau, die behauptet, sie habe mit Puccini ein Verhältnis gehabt. Sollen wir ihr das glauben oder nicht? Eine Silvestra, beider Nichte, die so schön ist, daß man sie nur anbeten möchte, und ein kleiner Mario, der Kellner aus dem Café Exquisito, der sie so unsterblich anbetet. Und er weiß, er wird mit ihr tanzen können, wenn er das phantastische Kellnerrennen, das lange dauert und wo die jungen Kellner, 40 an der Zahl, in diesem Jahr mit einem Tablett und Spaghetti drauf und einer Flasche Rotwein rennen und verschiedene Hindernisse überwinden müssen. Und wenn sie dann gewonnen haben, dürfen sie mit Silvestra tanzen. Aber dieser Mario erreicht es nicht, weil ihm ein Hund in den Weg läuft, der Hund von Fuggiero, dem Sohn der Principessa, die immer am Strand, wo sich die deutschen Urlauber erholen wollen, auf Tontauben schießt. Und keiner sagt etwas, niemand regt sich groß auf. Und dazu diese glutvolle Hitze, in der ein wunderbarer Ball stattfindet und herrlich getanzt und musiziert wird, also ein prachtvoller Sommer. In dieser glutvollen Hitze, trotz der

Sonne, die herunterheizt, wird es aus unerfindlichen Gründen oder aus merkwürdigen Gründen immer kälter. Dann fällt ein Schuß, der Hoteldirektor wird tot angeschwemmt, man sagt, er habe sich selbst getötet. Stimmt das? Man ist irgendwie verunsichert, ein Feuerwerk rast noch gegen den Himmel, wo man denkt: Sind wir in einem Krieg? Wieder fällt ein Schuß, es muß noch einmal ein Schuß fallen, daß noch einmal jemand zu Tode kommt, und dann setzen sich diese Leute aus Deutschland irgendwie merkwürdig wieder in einen Zug, mit dem sie angekommen sind, und fahren wieder irgendwohin, na wahrscheinlich nach Hause. Ein ganz merkwürdiger Sommer. Haß, Liebe, Eifersucht, Mord und Totschlag, ein Krieg, fast wie im Thriller, das ist zunächst einmal das, was wir sehen. Und aus den Ritzen dieser Geschichte trieft heraus das eine oder andere Thema, das uns möglicherweise bewegt, den einen oder den anderen mehr oder weniger. Das kann sein Grundsätzliches über das Zusammenleben von Menschen. Das können sein politische Aspekte, aber nicht tagespolitische Aktualität, sondern all das, was immer virulent ist in unserer Existenz, in unserem Leben, in unserer Welt – seit es die Welt gibt. Und nun zu meinem Hauptthema, was ich aber niemandem aufzwingen will. Mein Thema, das ich bei Thomas Mann so herausgelesen habe und das mich brennend interessiert, mich fasziniert, aber nicht erst seit MARIO UND DER ZAUBERER, immer schon: verführen, verzaubern, manipulieren, andere Leute beherrschen wollen, sich über andere Leute hinwegheben wollen, jemanden kommandieren wollen, Chef sein wollen, König, Kaiser, Führer. Und da interessiert mich weniger, aber auch natürlich der, der sich zu diesem Führer, zu diesem Erhobenen machen läßt – aus welchen Gründen auch immer, auch das ist interessant zu beleuchten. Aber mich interessieren mehr die vielen, die einem einzelnen erlauben, sie so zu verzaubern, zu verführen, zu manipulieren, daß sie am Ende willenlose Werkzeuge werden von dem, der behauptet, er sei sozusagen der Obermufti. Das ist etwas, was ich als Privatmensch schwer verstehen kann – und das werden Sie auch, weil es ein Thema ist, das ja immer wieder kommt, an den Filmen von István bemerkt haben: Das Interesse lag bei mir nie an den Figuren, die ich dargestellt habe, sondern an dem Thema, das mich beherrscht, nämlich: Warum lassen sich Leute so gerne verführen, manipulieren, warum, wenn sie wissen, daß das möglicherweise ins Unheil führt, warum gehen sie trotzdem mit, und warum sind die Potentaten so mächtig? Die sind doch nicht so gut, nicht so toll. Unser Cipolla in MARIO UND DER ZAUBERER ist für mein Gefühl eine arme Sau.

Wenn der nicht geschnürt wird in sein Korsett, der ist sowohl bei Thomas Mann wie bei uns körperbehindert, der kann ja gar nicht gehen, stehen, gar nichts – die Wirkung, die er hat, ist für mich nicht so faszinierend. Etwas ist allerdings faszinierend: wenn Leute, die vom Hörensagen hören, daß das ein besonderer Zauberer sein soll, dies gleich glauben und warten, daß er was Besonderes zaubert. Wenn er aber gar nicht zaubern kann, dann zaubern sich die Leute, die Gemeinschaft der Leute, selber etwas zurecht, und in diesem Sich-selber-Verzaubern kommt heraus als Endresultat ein Führer, ein Zauberer, ein Beherrscher. Dieses Thema ist so alt wie die Welt, natürlich, es hindert uns ja nicht, das Thema, das wir vielleicht nie lösen können, immer wieder zu besprechen. Das ist schon sehr viel.

Das ist überhaupt das Thema wieder heute: Es ist unerklärlich, wie alles so abläuft.

Ich muß zur Kenntnis nehmen und weiß es von mir selber, daß ich Fehler, die ich gemacht habe, als Fehler erkannt habe, mir sicher war, ich werde diese Fehler nicht mehr machen, und ei der Daus habe ich sie schon wieder gemacht. Daß ich es weiß, ist schon ein Fortschritt, vielleicht gelingt es auch noch, den einen oder anderen so auszumerzen, daß er nicht wieder passiert – also ich weiß schon, daß das sehr schwer ist, und ich werfe auch auf niemanden einen Stein, aber besprechen möchte ich es halt gern, solange es geht, auch in meiner Arbeit.

Süddeutsche Zeitung, 22. 3. 1986

DIE WAND

Noch einen Blick auf den Film, den Sie jetzt vorbereiten, auf DIE WAND.

DIE WAND von Marlen Haushofer, das ist ein Roman einer österreichischen Autorin, die vor längerer Zeit schon gestorben ist, Anfang 1970. Sie hat einen Roman geschrieben, der beschreibt, wenn ich das sehr kurz skizzieren darf, eine Frau, die einen Wochenendausflug machen möchte mit ihren Freunden, mit ihren Verwandten auf eine Jagdhütte, wo sie sehr glücklich in ihrer Kindheit war. Und ihre Verwandten und der Förster von dort wollen noch essen gehen am Abend. Sie kommen am Abend an, und nein, sie möchte nicht mehr essen. Sie gehen ohne die Gastgeberin noch in das Dorf, sie lassen das Auto da, weil sie noch spazierengehen wollen, der Hund bleibt da, der Förster ist so lieb und sagt, er werde auf sie aufpassen, es gibt noch eine Kuh in der Nähe, und die gehen. Und am nächsten Morgen wacht die Frau auf und merkt, daß es irgendwie ruhig ist in der Hütte, und gegen Mittag macht sie aber doch einmal die Schlafkammer auf, wo die Verwandten liegen, da ist aber niemand drin. Der Hund winselt ein bißchen. Ja, wo sind die denn, sind die da unten im Dorf geblieben? Und sie steigt ins Auto und fährt etwas unruhig, und auf einmal hat dieses Auto am Waldweg, obwohl kein Baum in der Quere steht und kein Stein da ist, einen Unfall. Sie steigt aus, fast ein Totalschaden, und sie schaut sich das Auto an und denkt, das gibt's doch nicht. Auf einmal merkt sie, sie kann nicht weiter, da ist eine Wand. Und sie bemerkt nach und nach, daß eine durchsichtige Wand diesen Hügel, auf dem die Hütte steht, umspannt. Sie will heraus, sie besorgt sich Leitern, sie knüpft welche zusammen, vielleicht kann man oben heraus, sie kann nicht mehr aus dieser Wand, und sie ist dazu verurteilt, mit der Kuh, mit dem Hund, mit zwei Katzen, mit den Tieren, die dort leben, mit den Pflanzen, der Vegetation, mit der Natur zu leben. Am Anfang noch mit genügend Transistoren und Batterien, damit sie noch Radio hören kann. Sie führt Tagebuch, sie hält das für einen vorübergehenden Zustand. Aber sie muß nach und nach feststellen: Jetzt weiß ich gar nicht mehr, welcher Tag, welches Jahr das ist, die Lebensmittelreserven gehen aus, sie jagt, dann gibt sie auch das auf. Ja. Also das ist eine Geschichte, die natürlich weiter führt und auch ein Ende hat.

Im Buch gibt es kein Ende ...

Es wird ein Ende geben, denn auch im Buch ist plötzlich eine Seite nicht mehr beschrieben, also insofern gibt es natürlich auch im Film ein Ende. Das Ende, da sprechen Sie etwas an, was mir sehr viel Kopfzerbrechen macht, und schon meiner Frau, die das Drehbuch dazu geschrieben hat und sich vier Jahre mit dem Roman beschäftigt hatte, immer wieder. Ist das immer? Gibt es ein Ende? Und so weiter. Aber so viel will ich jetzt noch nicht verraten, denn zuerst muß der Film ja einmal gedreht werden.

Eine ganz eigene Form von Ehrung –
Klaus Maria Brandauers Nachruf
auf Fritz Kortner

»Wien, 19. Februar 1970. Hotel Sacher, Roter Salon, 10.30 Uhr. Reclam Ausgabe, EMILIA GALOTTI, Lessing, ungewöhnlich dick. Ich muß an einen Fahrplan denken. Kortner hat zwischen zwei Zigarren zu wählen, beriecht beide und wählt die erste. Die Zigarre kommt in den rechten Mundwinkel, wird nicht in Betrieb genommen. Bleibt kalt, ist gleich vergessen. Das Aufsetzen der Brille, das Aufschlagen des Buches. Zwei, drei Blicke werden atemberaubende Einakter.

Beklemmende Stille, er hält die Pause. Ich denke an den SCHREI von Munch und assoziiere Ohren. Mit gleichmäßigen Atemzügen und zeitlupenhaftem Umblättern kommen Wirkungen zustande, für die erste Leute unter uns ganze Gagen opferten.

Seine Konzentration beginnt, und da ich seine Fama kenne, will ich mich nicht gleich beherrschen lassen. In die Stille hinein bitte ich einen Regieassistenten um ein Glas Soda. ›Nein, jetzt nicht!‹ sagt Helmut Froschauer. Da ist mir klargeworden, daß Fritz Kortner angefangen hat, sein Gewerbe auszuüben.

Seine Gegenwart flößt mir Vertrauen ein und bürdet Verantwortung auf. Er veredelt jede Position. Wir reden darüber, daß der Prinz die Nacht nicht recht geschlafen hat, daß er ganz zeitig traurige Piecen auf dem Spinett spielt, dann beiläufig die Post und die Akten erledigt. Wir reden davon, daß Hettore, ›Wenn wir allen helfen könnten, dann wären wir zu beneiden‹ sagt und es ernst meint. Wir reden darüber, daß Marinelli kein Teufel ist, sondern ein durch die Umstände zu Machtgelüsten gekommener, kleinkalibriger Provinzschurke.

Wir reden über Camillo Rota, und daß ich ihm zuhöre. Oft bittet er mich, in sein Büchel auf seine Skizzen zu schauen. Ich muß über die Manderln lachen. Er sagt, daß er kein Zeichner sei. ›Der Prinz liebt Emilia. Er ist blind vor Liebe. Lessing konnte unmöglich zwei Marinellis auf die Bühne gestellt wissen.‹ Ich bin ziemlich stolz auf diese Formel. Kortner lächelt, und sofort begreife ich, daß auch ein Trottel draufgekommen wäre, bei allem, was wir vorher besprochen haben.

Er ist froh, daß ich den Text nicht kann (er hatte mir mehrere Male ausrichten lassen, ich solle keinen einzigen Satz lernen, dabei hatte ich mich für einen ganzen Monat freigemacht, um den Prinzen auf der Zunge und Herz und Hirn für Kortner frei zu haben) – und bittet mich, auch morgen nichts zu können.

Tatsache ist, daß ich den Text nie gelernt habe. Tatsache ist, daß ich am 28. April 1970 Premiere hatte und daß ich jede Sekunde wußte, was ich zu denken, zu tun und zu reden hatte. Man kann über Details streiten. Man kann sich über Auffassungen den Kopf zerbrechen. Man kann gegen seine Interpretationen im allgemeinen sein. – Unbestritten muß das Gefühl eines Schauspielers bleiben, der allabendlich unabhängig von der Tagesform, frei und glücklich in seine Garderobe geht und ebenso das Haus wieder verläßt. Denn keine Frage blieb unbeantwortet.

Wir probieren vormittags von zehn bis zwei Uhr und abends von sieben bis zehn oder von acht bis elf. Täglich seit einem Monat. Heute bittet Kortner, die Abendprobe ausfallen zu lassen. Er sei übermüdet. Um 21.05 Uhr habe ich dann während des Box-Europa-Meisterschaftskampfes Orsolics – Bossi ein Interview mit Fritz Kortner gesehen und gehört. Er saß in der ersten Reihe am Ring ...

Während eines kleinen Monologs des Malers Conti über die Kunst des Malens betrachtet der Prinz Emiliens Bildnis. Conti stört ihn in der Betrachtung immer wieder. Es entwickelt sich eine kleine, nicht unkomplizierte Choreographie.

Der Darsteller des Conti, der unter Kortner nicht wenig zu leiden hatte, wurde, auch wenn er es richtig machte, getadelt. Wir wiederholten. Ein paar Drehungen waren es nur. Aber die Proben dauerten nun schon dreieinhalb Stunden. Total erschöpft und auch verärgert sagte ich: ›Herr Diplomingenieur‹ – weiter kam ich nicht. Kortner mußte lachen. Wir machten Schluß.

Piaristenkeller. Hinterer Saal. Nach der Premiere. Kortner hat einen ungeheuren Appetit. Kurt Heintel und ich stürzen Liter kalten Bieres hinunter. Egon Karter redet davon, daß die Tourneegagen immer kleiner werden. Johanna Hofer hat einen

Hosenanzug an. Kortner sagt zu mir, ich solle mehr essen und mehr lesen.

Wir reden über Rollen. Er fragt, ob ich eine Wunschrolle habe. Ich sage: ›Eine Rolle unter Kortner.‹

Als er über die Treppen zum Ausgang des Piaristenkellers hinaufsteigt, langsam, schwerelos, denke ich daran, daß ich drei Monate sein Wohnungsnachbar war, sein vierter Assistent, sein Chauffeur, sein Gesprächspartner. Im Café Maria Treu, beim Wimmer, im Sacher. Und ich denke daran, daß er mir von Moissi erzählt hat. Von Moskau und Amerika. Von seiner Mutter. Ich denke daran, daß ich nicht nur sein Prinz, sondern auch sein Kiebitz sein durfte. Und daß er in den drei Monaten gleichaltrig und oft sogar jünger war.«

(Salzburger Nachrichten, 25. Juli 1970)

István Szabó –
der Freund, der Philosoph, der Macher

Du wolltest ursprünglich jetzt bei Brandauer in MARIO UND DER ZAUBERER spielen, aber das hatte nicht geklappt. Ihr seid ja schon sehr lange befreundet?

Ja, seit wir unseren ersten gemeinsamen Film gemacht haben, sind wir, glaube ich, sehr gute Freunde.

Klaus Maria Brandauer und István Szábo nehmen den »Oscar« für ihren Film MEPHISTO in Empfang.

Wie seid ihr zusammengekommen?

Theoretisch ganz zufällig. Ich war fertig mit meinem Drehbuch zu MEPHISTO, die Produktion stand auch schon, und ich wußte, daß ich meinen Hauptdarsteller im deutschsprachigen Gebiet suchen sollte, also in Österreich, in Deutschland oder in der Schweiz. Und so war ich unterwegs, um Schauspieler kennenzulernen. Da traf ich in Berlin eine Dame, die die staatliche Theater- und Fernsehagentur leitete, also die Frau Probst, und ich hatte ein langes Gespräch mit ihr. Ich erklärte ihr, was wir für unseren Film brauchen. Frau Probst hatte sechs Vorschläge, und ein Vorschlag war Klaus. Und dann habe ich Videos von Klaus angeschaut, bin ins Theater gegangen, schließlich habe ich ihn angerufen, um ihn zu treffen. So lief das ab.

Du hast inzwischen drei Filme mit ihm gedreht. War das irgendwann so eine Absicht, diese Trilogie zu machen?

Nein, wir wollten nur diesen Film machen. Aber als wir fertig waren, haben wir festgestellt, daß unsere gemeinsame Arbeit wirklich ideal war, nicht nur weil dieser Film Gott sei Dank erfolgreich geworden ist, sondern weil wir einander ziemlich gut verstanden, weil wir in vielen Sachen ganz ähnlich denken, weil wir, wenn es um Film geht und um Schauspiel, einen ähnlichen Geschmack haben. Und dann haben wir gedacht, daß wir es nach dieser idealen Arbeit noch einmal versuchen können. Wir haben einen Stoff gesucht, der uns beide interessieren kann. Und ich wußte, ich muß diesen Stoff in der ehemaligen österreichisch-ungarischen Monarchie suchen, weil Klaus aus Österreich ist und ich aus Ungarn stamme. Also es muß ein gemeinsames Interesse dasein. Und als wir fertig waren mit diesem Film, der auch sehr erfolgreich geworden ist, da kam der Klaus mit dieser Hanussen-Idee. Er hat mir gesagt: Paß auf, es gibt eine Möglichkeit, einen phantastischen Charakter darzustellen. Und so haben wir es dreimal versucht, und das ist dann eine Trilogie geworden, besser gesagt, es hat sich so entwickelt, daß es dann später eine Trilogie geworden ist.

Hattest du eigentlich vorher auch Theater gemacht?
Jein, nur ein bißchen.

Klaus Maria Brandauer als Hamlet.

Hattest du Klaus schon auf der Bühne gesehen?

Ja, aber natürlich. Was für eine Frage!

Er gilt ja als ein sehr schwieriger Schauspieler. Wie war die

Arbeit mit ihm, auf welcher Ebene hat eure Arbeit funktioniert?

Ich stimme nicht zu, wenn du sagst, der Klaus ist ein schwieriger Schauspieler. Klaus ist überhaupt nicht schwierig, wenn er wirklich gute Arbeitsumstände bekommt, wenn alles für den Stoff, den wir gerade machen, perfekt geregelt ist. Und wenn die Kollegen genauso brennen oder möglichst ähnlich auf einer Ebene sind, wie Klaus es ist, wenn alle, die beteiligt sind, die Arbeit genauso ernst nehmen wie er. Der Brandauer ist ein Arbeitstier, 200 Prozent konzentriert auf eine Rolle. Er verteidigt die Leute, er spielt die Leute nicht, er lebt die Leute und verteidigt den Charakter. Und er macht es Tag und Nacht. So intensiv ist er mit dem Stoff beschäftigt. Er schaltet nicht um. Er kennt keine Entspannung, obwohl er immer eine gewisse Entspannung spielt, einen lockeren Schauspieler, der alles ganz lustig nimmt, ganz einfach. Dabei stimmt das nicht. Er versucht, sich locker zu machen, weil er überzeugt ist davon, daß er seine Energie in eine gewünschte Richtung führen kann, wenn er noch dazu locker ist. Aber hinter dieser lockeren Spaßmacher-Maske steht ein überzeugter Verteidiger vor dem Gericht, der Tag und Nacht einen Charakter verteidigt, den Charakter, den er jetzt vor der Kamera spielt. Und will er diese Aufgabe leben, will er sich mit einem Charakter 100 Prozent identifizieren, dann kann er es menschlich nicht ertragen, wenn Partner, Kollegen, Techniker, egal wer, diese Aufgabe boykottieren, ihr entgegenwirken. Man achtet nicht, brennt nicht, arbeitet nicht, schaut nicht in die Augen, dann ist der Klaus tot, bringt sich um, wenn man ihm nicht 100 Prozent ins Auge schaut. Und das kann ich verstehen, denn das bedeutet, er wird nicht ernst genommen. Nicht er persönlich, da scheißt er darauf, sondern der Charakter. Und wenn es so ist, wenn er es spürt, daß er nicht wichtig ist, daß dieser Mensch, den er gerade verteidigt, nicht wichtig ist für einen Partner oder die Leute, die da gerade dabei sind, dann fängt er an, sich aufzuregen, und es kommen die Probleme. Der Klaus hat nie Probleme, mit niemandem, der genauso konzentriert arbeitet wie er. Und wenn ich etwas von Problemen höre, dann weiß ich sofort, da wurde etwas nicht so ernst genommen, wie er es dachte. Das ist sehr, sehr wichtig.

Ein Magier – Klaus Maria Brandauer als Jan Hanussen.

Natürlich, ein Schauspieler ist empfindlich, und manchmal scheint es nur, als ob er nicht ernst genommen wäre, und er reagiert so schnell. Es gibt schon einige Probleme, aber hinter allen Problemen stecken Menschen oder Umstände, die gegen

Klaus' brennenden Wunsch arbeiten, einen Menschen zu verteidigen, vor der Kamera oder auf der Bühne. Etwas wird nicht ernst genommen, dann brechen die Probleme auf. Also habe ich schon während der MEPHISTO-Arbeit gelernt, wenn Klaus anfängt, nervös zu sein, wenn Klaus anfängt, lauter oder aggressiver zu sein, dann weiß ich sofort, etwas stimmt nicht. Da schaue ich herum und versuche nachzudenken. Hat er ein schlechtes Requisit und kann nicht spielen, stimmen die Kostüme nicht, stimmen die Kollegen nicht, konzentrieren sich die Kollegen nicht, ist keine gute Arbeitsatmosphäre da? Wenn ich es nicht finde und wenn ich nichts ändern kann oder ich nicht sehe, ach das dort ist falsch, wenn ich es nicht entdecken kann, und das ist der Fall zu 50 Prozent, dann frage ich Klaus: Was ist los? – Und dann legt er los. Ich glaube, unsere Arbeit, unsere gute Atmosphäre beruht darauf, daß ich immer versuche nachzudenken, warum regen sich die Schauspieler auf, warum regen sich die Kollegen auf. Ich bin überzeugt davon, daß sie 100 Prozent schaffen möchten, und wenn sie sich aufregen, dann stimmt etwas nicht. Und ich versuche einfach nachzufragen: Was ist los? Manchmal sind sie mit mir nicht zufrieden, und dann sehen sie nicht, was ich wünsche. Dann wieder liegen die Probleme bei mir: Ich war ungeduldig, ich habe nicht klar erklärt oder nicht genügend klargemacht, was los ist. Ich habe die Kollegen nicht informiert, was natürlich bei dieser hektischen Arbeit, dem Filmdrehen, oft vorkommen kann.

Bei den meisten Produktionen von Film und Fernsehen, wie sie häufig bei uns gemacht werden, müßte ja ein Schauspieler wie Klaus Brandauer durchdrehen.

Ich muß etwas dazu sagen: amerikanische Schauspieler haben ein anderes Training, sich zu konzentrieren. Die amerikanischen Schauspieler wissen, sie wollen am nächsten Tag auch eine Rolle bekommen, müssen am nächsten Tag auch davon leben, brauchen am nächsten Tag auch einen Erfolg. Und sie versuchen, sich so zu konzentrieren, daß alle, die auf und ab laufen, irgendwie ausgesperrt sind. Ich war einmal zu Besuch in der Strasberg-Schule, wo ich ganz überrascht war, als ich gesehen habe, wie eine Gruppe von jungen Schauspielern etwas lernt. Also man stelle sich vor, 30 begabte junge Leute in einem

Raum, wirklich nicht sehr groß, wo jeder einen so ungefähr einen Quadratmeter großen Teppich für sich hat. Jeder steht auf diesem einen Quadratmeter und spielt laut, was er spielen soll, einen Hamlet, einen Richard III., eine Ophelia und einen Macbeth nebeneinander mit einem Meter Abstand, laut oder leise, egal, wie es gewünscht ist. Denn es kann jederzeit passieren, daß ein Partner schlecht ist, es kann jederzeit passieren, daß die Beleuchter laut sind, es kann jederzeit passieren, daß der Regisseur schlecht ist, und ich muß trotzdem toll sein, mein Publikum überzeugen, weil ich morgen auch engagiert werden möchte. Es ist eine andere Mentalität. Es ist eine Mentalität, die für uns noch fremd ist; für uns ist unsere Arbeit irgendwie heilig, wir können nur arbeiten, wenn um uns herum alle still sind, ich ja auch, ich kann mich nicht konzentrieren, wenn meine Stableute ununterbrochen plaudern und laut sind, dann höre ich auf. Langsam muß ich lernen, mit allen möglichen Umständen zu arbeiten, dafür brauche ich ein ganz großes Training, was ich selber durchmachen muß. Die Welt geht in diese Richtung.

Wenn ich das Spiel Brandauers sehe, ist für mich immer beides gleichzeitig da, die Nähe, die Intensität und die Distanz. Wie ist das bei der Arbeit?

Der Brandauer konzentriert sich bei der Aufnahme der Kamera oder auf der Bühne und strahlt eine wirklich außergewöhnliche Energie aus, und diese Energie wirkt. Wenn zwischen zwei Menschen eine richtige Energie da ist, wie zwischen Brandauer und Hoppe, zwei wirklich strahlende Menschen, die diese Energie wirklich aneinander und gegeneinander in Bewegung setzen, dann fängt etwas zu brennen an. Wenn es nicht eine wirkliche Energie ist, nur eine gespielte Energie, dann wird es nicht brennen.

Wie ist deine Arbeit mit Brandauer an der Rolle?

Das Wichtige ist, daß wir vor der Dreharbeit als Minimum eine Woche lang Tag und Nacht von Beginn bis zum Ende Buchstabe für Buchstabe das Drehbuch durchsprechen. Nicht bloß, was er spielen soll, sondern auch, wie die anderen reagieren werden, wie er sich vorbereiten soll für die anderen. Wir setzen uns hin, nur wir zwei, und wir lesen das ganze Drehbuch laut vor.

Alles. Wenn etwas nicht ganz klar ist, dann reden wir darüber. Wir sprechen über die Elemente, die wir auf der Leinwand sehen möchten, und wir sprechen über die Methode, wie wir das schaffen. Beleuchtung gehört auch dazu, so etwa: Hier würdest du so ein Licht bekommen, oder umgekehrt: Kann ich hier etwas stärkeres oder weniger Licht bekommen? Es ist wichtig, er muß auch wissen, wie er beleuchtet ist, was wirkt, was nicht wirkt, etwa: Vorsicht, hier werden wir nur auf deine Augen gehen, hier brauchst du nichts anderes, alles Konzentration, alles was du sagst, soll hier durch dein Gesicht. Vorsicht, hier möchten wir etwas mehr zeigen, hier kannst du ruhig mit deinen Händen, mit deiner ganzen Körpersprache wirken. Wir sprechen darüber, und er kann sich vorbereiten. Während der Dreharbeit sprechen wir nur, wenn wir etwas ändern, wenn etwas anders wird, als wir besprochen haben. Wir sprechen während der Dreharbeit ernst maximal ein- oder zweima, und nur so: Vorsicht Klaus, das ist nicht das, was wir besprochen haben, gestern haben wir über etwas anderes gesprochen, und dieses zweite Gespräch ist gültig. Wir brauchen nicht miteinander zu reden – alle unsere Gespräche während der Dreharbeiten sind nur Scherze, oder wir machen Spaß, um uns ein bißchen locker zu machen – weil er sich vorbereitet hat, wo ist Großaufnahme, wo ist Totale, was soll er ernst nehmen. Es ist eine Woche, es sind zehn Tage Präzisionsarbeit, wo er auch die Sachen notiert; manchmal gibt es andere Vorschläge, und ich habe immer Zeit zu überlegen.

Gibt es da noch eine Diskussion über die Besetzung, oder steht die schon fest?

Die steht schon fest. Ich arbeite im übrigen nicht nur mit Klaus Brandauer so. Mit Glenn Close habe ich auch alles eine Woche lang in London durchgelesen. Filmemachen braucht einmal eine unheimlich große Konzentration; es geht um so viel Geld, man hat keine Zeit zu plaudern, und wenn man wirklich alles 200prozentig vorbereitet, dann bekommt man vielleicht ein 60- bis 70prozentiges Ergebnis. Wenn man sich nicht vorbereitet, kommen die Improvisationen, die manchmal genial sind. Wie wir arbeiten, ist nicht gegen Improvisation. Wenn wir eine neue Idee haben, versuchen wir es. Und wenn es besser ist, dann sind wir froh. Wenn jemand mit einer neuen Idee kommt, dann umarmen wir uns und sind glücklich. Aber wir brauchen eine Grundlage, eine Basis.

Bist du manchmal auch gezwungen, zu improvisieren, anders zu arbeiten?

Ich liebe Improvisation, aber ich akzeptiere es, wenn ich sehe, es ist besser, was wir ausgedacht haben. Ich kann nicht frühmorgens ankommen und nicht wissen, was ich heute mache. Es kann natürlich anders sein, ich kann ändern. Ich muß so ankommen um sieben, daß ich, wenn wir dann um acht anfangen, über diesen Drehtag alles weiß.

Woher rührt diese Kraft, diese Energie bei Menschen wie Brandauer?

Es ist eine persönliche Sache, es sind Menschen, die charismatisch sind, und, Gott sei Dank, der Klaus ist einer davon. Und

Sigrid Schmitt im Gespräch mit István Szábo.

Menschen, die ganz große Schauspieler sind, trotzdem nicht charismatisch, die sind menschlich nicht dabei, die sind nicht anwesend. Das ist ein ganz merkwürdiges Phänomen. Ich kann nicht sagen, wie es ist, ich spüre es nur. Leider gibt es im sogenannten deutschsprachigen Raum viele Schauspieler, die so perfekt sein möchten, sie erlauben sich nichts, sie spielen perfekt, aber es wirkt überhaupt nicht. Man muß offen sein für alles Neue, man muß offen sein, um beeinflußt zu sein von allen Umständen, von den Partnern. Das spricht nicht dagegen, was ich über Klaus gesagt habe, er ist offen, ganz offen. Klaus' Nerven sind offen, weil er auf Einflüsse wartet; also man muß offen sein, und man darf nicht nur mit vorbereiteten Elementen, mit schauspielerischen Methoden arbeiten. Ich kann darüber stundenlang reden. Es gibt Menschen, die es können, und es gibt andere, die es nicht können, sehr große Schauspieler, sehr begabte Schauspieler, die es nicht können und deshalb nicht wirken vor der Kamera. Umgekehrt ist es auch möglich. Es gibt sehr große Filmschauspieler, die vor der Kamera alles ausdrücken können und auf der Bühne nicht stark genug sind. Die haben die Mittel nicht, die vorbereiteten Mittel nicht. Vor der Kamera wirken und auf der Bühne spielen, das sind zwei verschiedene Dinge. Vor der Kamera muß man leben. Sachen zeigen, die nur einmal passieren können, so wie man in einen Fluß nur einmal reintreten kann, er fließt weiter. Die Zuschauer müssen spüren, hier ist etwas nur einmal, es passierte nur einmal, vor meinen Augen, jetzt. Die leben, wie ich lebe. In meinem Leben passieren die Sachen nur einmal, wenn es noch einmal passiert, ist es anders. Und das ist sehr, sehr wichtig. Ich weiß nicht, wie ist das: Humphrey Bogart ist in einem Raum mit 20 Leuten zusammen, und wir wußten, dort ist ein Mensch, der strahlt, und die anderen waren nur gute Schauspieler.

Du sagtest vorhin, er ist jemand, der das Brennen spüren muß, um ihn herum, aber es gibt Leute, junge Anfänger, wo man spürt, die haben was. Ist Klaus Maria Brandauer jemand, der helfen kann, der solchen Talenten helfen kann, die noch nicht das Feuer und die Perfektion haben?

Wenn er spürt, da ist ein wirklicher Partner, dann fängt ein Energieaustausch an. Der Energieaustausch wirkt. Man fängt

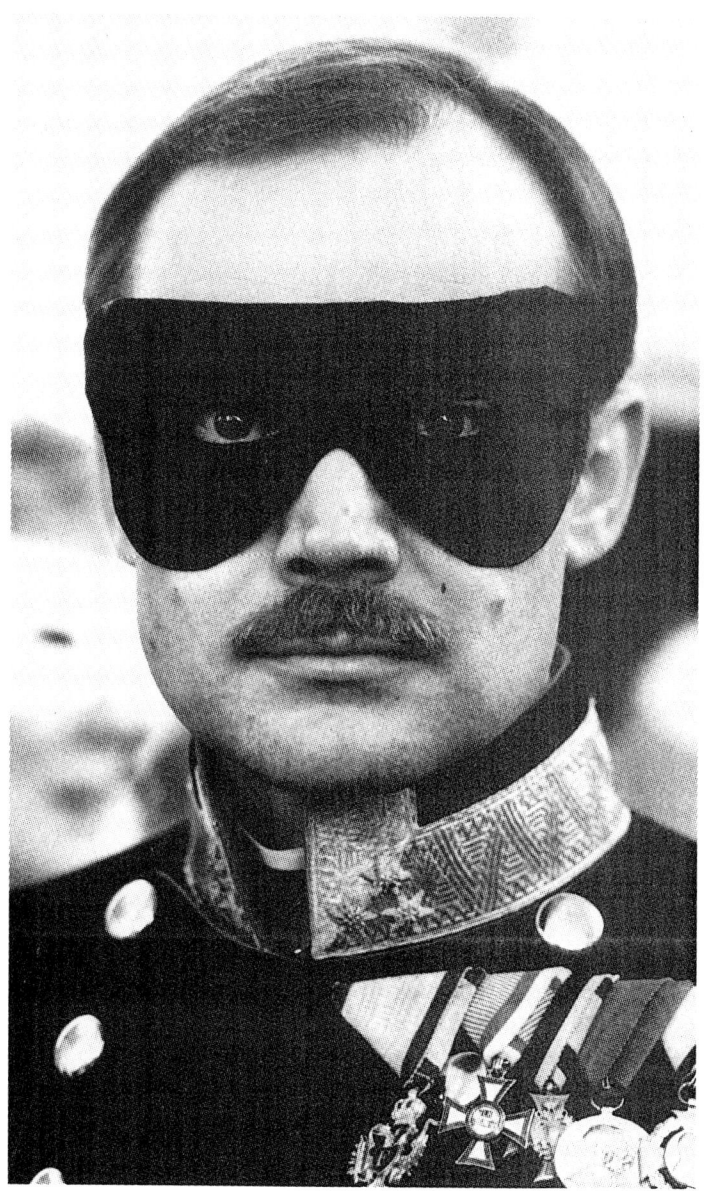

Der Mann mit der Maske ... Klaus Maria Brandauer als Oberst Redl.

an, zusammen zu brennen. Es geht dabei nicht um helfen, es geht darum, zusammen zu brennen, Energie zu bekommen. Und Energie bekommt man nur, wenn man gibt. Es ist ein Austausch. Es geht nicht um Helfen, es geht um Austausch. Ich sage: Hörst du zu, hörst du oder hörst du nicht? (Lauter) Du hörst überhaupt nicht zu. Du denkst an deine nächste Frage. (Ganz laut) Ich stehe jetzt auf und höre auf mit diesem Interview, du bist nicht bereit für diese Frage. Verstehst du das? Das ist Brandauers Problem. Er stellt eine Frage, denn er verteidigt diese Rolle, die Rolle des Filmregisseurs, er stellt also eine Frage und bekommt keine Antwort, oder eine Antwort ohne Interesse. Ich sehe in deinen Augen, daß du andere Gedanken hast, wenn Klaus das spürt, dann hört er auf. Mit Recht. So, jetzt habe ich dir gezeigt, wie das funktioniert. Ich habe etwas gefragt, und du hast eine höfliche Antwort gegeben. Ich habe gespürt, du schaust nicht in meine Augen. Meine Augen sind hier, und ich sehe, daß du mich überhaupt nicht anschaust, kein Interesse hast, was ich sage, du bist an deiner nächsten Frage, und so kann ich nicht reden. So ist das. Dann wird man ein bißchen lauter, dann wird man aggressiver.

Und wenn Brandauer für eines dieser jungen Talente nicht die Geduld hat?

Das kommt vor, aber es geht nicht nur um junge Talente, es sind ganz alte Talente auch, die vielleicht schneller sind, und wenn zwei Schauspieler zwei verschiedene Geschwindigkeiten haben, um Gefühle zu erwecken, dann kann das auch Probleme geben. Man muß sehr vorsichtig sein, wann fängt man an, Aufnahmen zu machen, manchmal verpaßt man etwas. Es ist eine delikate Sache. Ich habe keine Methode, manchmal schaffe ich es und manchmal nicht. Das sind die größten Probleme – ganz genau zu wissen, wann soll ich Aufnahmen machen. Wann fühlen sie sich sicher genug, aber nicht zu sehr, einander etwas zu geben.

Hast du, wenn du arbeitest, Probleme mit der Zeit?

Natürlich. Zeige mir einen Regisseur, der das nicht hat.

Es hat ja auch etwas mit der Arbeitsweise zu tun, das Gegenein-
ander, Miteinander. Wenn du sagst, ihr redet während der Dreh-
arbeiten nicht viel miteinander, so zeigt das, daß die Arbeit rela-
tiv klar abläuft, das macht ja auch Arbeitsgänge aus.

Ich habe Zeitprobleme, weil ich alles von allen möglichen Seiten aufnehmen möchte, weil ich meine Entscheidungen später
im Schneideraum treffen möchte. Ich möchte mehr Möglich-
keiten, und manchmal schaffe ich es nicht.

Wie gehst du mit der besonderen Sprachdiktion Klaus Maria
Brandauers um, mit seinem österreichischen Akzent?

Also dieser kleine feine Akzentunterschied, den spüre ich fast
nicht, weil meine Muttersprache anders ist; langsam habe ich
gelernt, die Unterschiede zu merken, die wirklich feinen Unterschiede. Aber, der Klaus Brandauer spricht wie der Klaus
Brandauer, der Brandauer spricht so, wie der Klaus spricht. Die
Rollen, die er spielt, sind Variationen für Brandauer. Sie sind
die verschiedenen Seiten von einem gewissen Herrn Brandauer, aber weil er ein Mensch ist, sind in Klaus' Seele die Mög-
lichkeiten da, wie bei uns auch, nur wir können es nicht so
ausdrücken, wie der Klaus es kann, es reicht, wenn der Klaus
eine Seite seiner eigenen Seele ausdrückt.

Bei ihm ist es ja auch die Diktion, sehr laut, sehr langsam, sehr
leise. Die Unterschiede der Modulation, der Sprache, was ein
Theaterschauspieler können muß, da hat er seine ganz persönli-
che Art.

Der Klaus hat den Wunsch, die Zuschauer immer wieder überraschen zu können. Das ist sehr wichtig. Der Klaus möchte immer den Zuschauer überraschen. Aber so lebt er auch.

Gibt es Rollen, die du dir für Klaus Brandauer vorstellen könn-
test?

Also bei Shakespeare sind ganz großartige Rollen, bei Tsche-
chow, bei Ibsen. Bei allen Schriftstellern, die wirklich menschliche Stücke schreiben, menschliche Emotionen, da gibt es Rollen für Klaus.

Würdest du gerne wieder etwas mit Klaus drehen, eine solche
Rolle oder so ein Stück?

Kurzschluß oder Konsequenz? Oberst Redl alias Klaus Maria Brandau-er in István Szábos Film.

Ich arbeite gerne mit Klaus, ich hätte jetzt auch beinahe eine Rolle bei Klaus gespielt – schade, daß es nicht dazu gekommen ist.

Und der Sohn, der Christian?

Der ist ein sehr sympathischer und begabter Mensch, der nicht in Klaus' Schatten lebt, und wenn die sich treffen, dann ist es sehr schön.

Und Karin Brandauer?

Ich habe sie sehr geschätzt und sehr geliebt, sie war ein großer Mensch und eine große Künstlerin.

Spiele und Spieler oder:
Wie man Gefühle zeigt und verbirgt

Da sind die Filme von István Szabó: OBERST REDL und MEPHISTO. Oberst Redl ist ein Mann, der aufgestiegen ist im militärischen Apparat der österreichisch-ungarischen Monarchie vor dem Ersten Weltkrieg. Als Kind wird er von der Familie in die Kadettenschule geschickt und zum Stipendiaten des Kaisers auserwählt. In die Uniform des Zöglings gesteckt, lernt er Anpassung und Gehorsam, wächst auf im Gefühl der Scham des Geringeren und mit den Gesten der älteren Männer. Häufig wird er in eine ihm fremde Welt eingefügt – und ihm gleichzeitig der Unterschied ständig bewußtgemacht. Es gibt ihn, den Standesunterschied, den Unterschied der Klasse: Er, von geringerer Herkunft, hat mit anderen Mitteln zu arbeiten. Es beginnt das Spiel von Intrigen, Denunziation eines Kameraden, um eine bessere Position zu erringen und sich beispielsweise im Salon des Freundes zurechtzufinden. Da schämt er sich über seine Unkenntnis, einen Samowar richtig zu bedienen.
Wenige Striche sind es, genaue, klare, wiederholbare Gesten, die Szabó dieser Erziehung des Jungen beigibt, um ihn dann als Erwachsenen zu präsentieren, der ein Manöver leitet, es gut leitet und sofort erfährt, welche Fehler beim Befehligen der anderen man nicht machen darf. Seine Uniformjacke bleibt geschmeidig an ihm, einmal in Zivil sagt ihm die Schwester seines Freundes (Gudrun Landgrebe), es sei die größte Lüge, er als Zivilist. Die Uniformjacke wird zu einem Gegenstand, der ihn kennzeichnet, der ihm paßt, der alle Bewegungen, jedes Handeln mit zu vollziehen scheint; so knöpft Brandauer/Redl die Jacke zu, so eilt er mit engen raschen Schritten eine Treppe hinauf, so zieht er diese Jacke an, um darin zu sterben.
Die immer etwas gehetzte, rasche Sprache mit den wenigen Pausen, im Unterschied etwa zu Armin Mueller-Stahl, der den Thronfolger spielt: im Reden und Handeln wie ein Kapitel, das schnell erfaßt wurde. Schnell wird die neue Aufgabe immer in ihren engen Grenzen erfaßt, und darin werden die Kreise gezogen, ohne starr zu sein; mit eben dieser Geschmeidigkeit

agiert Brandauer und gibt doch in jedem Moment zu erkennen: Es sind enge Gänge, enge Reden, enge Gesten, über die er in seiner Funktion als treuer Diener des Kaisers nicht hinausgehen will.

Eine Ruhepause, etwas Retardierendes scheint aufzukommen, als er einen jungen Liebhaber hat und ihn im Schlaf betrachtet. Da ist ihm der lange Blick vom Regisseur zugestanden, ein Lachen in den Augen und ein Hauch von Gelöstheit. Nur für einen Moment, bis er den Verrat erkennt, den Verräter, der ihn zu Aussagen bringen soll, die ihn ans Messer liefern.

Das Anerlernte, Anerzogene, das Schritt für Schritt Erworbene, es ist immer gegenwärtig, immer spürbar, da die Gesten nie rund erscheinen, sondern immer ein klein wenig zeigen, daß sie genau kalkuliert, quasi vor dem Spiegel eingeübt sind: Hier nicke ich mit dem Kopf, hier strecke ich meine Hand aus, hier setze ich die Worte so, wie ich sie zu setzen habe in dieser anderen Gesellschaft, in der ich lerne, lerne und aufpasse. So scheint er eine Spur angestrengter als sein Freund Kubinyi, hört eine Spur genauer und macht seine vorgeschriebenen Grußformel eine Spur deutlicher, aber eben nicht völlig gepreßt, sondern in den Nuancen dieses Drahtseilaktes, des Drinnen-sein-Wollens und doch eine Spur draußen, und eben diese Spur Draußen, die weiß man zu nutzen: jene, die ihn gebrauchen können, denn mit dieser Scham des Geringeren wird er der Genauere und Exaktere und für das Regime Verläßlichere sein – bis er selbst zu benutzen ist in seiner ganzen Person, die man vernichten kann für einen politischen Zweck.

Bei MEPHISTO beginnt es ganz anders. Gleich in der ersten Szene ist Höfgen/Brandauer derjenige, der seinen Körper, sein Gesicht, seine Gesten zur Beherrschung wiederfinden muß, denn er sperrt sich, zerreißt sich mit seiner ganzen Person gegen das fürchterliche Spiel einer Kollegin, der er gleich den scheinheiligen Hof machen wird, den Hof machen, um vielleicht Vorteile für sich zu sichern, Vorteile, um im Beruf weiterzukommen, den er atemlos herausschreit: Ich bin Schauspieler, Schauspieler. Schauspieler in seinem ganzen Sein, seinem Sich-Geben, seinem Sich-Verhalten. Leben und Bühne beginnen, sich zu vermischen. Er spielt in einem Café, wo man sich nach der Vorstellung trifft, er spielt auf der Bühne, er spielt seine Beziehungen zu den Frauen aus, er spielt bis zum Ersticken, denn bei dem Mahl mit seiner Verlobten in deren vornehmem Haus verschluckt er sich – es ist zum Schämen, wieder ist es auch hier eine Scham, eine Scham, die er auch aus Erlebnissen seiner Jugendzeit kennt: Oberst Redl und Mephisto – Personen, deren persönliche frühkindliche Scham in ihnen sitzt, die sie ständig zu überspielen haben.

Das Spiel für die Bühne wird fast zum Exzeß, zum Überschreien, zum Außersichsein, zur Ansprache außerhalb des Körpers. Das Spiel, das sich mit ihm, seinem Körper verbindet und auch ein Spiel ist. Da ist das Spiel etwa in seinem Umgang mit Kollegen, mit seiner Frau, bis er – schon verheiratet – den Unterschied erkennt zwischen dem, der beim Frühstück das Ei aus der Schale ißt, während sie das Ei graziös aus dem Glas löffelt. Szabó hat genußvoll diesen Unterschied mit Witz und Ironie herausgearbeitet.

Die Verstellung, das Spielen, das einen zum Schauspieler macht, wird auf allen Ebenen zelebriert. Eben auch in der Arbeit und in seinem Verhalten anderen, etwa Kollegen, gegenüber. Etwas wächst nicht, ist vorgegeben, etwa daß er anfangs die Nationalsozialisten als Schemen sieht; es ist so, um allmählich zu zeigen: Diese Basis wird umspielt, sie wird verändert.

Andrew Birkin:
»Klaus ist wie ein wilder Araberhengst«

Andrew Birkin ist der Bruder der Schauspielerin Jane Birkin. Jane Birkin und Andrew Birkin sind beide erfolgreich im Filmgeschäft.

Mein elfjähriger Sohn spielt in Richard Lesters Verfilmung der DREI MUSKETIERE – Jane und ich haben schon als Zwölfjährige Super-Acht-Filme gedreht. Mir geht es nicht um Ruhm, sondern darum, die Dinge, die mir vorschweben, zu realisieren.

Sie waren Regieassistent bei Stanley Kubrick, Drehbuchautor und Schauspieler, heute inszenieren Sie – war das jeweils so etwas wie eine Filmschule für Sie?

Absolut, jedes neue Filmprojekt ist nach wie vor so eine Art »Schule« für mich, jedesmal so, als würde ich eine neue Fremdsprache lernen.

Sie sind mit dem Film BRENNENDES GEHEIMNIS ein Debütant, arbeiten aber wie ein Profi – würden Sie das auf Ihre Arbeit mit Kubrick zurückführen?

»Professionalität« habe ich von vornherein angestrebt, Kubrick war mein Mentor: bei 2001 habe ich mit Teekochen begonnen, um dann zum Second Unit nach Afrika geschickt zu werden. Das Filmemachen erinnert an die Armee: Die Terminologie (»Shoot« oder »Cut«) ist dem Militär abgeguckt.

Sie haben eine Kurzgeschichte von Stefan Zweig verfilmt, die als eine der besten des Autors gilt. Was war der Grund dafür?

Ich bin kein großer Kenner der deutschen Literatur, MGM hat mir den Stoff angeboten: Bislang mochte ich nicht, was das Studio wollte, und das Studio wollte nicht, was ich mochte. Man stellte mich vor die Alternative: Entweder Sie verfilmen das Sujet, für das sich auch Kubrick einmal interessiert hat, oder Sie lassen es. Also tat ich es und habe die Erzählung ziemlich verändert – alleine schon durch die Übersetzung.

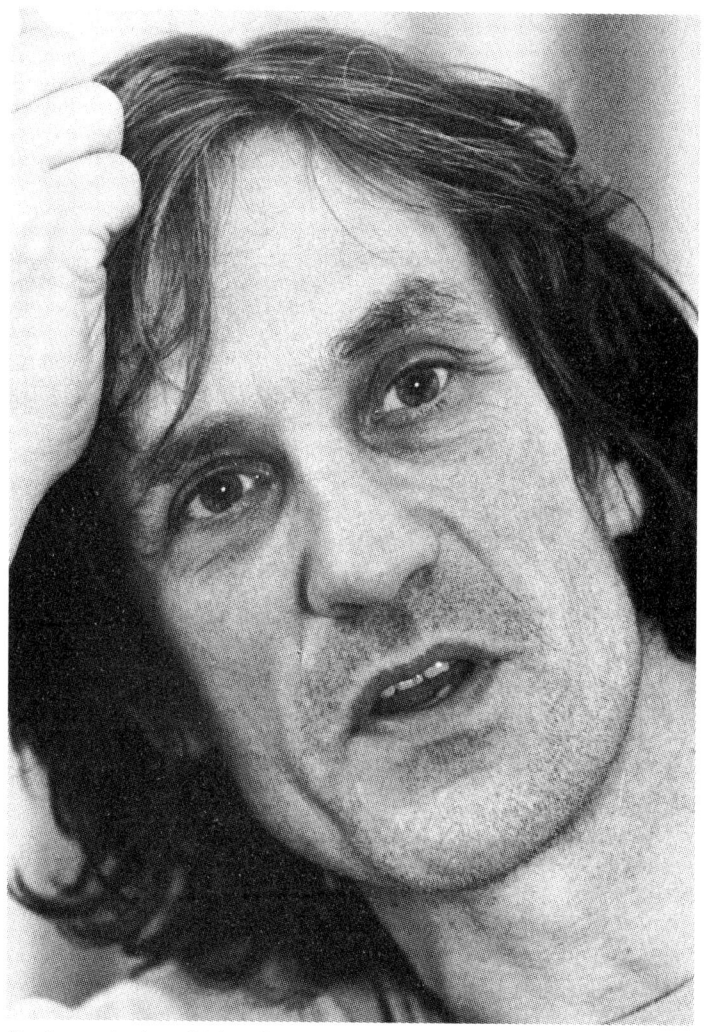

Regisseur Andrew Birkin drehte mit Klaus Maria Brandauer DAS BREN-
NENDE GEHEIMNIS.

Was war für Sie aus heutiger Sicht so interessant an der Story?

Die Erzählung betraf mich persönlich: die Beziehung zu meiner
Frau und meinem Sohn.

Bei Zweig bezieht sich der Titel auf das Geheimnis der Liebes-affäre, im Film machen Sie das nicht deutlich.

Der Film beinhaltet eine Anzahl Geheimnisse, einschließlich meiner eigenen. Kritiken, die sich damit auseinandersetzen, könnten mir über das, was ich nicht bewußt habe in den Film einfließen lassen, die Augen öffnen. Wenn ich es richtig sehe, dann war Zweigs »brennendes Geheimnis« nichts anderes als Sex, während für mich noch andere Geheimnisse existieren: Verrat, Tod, Verlust der Unschuld, Lüge. Die Probleme, die den Jungen bewegen, kannte ich selbst.

Klaus Maria Brandauer erscheint hier nicht besonders leiden-schaftlich. Es scheint, als interessiere er sich mehr für das Kind als für die Frau.

Genau das war von mir beabsichtigt: Obwohl Klaus und ich uns oft gestritten haben, waren wir in diesem Punkt einer Meinung. Er wollte den Film nicht so adaptieren wie die Erzählung, die er sehr gut kennt, für mich ist es auch ein Film über eine »Menage à trois«.

Bei Ihnen entwickelt sich die Geschichte ganz aus dem Blick-winkel des Jungen. Liegt das daran, daß Sie – wie Sie sagten – sich mit dem Jungen identifizieren können?

Vollkommen! Ich glaube, daß ich ziemlich naiv aufgewachsen bin, so daß ich Dinge ausdrücken wollte, die ich selbst als Kind empfunden habe. Im Gegensatz zu mir verbrachte Zweig eine unglückliche Kindheit: »Das Licht am Ende des Tunnels«. Für mich war es das Gegenteil, für mich war die ganze Aussicht meines Erwachsenwerdens: der Tunnel am Ende meines Lich-tes. Deshalb endet die Geschichte bei Zweig optimistisch, als Anfang eines neuen Lebens, während bei mir der Schluß das Ende von etwas sehr Schönem darstellt.

Sie haben die Geschichte in die Zeit nach dem Ersten Weltkrieg verlegt. Warum?

Dafür gab es verschiedene Gründe: Zum einen wollte ich dem Baron einen Hintergrund geben. Bei der Vorlage hat mich ge-stört, daß der Baron dem Jungen von der Jagd auf Tiger in Indien erzählt. Ich lehne grundsätzlich alles ab, was mit dem Töten von Tieren zu tun hat. Eine solche Szene also in meinem Film zu haben, wäre heuchlerisch gewesen. Ich habe den Film deshalb nicht 1912 spielen lassen, um nicht mit Viscontis TOD IN

Klaus Maria Brandauer und David Eberts in BRENNENDES GEHEIMNIS *von Andrew Birkin.*

VENEDIG verglichen zu werden. Außerdem kam es mir auf Todessymbolik an: Ich liebe die Idee vom Tod einer Herrschaft, Tod des Patriotismus; eine Art von Impotenz erfaßt die Menschen im Hotel.

Unter den Dingen, die Sie dem Original hinzufügten, ist der Turm. Hat er für Sie eine besondere Bedeutung?

Ich wollte damit keine spezielle Symbolik ausdrücken, auch wenn viele darin ein Phallussymbol vermuten. Das war eben ein glücklicher Zufall. Ich habe das Skript am Set des Films geschrieben, im Hotel bei Baden-Baden, und dort gab es diesen Turm, eine Art Kapelle, die meiner Ironie entgegenkam: Weil ich so eine religiöse Sache habe, die quasi hinter dem Film liegt.

Brandauer und Faye Dunaway gelten als schwierige Stars, bei Ihnen wirken sie beide sehr gezähmt.

Sie sind sicher schwierig, aber mit mir zu arbeiten, ist auch nicht leicht. Ich habe beiden erklärt, daß sie als Antagonisten agieren: Der Film ist gegen sie, beinhaltet keine Liebesgeschichte zwischen ihnen – der Junge ist der Protagonist, mit dem man als Zuschauer wahrscheinlich sympathisiert. Viele Schauspieler verkörpern am liebsten das, was sie hassen: Dunaway als Joan Crawford; Brandauer hat Schwierigkeiten mit Sujets, die die NS-Zeit berühren; deshalb hat er in meinen Film Dinge hineininterpretiert, die nicht einmal ich gesehen habe. Stars besitzen eine größere Macht als ganz gewöhnliche Schauspieler. Ich bin Brandauer dankbar, daß er mich durch seine Sicht des Barons zur Auseinandersetzung gezwungen hat. Klaus ist wie ein wilder Araberhengst, den ich bei meinem ersten »Ritt« domestizieren mußte. Was der »Spiegel« geschrieben hat, stimmt nicht: Brandauer hat seine Texte nicht verändert, um David Eberts zu frustrieren, im Gegenteil, er wollte diesen Film nicht machen, bevor nicht ein Junge aus »Fleisch und Blut« – was seine Vorstellung von der Rolle betraf – gefunden war. Die leichtesten Szenen sind die zwischen Klaus und David, die schwierigsten die zwischen Klaus und Faye gewesen.

Wo und wie haben Sie ein solches Talent wie David Ebers gefunden?

Im Gegensatz zu Brandauer/Dunaway hat die Besetzung des Jungen viel Zeit in Anspruch genommen. Wir haben in Los Angeles und New York gesucht, auf europäischen US-Basen, doch kein Kind besaß die Charakterzüge, die mir vorschwebten. Und wie es die Ironie so will, wurde David 300 Meter von meiner Londoner Wohnung entfernt gefunden: in der amerikanischen Schule. Kaum hatte ich mit David gesprochen, rief ich schon bei meinem Produzenten an.

Laut »Der Spiegel« haben Sie Brandauer als schrecklich egozentrisch bezeichnet. Es heißt dort, er habe ständig die Dialoge verändert, um seinen zwölfjährigen Partner auszustechen.

Ich sagte ja bereits: Ich habe zwar geäußert, daß Brandauer selbstsüchtig sei, aber man hat vergessen, meinen Zusatz zu erwähnen, daß ich es nämlich auch bin. Ich habe Zweig nach meinen höchst persönlichen Vorstellungen adaptiert und Klaus und Faye ebenfalls das abverlangt, was ich wollte. Außerdem bin ich nicht im Kontext zitiert worden: Wenn Klaus etwas verändert hat, dann häufig auf meinen Wunsch hin, damit David spontan agieren konnte. Klaus und ich lagen bestimmt nicht wegen des Jungen im Clinch miteinander.

Im Gegensatz zu Reaktionen in anderen Ländern waren die deutschen Kritiker nicht gerade sehr freundlich, einige meinten, der Film sei langweilig.

Ich kenne nur die Kritik in der »Frankfurter Allgemeinen Zeitung«, über die ich mich sehr gefreut habe. Außerdem, wenn jemand etwas langweilig findet, dann ist das sein Problem, ein anderer kann das ganz anders empfinden. Als mein Film an der New York Film School gezeigt wurde, gestand mir einer der Professoren, daß er ihn erst jetzt, beim dritten Mal, so richtig begriffen hätte.

Im Augenblick wird dem britischen Kino sehr viel Aufmerksamkeit gewidmet; glauben Sie, daß Sie selbst Anteil an dieser Entwicklung haben?

Nein, ich begreife mich nicht nationalistisch. Was das Kino anbelangt, denke ich eher international, ich denke, ich bin eher ein »europäischer« als ein »amerikanischer« Filmemacher. Ich mag es, mit meinem Film eine europäische Sensibilität anzurühren, und fühle mich nicht als Teil der britischen Filmbewegung.

Jürgen M. Thie im Gespräch mit Andrew Birkin.
Januar 1989

Immer im Hintergrund und doch nicht zu übersehen: Karin Brandauer

Sie wollte Journalistin oder Schriftstellerin werden, doch dann kommt sie mit Klaus Maria Brandauer zusammen, der wie sie aus Altaussee in der Steiermark stammt. Als Karin Müller ihn 1963 heiratet, ist sie 18 Jahre alt. Dann kommt Sohn Christian zur Welt, und das Kind bedeutet eine Verzögerung der Karriere. Doch die ist nicht aufzuhalten: Durch ihren Mann und seine Theaterarbeit, die sie sehr genau verfolgt, verändern sich ihre Ziele, sie will mit Bildern arbeiten, mehr und mehr gewinnt sie Gefallen an der Filmarbeit. Klaus Maria bezeichnet Karin als

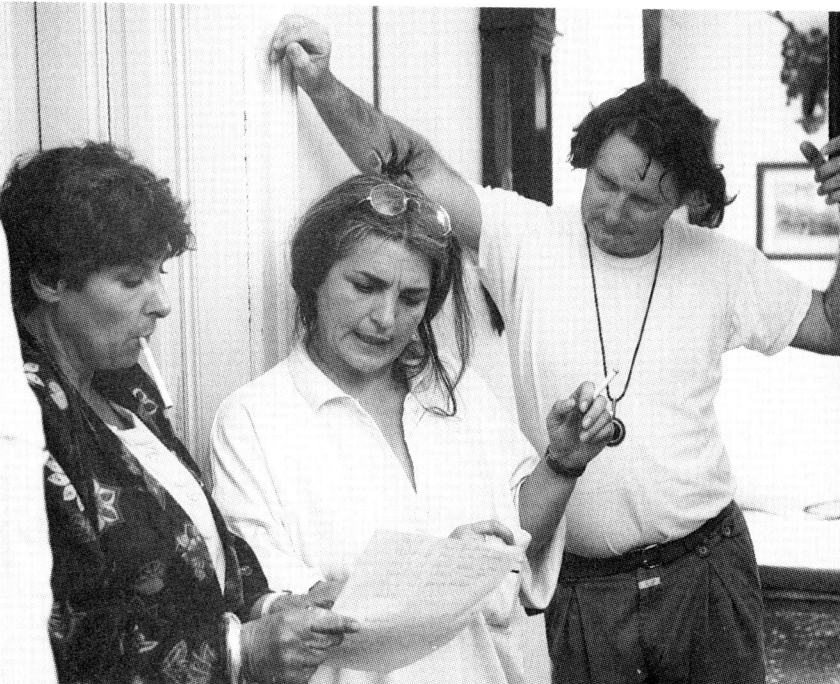

Karin Brandauer (Mitte) bei den Dreharbeiten von EIN SOHN AUS GUTEM HAUSE, mit Kameramann Helmut Pirnat (r.).

seinen »heimlichen Oberspielleiter«, denn sie ist oft bei den Proben dabei, berät ihn, ist ihm ein wichtiger Partner; ihr Einfluß auf ihn ist ebenso groß wie seiner auf sie. Doch Karin Brandauer geht nicht den Weg des geringsten Widerstandes, sie folgt nicht Angeboten, die sie allein dem Ansehen ihres Mannes verdankt.

Erst einmal besucht sie die Wiener Filmhochschule. Das ist 1969, Christian ist sechs Jahre alt. 1974 macht sie ihr Diplom – der Film heißt DER VAMPIR, DER AUS DER U-BAHN KAM –, dann arbeitet sie an ihrer Karriere. Bald erkennt man ihr Talent, sie und ihre Angebote werden ernst genommen, ob beim Österreichischen Fernsehen, der ARD oder dem ZDF. Sie beginnt mit kleinen Filmen fürs Fernsehen, meist literarische Themen wie Marie von Ebner-Eschenbach (DER MUFF) oder Heinrich Heine (DIE FLORENTINISCHE NACHT), die große Literatur ist ihre Heimat. Georg Büchner, der frühverstorbene revolutionäre Dichter, ist ihr besonders vertraut; unter dem Titel POESIE UND REVOLUTION widmet sie ihm eine Dokumentation, an der auch Klaus Maria Brandauer beteiligt ist. Ein Dokumentarfilm über den österreichischen Zeichner Alfred Kubin erhält den österreichischen Volksbildungspreis. Dann folgt die Schnitzler-Adaptation DER WEG INS FREIE für ORF und ZDF. Ihr Mann spielt den Georg von Wergenthin – und jetzt ist auch Karin Brandauer in.

Für den Westdeutschen Rundfunk in Köln entsteht der aufwendige Zweiteiler DAS TOTENREICH nach dem Roman von Henrik Pontoppidan, dann folgt – wiederum für ORF und ZDF – Peter Roseggers ERDSEGEN, danach der ungewöhnliche Dokumentar-Spielfilm EINSTWEILEN WIRD ES MITTAG – DIE ARBEITSLOSEN VON MARIENTHAL. Die Verfilmungen von Karl Tschuppiks EIN SOHN AUS GUTEM HAUSE und Felix Mitterers VERKAUFTE HEIMAT schließen sich mit dem vorhergegangenen ERDSEGEN zur eigenwilligen österreichischen Heimat-Trilogie. Eine sehr persönliche Adaptation des ASCHENPUTTEL-Märchens entsteht, teilweise im Prager Studio Barrandov. Eine Chronik der Wende wird – eher durch Zufall als geplant – der ZDF-Zweiteiler MARLENEKEN, denn der deutsch-deutsche Schicksalsfilm wird geradewegs von den politischen Ereignissen überrollt. Gemeinsam mit ihrer Autorin Eva Maria Mieke verändert sie praktisch vor Ort das Drehbuch, bringt die politische Ist-Zeit mit ein. Ihr letzter Film schildert das Schicksal des Zigeunermädchens Sidonie, das um ein Haar vor den Gaskammern der Nazis gerettet wird.

Das Projekt, das Karin Brandauer lange Zeit vor sich herschob und schließlich beginnen konnte, wurde kurz vor Drehbeginn von ihrem unerwarteten Tod gestoppt – jetzt, Jahre später, wird Klaus Maria Brandauer DIE WAND realisieren.

Mit ungewöhnlicher Direktheit zum Erfolg – Thomas Thieringer über Karin Brandauer

Bei der Pressevorführung von ERDSEGEN gab es Schwierigkeiten mit dem Abspielgerät; bis ein neues beschafft war, dauerte es eine gute Stunde. Karin Brandauer schien das nicht zu irritieren. Sie nutzte die Zeit für Gespräche und Interviews mit den Journalisten, war dabei immer konzentriert, neugierig auf ihr Gegenüber und von einer im Medienbetrieb unüblichen Direktheit. Nur einmal wirkte sie verunsichert, als sie auf ein angebliches Interview ihres Mannes in einem Yellow-Press-Blatt angesprochen wurde. Sie wußte, daß erfunden worden war, was da über sie und Klaus Maria Brandauer, mit dem sie seit 22 Jahren verheiratet ist, verbreitet wurde. Solche Geschichten sind ja nicht neu für jemanden, der im »Showgewerbe« arbeitet, aber ihr schien das immer noch fremd, daß da auf so dumme Weise Lügen sensationalisiert werden über ihr Privatleben. Dabei hat sie gar keine Scheu, über Privates zu reden, und wenn in einem Gespräch immer wieder der Name Klaus fällt, dann hat das damit zu tun, daß sie gar keinen Wert darauf legt, sich abzusetzen, sich zu »emanzipiert« zu geben. Die »anderen« haben Schwierigkeiten mit ihrer Karriere als Regisseurin an »der Seite eines berühmten Schauspielers«.

Dabei ist, so wie sie es erzählt, alles ganz einfach und gar nicht so zielgerichtet auf eine Karriere hingelaufen. Die Brandauers wuchsen in einem Dorf in der Steiermark auf; man ging damals viel ins Kino. Sie schrieb viel, wollte ursprünglich mal Schriftstellerin werden, »reduzierte« ihren Berufswunsch dann später auf Journalismus. Als ihr Mann nach Tübingen und Düsseldorf engagiert wurde, ging sie mit. Eines Tages überredete sie der Regisseur Erwin Axer, in einer kleinen Rolle, ihres »russischen« Aussehens wegen, in seiner Tschechow-Inszenierung mitzuwirken. Von ihrem Ausflug in die Schauspielerei war sie jedoch weniger überzeugt als von Axers Regiearbeit. In der kurzen Düsseldorfer Zeit hatte sie auch einige Jungfilmer aus Oberhausen kennengelernt. Das und die Erinnerung an die Kinojahre in ihrem Dorf ermutigte sie, sich in Wien auf der Filmhochschule einzuschreiben; Klaus Maria Brandauer war damals gerade nach Wien engagiert worden.

Nach Abschluß der Filmhochschule 1974 drehte sie kleine Filme nach literarischen Vorlagen (unter anderem DIE FLORENTINISCHE NACHT nach Heinrich Heine) und Dokumentationen (unter anderem über Alfred Kubin und Georg Büchner). Damals, so sagt sie, war es gerade Mode geworden, auch mal Frauen ranzulassen; Käthe Kratz, die ein Jahr vor ihr abgeschlossen hatte, führt sie noch als Beweis an. Bis heute hat Karin Brandauer 21 Fernsehspiele und Dokumentarfilme gemacht, darunter die neunteilige Serie WOZU DAS THEATER? mit ihrem Mann in der Hauptrolle. Auch in ihrem ersten großen – zweiteiligen – Fernsehspiel DER WEG INS FREIE nach dem Roman von Arthur Schnitzler wirkt Klaus Maria Brandauer mit in der Rolle eines, wie sie sagt, faden, untätigen, schweigsamen »Knopfs«, also mit Eigenschaften – als sie das sagt, muß sie lachen – die »er« alle nicht hat. In Deutschland wurde dieser Zweiteiler zum Teil hoch gerühmt, in Österreich mußte sie dafür harsche Verrisse einstecken, weil man ihr vorwarf, daß sie sich an Schnitzler herangewagt hatte. DER WEG INS FREIE brachte ihr aber dann den Auftrag ein, DAS TOTENREICH von Herbert Asmodi (nach dem Roman von Henrik Pontoppidan) für den WDR zu inszenieren. Auch dies, wie Schnitzlers Roman, eine vor dem Ersten Weltkrieg angesiedelte Geschichte, in der »anhand von ein paar sehr signifikanten Charakteren der Untergang einer Gesellschaft geschildert wird«.

Was sie gereizt hat, nach Schindlers Fin-de-siècle-Welt nochmals einen Stoff aus den Anfängen dieses Jahrhunderts zu verfilmen, waren die ganz anderen, die nordisch schweren Menschen, die keine Zukunft haben, die in einer ganz anderen Landschaft als der von Schnitzler leben. Daß danach noch das Angebot kam, Felix Mitterers Drehbuch nach Peter Roseggers Briefroman ERDSEGEN zu verfilmen, machte ihr klar, daß sie dabei war, sich »in die Schachtel der Literaturfilmspezialisten« abschieben zu lassen. Auch an diesem Rosegger hatte sie noch Interesse – obwohl sie diesen Schriftsteller nach den Schulpflichtlektüren ganz »oben im Bücherregal« abgestellt hatte –, weil er, zwar bei ihr 1910 angesiedelt, eine auch heute noch gültige »Aussteigergeschichte« erzählt. »Jetzt aber«, so betont sie, »möchte ich mal einen Film machen, der gleich etwas mit heute zu tun hat.« Die dazwischengeschobene Frage, ob es nicht heute eine Frau schwerer hat als ein Mann, Filme zu machen, beantwortet sie ganz sicher mit »Nein, leichter«. Wichtiger ist ihr, auf eine »Manipulation« hinzuweisen, die sie bei DER WEG INS FREIE vorgenommen hat. Schnitzler habe die Frauen in seinem Roman sehr stiefmütterlich behandelt, beschreibe eine dominierende Männerwelt, in der die Frauen sich immer hinhalten lassen. So hat sie eine Frauenrolle umgeschrieben, weil »ich eine Frauenfigur zeigen wollte, die mir gefällt, die sich gegen die Männer wehrt«. Auch bei Rosegger habe sie die Rolle des Bauernmädchens so umgeschrieben, daß sie nicht mehr der Konvention der damaligen Zeit entspricht, sondern selbst über ihr Leben bestimmt.

Also doch ein »emanzipatorischer Anspruch«? Sie sei in einem sehr unkonventionellen Haushalt aufgewachsen, sagt sie, und »emanzipiert war ich, so glaube ich, schon immer, und tolerant, so meine ich, bin ich auch«. Aber was sie wütend macht, sind Ungerechtigkeiten, Unterdrückung und eben Fanatismus und Intoleranz. Manche Leute meinen, daß man daran immer wieder erinnern müsse und Fragen stellen, auch wenn man keine Antworten geben kann.

Antworten will sie nicht geben, auch in ihrem nächsten Film nicht, der zumindest in die Anfänge des Nationalsozialismus hineinreicht. Grundlage ist die berühmte sozialpsychologische Studie von Paul Lazarsfeld aus dem Jahre 1933 über den durch Arbeitslosigkeit herbeigeführten Niedergang eines Dorfes: »Die Arbeitslosen von Marienthal«. Sie ist nicht daran interessiert, daraus eine »Alpensaga« in 90 Minuten zu erzählen, wichtiger ist ihr, die Konfrontation der Wissenschaftler mit »ihrem lebendigen Objekt« nachzuzeichnen, wie sie sich bemühen, mit gut ausgedachten Hilfsprogrammen an die Arbeitslosen herankommen, aber nicht erreichen, daß das Dorf gerettet wird. Das Ergebnis ist lediglich eine – sicher bedeutsame – Studie, die 1933 dann von den Nazis verboten wurde.

»Arbeit«, sagt Karin Brandauer, »ist Verantwortung. Wenn man jemand die Arbeit nimmt, dann verliert er sein Selbstwertgefühl. Das gilt für heute genauso, das ist ungeheuer, was da mit

Menschen gemacht wird.« Die Frage nach den Motiven für ihr soziales Engagement wehrt sie ab, weil sie es »grauenhaft« findet, sich aus einer »gutsituierten Situation« heraus sozialer Aktivitäten zu rühmen. Was ihr wichtig ist, ist daß sie sich in ihren Filmen nicht anbiedert – so will sie die Geschichte der ARBEITSLOSEN VON MARIENTHAL fiktiv aus der Sicht der Wissenschaftler zeigen, eben nicht aus der der Arbeiter, weil sie mit ihrer bürgerlichen Herkunft um die Verständigungsschwierigkeiten mit Leuten dieser »Klasse« weiß –, daß sie sich nicht mit Effekten über die Schizophrenie hinwegsetzt, um Wirkung zu machen. »Meine Figuren haben, so glaube ich, einen großen Grad an Ehrlichkeit.«

In allen Filmen, die sie bisher gemacht habe, gibt es einige Personen, die mit ihr selbst zu tun haben, sagt sie. Und in allen habe – zufällig – auch der Tod eine Rolle gespielt, und das sei ein Thema, das sie seit einigen Jahren sehr fasziniere, wohl auch, weil sie keinen Glauben hat und deshalb herausfinden will, was das ist, das Leben, wozu man lebt – wohl doch auch, um sein Dasein zu genießen. Und das muß doch für alle gelten. Obwohl sie sehr realistisch sei, mit beiden Beinen auf dem Boden stehe, überall zu Hause, wo es Freunde gibt und Menschen, mit denen man sich unterhalten kann, komme sie über diese Frage nach dem Sinn und Zweck, den man im Leben zu erfüllen hat, nicht hinweg. So nah als möglich an die Menschen herankommen, an das, was sie bewegt, das treibt sie an, Filme zu machen. Das mit »Leichtigkeit« und Humor zu schaffen, das ist ihr Wunsch. Und dann kommt sie auf John Cassavetes zu sprechen und setzt schwärmerisch ein »toll« ans andere und bleibt dabei ganz selbstverständlich vergnügt Karin Brandauer. *(März 1986)*

Nina Hoger: »Mit ihr war's einfach toll!«

Was war das Besondere bei ihr, bei ihrer Arbeit?

Der Respekt. Sie wußte immer, was sie will, die Offenheit, die Wärme, die sie ausstrahlte. Das empfand ich damals so, so etwas habe ich nie wieder erlebt.

Hat sie eigentlich vor dem Dreh viel vorgearbeitet?

Nein, überhaupt nicht. Ich kannte sie gar nicht, war gerade bei einem anderen Film beschäftigt und bin zum Dreh hingefahren, und ich hatte auf Anhieb eine ganz große Sympathie. Ich habe ihr absolut vertraut, quasi blind vertraut.

Hat sie Szenen vorgespielt?

Nein, überhaupt nicht.

Sind Texte festgelegt gewesen oder während des Drehens verändert worden?

Es wurde am Set sehr viel verändert, immer wieder.

Das ist erstaunlich bei ihren Filmen, denn sie wirken so ganz genau, als ob sie Punkt für Punkt geplant sind.

Sie hatte sicherlich alles in ihrem Kopf vorgeprobt, sie wußte ja immer genau, was sie wollte. Sie wußte genau, wie der Film aussieht, hat uns aber nie drangsaliert, im Gegenteil, hat uns allen sehr viel Freiheit gelassen. Ich empfand das übrigens im nachhinein als eine der schönsten Arbeiten. Man hat sich so aufgehoben gefühlt, hat sich wohl gefühlt. Das war eine ausgesprochen schöne Zeit, trotz dieser Umstände, die nicht gerade angenehm waren. Man war ja da in Polen so völlig aufeinander angewiesen.
Ich kann mich an eine Situation erinnern. Das war ein wunderschöner Drehtag, und am Ende des Tages sprang ein Beleuchter auf den abfahrenden Zug und spielte Trompete. Er spielte »As Time Goes By« und wir standen alle, auch Karin, heulend am Bahnsteig. Solche Erinnerungen verbinde ich mit der Arbeit. Es hat uns alle gerührt, und es war eine typische Szene für

die Stimmung, die beim Drehen herrschte. Dabei waren das richtig anstrengende Tage, oft 16, 18 Stunden. Karin sagte dann immer: Ach, das machen wir doch noch, und sie hat uns alle noch einmal so aufgepeitscht, und wir hatten immer Lust weiterzumachen.

Daß es ihr zwischendurch schlechtging, wußte keiner?

Sie ist einmal total zusammengebrochen, aber sonst gab es da keine Anzeichen, und wir hatten das als natürliche Folge der Anspannung genommen. Als wir hörten, daß sie tot war, hat uns das alle sehr getroffen.

Standen Sie damals unter großem Zeitdruck?

Eigentlich nicht. Nun ist beim Fernsehen immer sehr wenig Zeit. Aber wir hatten immerhin zweimal 30 Drehtage. Als dann in Berlin die Mauer aufging, dachten wir, die ganze Geschichte fällt zusammen. Das war ganz verrückt. Dann haben wir noch einiges verändert, aktualisiert, und dann lief das ja eigentlich. Ich weiß gar nicht, ob Karin den Film so sehr geliebt hat. Er ist doch total anders als ihre anderen Filme. Ich könnte mir vorstellen, daß ihr die ganze Geschichte nicht so sehr am Herzen lag.

Was war das Besondere bei Karin Brandauers Arbeit?

Karin gab jedem das Gefühl, selbständig, unabhängig zu sein – und doch war sie die Chefin. Das wurde auch nie von jemandem angezweifelt. Sie wurde mit großem Respekt behandelt, und das ist ja etwas, was heute total verlorengeht. Einfach nur Respekt voreinander zu haben. Vor allem in unserer ganzen Branche läßt das ja sehr zu wünschen übrig. Wie heute miteinander umgegangen wird, das ist schon schlimm. Das gibt es kaum, daß man dem anderen seinen Freiraum läßt, daß man die Arbeit des anderen schätzt. Früher war das ganz anders.

Woran liegt das?

Nun, einerseits haben sich durch die vielen, vielen Arbeiten viele reingebracht, die mit dem ganzen Betrieb nichts zu tun haben, und dann muß alles so schnell gehen, daß man kaum über etwas nachdenkt. Das ist manchmal richtig gruselig. Man hat kaum Zeit zu probieren, steht immer unter Druck. Keine Entspannung. Das ist schon frustrierend. Ich habe auch hier und da andere Erfahrungen gemacht, aber in der Regel geschieht alles unter einem enormen Druck. Was sich da in den letzten Jahren beim Fernsehen herauskristallisiert hat, wird immer schlimmer. Man kommt morgens zum Dreh, und es ist schon Druck da. Man spürt das. Man muß funktionieren, darf sich nichts erlauben.

Gibt es eine Soldidarität unter Schauspielern?

Überhaupt nicht. Es gibt keine Solidarität unter deutschen Schauspielern. Das ist nicht bösartig, aber man muß Einzelkämpfer sein. Ob es eine deutsche Eigenschaft oder der Konkurrenzdruck ist – ich weiß es nicht. Jedenfalls ist es so. Ich habe zwar durchwegs gute Erfahrungen mit Kollegen gemacht. Das ist in der Arbeit dann gut, geht aber nicht weiter. Ich habe – mit einer Ausnahme – auch keine Freunde, die Schauspieler sind, einen und einen halben. Das ist natürlich nicht viel und ist schon erstaunlich. Und man wird auch nicht besetzt, weil man richtig ist für die Rolle, sondern weil die wissen, man wird es in der Zeit schaffen. Alles andere zählt ja nicht. Man ist professionell, es wird darauf gesehen, daß man den Text kann, es wird eine Probe gemacht, und dann wird gedreht. Auf die Dauer ist das dann schon frustrierend.

Haben Sie bei der Arbeit mit Karin auch Klaus Maria Brandauer kennengelernt?

Ja, er hat eine kleine Komparsenrolle in MARLENEKEN gespielt. Er fährt einmal mit dem Fahrrad die Straße runter, und das war ein Riesenspaß.

Ich habe ihn sehr bescheiden kennengelernt, er gilt aber immer als so ein unnahbarer Riesenstar …

Er ist ein wunderbarer Entertainer und ein herrlicher Schauspieler, und mit ihr zusammen war er ganz einfach rührend. Wir hatten Karins Geburtstag gefeiert, und er hat sich ganz zurückgezogen, hat Wein eingeschenkt und war der Mann im Hintergrund. Für ihn war es ihr Tag. Aber das war auch durchaus verständlich, Karin hat immer die anderen durch ihre Herzlichkeit gegenüber den Mitarbeitern mitgerissen. In Polen war die Arbeit sehr anstrengend, und ich habe da Szenen erlebt, die waren einfach toll. Das war damals schrecklich. Wir fühlten uns seinerzeit – Monate vor der Maueröffnung – wie eingeschlossen. Es gab keine Telefonverbindung. Ich hatte mich damals totunglücklich gefühlt und war weinend auf ihrem Schoß gesessen: Karin, ich will nach Hause. Es war einfach toll, mit ihr zu arbeiten.

Karin Brandauer

Plädoyer für ein wenig mehr Toleranz und Mut – Gedanken zu SIDONIE und zur Zivilcourage

Karin Brandauer, Ihr Film SIDONIE ist etwas ganz anderes als Ihre vorigen Filme – wie kam es dazu?

Erich Hackl hat das Drehbuch geschrieben und hat dafür 1988 den »Europäischen Nachwuchs-Autorenpreis« erhalten. Wir wollten zusammenarbeiten, das war von Anfang an klar. Nur hat es sich immer wieder herausgezögert, da ich während der Entstehungszeit des Buches mit der VERKAUFTEN HEIMAT und MARLENEKEN beschäftigt war.

Es gibt eine Erzählung mit dem Titel –

Der ist erst 1989 nach dem Drehbuch entstanden. Ich hatte wegen der anderen Produktionen noch keine Zeit. Inzwischen hat Hackl den Roman ABSCHIED VON SIDONIE geschrieben.

Eine authentische Geschichte?

Die Geschichte beruht ganz auf wahren Begebenheiten. Sie ist so, wie sie hier geschildert wird, tatsächlich passiert. Der Sohn der Pflegeeltern, Sidonies älterer Pflegebruder, hat sie Erich Hackl erzählt und ihm auch die Unterlagen gegeben: Fotos von seinen Eltern, die beide nicht mehr leben, Fotos von Sidonie und Fotos von sich. Erich Hackl hat beim Jugendamt, beim Bürgermeister und anderen Stellen recherchiert.

Sie haben wieder an Originalschauplätzen gedreht. Gab es noch Zeitzeugen, die sich an damals erinnerten?

Die Leute waren offener, als man das sonst häufig erlebt, und in vielen Fällen bereit, sich an das, was sie oder ihre Vorfahren gemacht haben, zu erinnern. Die Fürsorgerin, die nicht mit mir, sondern mit Herrn Hackl gesprochen hat, war eher die Ausnahme. Sie wollte von der »Ausweisung« Sidonies nichts wissen und hat jede Schuldzuweisung für sich kategorisch abgelehnt. Ganz anders und für uns sehr überraschend hat eine ältere Frau

Die letzten Bilder von SIDONIE mit anderen Häftlingen.

reagiert, die uns ihre Wohnung für den Dreh zur Verfügung gestellt hat. Als sie die kleine Sidonie-Darstellerin gesehen hat, fing sie an zu weinen, und es stellte sich heraus, daß sie eine Schulkollegin von Sidonie war. Die Ähnlichkeit unserer Kleinen in Ausdruck und Aussehen mit dem Kind von damals war so groß, daß bei dieser Frau die lange verschütteten Erinnerungen plötzlich wieder aufbrachen.

Das war ja ein Glücksfall, ein begabtes Kind zu finden, das mit der authentischen Figur auch noch Ähnlichkeit hat.

115

Ja, in diesem Fall hatten wir immenses Glück, denn ich war primär darauf aus, ein dunkelhäutiges Mädchen zu finden, das die Rolle spielen kann und die Intensität hat, die in der Geschichte steckt. Im Zweifelsfall hätte ich ein solches Mädchen immer einem Kind vorgezogen, das der Sidonie zwar ähnelt, sie aber nicht spielen kann.

Wie haben Sie die Darstellerin der Sidonie gefunden?

Das war sehr mühsam. Wir haben über Monate hinweg immer wieder andere Kinder angeschaut und Probeaufnahmen gemacht. Meine Assistenten und der Produktionsleiter sind ausgeschwärmt und haben von überall her Kinder gebracht. Auch in Familien der Sinti und Roma haben wir gesucht, da ich zuerst unbedingt ein Zigeunermädchen haben wollte. Das war äußerst schwierig, weil nur wenige Zigeuner auf unsere Anfrage reagierten und die meisten, die dann kamen, entweder nicht richtig Deutsch sprachen oder nur mit sehr starkem Akzent. Außerdem sahen die zehnjährigen Zigeunermädchen viel zu alt aus, und ich wollte unbedingt, daß die Sidonie noch kindlich ist. Wir haben dann sogar Inderinnen angeschaut, bis wir irgendwann die langhaarige kleine Perserin Argaven Sadeghi-Saragi fanden, die der Sidonie auf den ersten Blick gar nicht ähnlich war. Erst mit Sidonies Haarschnitt merkte man plötzlich die Ähnlichkeit, worüber ich sehr glücklich war.

SIDONIE ist, wie VERKAUFTE HEIMAT auch, eine intensive, authentische Auseinandersetzung mit unserer Vergangenheit. Was hat das tragische Schicksal eines von den Nazis in den Tod getriebenen kleinen Zigeunermädchens mit uns heute zu tun?

Sehr viel. SIDONIE ist viel exemplarischer noch als die Südtiroler Geschichte. Ich zeige eine kleine Welt und meine zugleich eine größere – ich erzähle ein Einzelschicksal, das aber für alle gilt, das sich übertragen läßt auf andere Zeiten, auf andere Minderheiten und Verfolgte. Ich glaube, man kann nur mit so kleinen Schicksalen aufmerksam machen auf Verhaltensweisen, die in einer tödlichen Zeit zu tödlichen Folgen führten, die es aber heute noch überall gibt. Sidonie mußte nicht sterben, weil sie von bösen Menschen umgeben war, sondern weil Menschen um sie herum waren, die kein Fünkchen Zivilcourage hatten, die Eigenverantwortung ablehnten und nur Befehle ausführten. Solche Menschen gibt es heute wie damals, nur ist es heute einfacher, ein bißchen Mut zu zeigen.

Glauben Sie, daß die Menschen Sie so verstehen werden?

Auch wenn ich nur einige wenige erreiche, muß man, glaube ich, gerade in der heutigen Zeit, wo die Grenzen zwar offen, die Herzen aber geschlossen sind, für diejenigen plädieren, die man nicht sehen oder zur Seite schieben will. Ich bin nicht so unvernünftig, zu meinen, man solle alle hereinlassen, aber ich halte die Angst, die an vielen Stellen geschürt wird, für schrecklich. Die Menschen haben Angst vor anderen, vor allem vor Fremden, sie haben Angst, daß man ihnen etwas wegnimmt, obwohl wir doch immer noch so viel mehr haben als die meisten. Sidonie wuchs in einer Gesellschaft auf, die sie nur deswegen nicht akzeptierte, weil sie eine dunkle Hautfarbe hatte. Und nur weil sie anders war als die anderen, mußte sie sterben. Heute muß zwar bei uns niemand mehr sterben, aber die Meinung ist weit verbreitet, daß Ausländer, Asylanten und vor allem Zigeuner dort bleiben sollten, wo sie hingehören. Aber wo gehören sie hin? Einfach zuzumachen und alle wegzuschicken, ist jedoch sicherlich keine Lösung. So gesehen ist mein Film ein Plädoyer für ein wenig mehr Toleranz und Mut, für ein verständnisvolleres Zusammenleben.   *(Oktober 1990)*

Karin Brandauer – Menschen und Zeiten

Das war ein ungewöhnlicher Kraftakt, eine Herausforderung, schier unbewältigbar. Karin Brandauers erstes Fernsehspiel DER WEG INS FREIE, zweimal 90 Minuten lang, beruht auf Arthur Schnitzlers voluminösem und figurenreichem Roman von 1908. Eine triviale Liebesgeschichte, kompliziert und psychologisch anspruchsvoll und im Ergebnis ein Beleg für dramaturgisches Geschick, hohe Gestaltungskunst und sichere Dramaturgie. Eine hochbegabte Regisseurin hatte mit dem Einstieg ins Medium das Fernsehen erobert.

Ein Schlüsselroman: Die vorwiegend jüdische Wohlstandsbürgerwelt zur Zeit des Niedergangs der Donaumonarchie, geprägt von der Zeitkrankheit des Skeptizismus. Oberflächlichkeit und Dekadenz. Hier Deutschnationale, dort Judentum. Was sich als moralische Wertvorstellungen geriert, sind aufgesetzte Konventionen: Die Lebensregeln stimmen mit den bürgerlichen Sittengesetzen nicht überein. In den Salons und Kaffeehäusern parlieren die Müßiggänger von Geld und Adel, auch aufgeplusterte Möchtegern-Künstler über sich selbst und ihre Lage. Es sind immer wieder die gleichen Leute, die hier ihre immer gleichen Nichtigkeiten austauschen. Ihre Krankheiten heißen Perspektivlosigkeit, Lethargie, Bedeutungsarmut. Was um sie herum wetterleuchtet, nehmen sie zwar wahr, beziehen es in ihre eitlen Gespräche ein, doch sie reden und leben an der Wirklichkeit vorbei: Der Antisemitismus, die Utopie von Palästina sind leere Floskeln, wie alles andere, was sie vorbringen, was sie beschäftigt.

Karin Brandauers Film hat Atmosphäre, hat Authentizität. Obwohl die Handlung gekürzt und gestrafft wurde, weist sie keine Lücken, keine Gedankensprünge auf, wirkt sie nicht als Torso. Eine solche Form von Literaturadaptation gelingt selbst Profis selten, Karin Brandauer bewältigte das gleich bei ihrer ersten großen Aufgabe. Und die Besetzung ist perfekt: Klaus Maria Brandauer spielt den Komponisten Georg von Wergenthin und Krista Posch seine Geliebte Anna, die mehr Format hat. Georg

Heidemarie Theobald und Leslie Malton (r.) in Karin Brandauers Fernsehinszenierung DAS TOTENREICH.

ist sympathischer als in Schnitzlers Roman, doch das tut der Intensität des Fernsehspiels keinen Abbruch.

DAS TOTENREICH

Der Romancier und Novellist Henrik Pontoppidan (1857 bis 1943), Sohn eines Pfarrers, hatte 1917 – für seinen dritten großen Roman DAS TOTENREICH, geschrieben 1912 bis 1916 – den Literatur-Nobelpreis erhalten. Klar, einfach, und eindringlich ist die Sprache seiner breit ausladenden naturalistischen Erzählungen; in seiner Kritik an der bürgerlich-liberalen Gesinnung und der Heuchelei von Demokratie und Sozialhaltung veränderte sich seine Sprache ins Ironisch-Satirische. Das selbsterklärte Ziel Pontoppidans war es, mit seiner Feder als »einfacher Soldat« am »ewigen Befreiungskampf des Menschengeistes« teilzunehmen.

DAS TOTENREICH spielt zu Beginn des 20. Jahrhunderts, als Dänemark von den »letzten krampfhaften Zuckungen einer zum Tode verurteilten Gesellschaft« geprägt war. Der sozial engagierte Ministerpräsident Tyge Enslev wird entmachtet, die konservative Kirchenhierarchie und die reaktionäre Krise wirken zusammen. Später versucht Enslev wieder Fuß zu fassen, doch er ist nicht mehr wendig genug, die wirklich wichtigen Kräfte zu erkennen und für seine Sache zu gewinnen.

Von dieser Zeit und ihren Veränderungen ist auch das Leben der Jette Abildgaard geprägt. Sie sucht nach Lebensglück und Liebe, ist aber nicht imstande, sich in der Männerwelt einzurichten: In letzter Minute entzieht sie sich dem Gutsbesitzer Torben Dihmer, dem sie erst Hoffnung gemacht hat, gibt dann einer plötzlichen Eingebung nach und heiratet den jungen Maler Karsten From, der um sie warb.

Doch das Glück bleibt Hoffnung: Karsten zeigt sich wenig erbaut von der Schwangerschaft seiner jungen Frau, fühlt sich selbst vernachlässigt und sucht bei anderen Frauen Erfüllung seiner Leidenschaft. Von den politischen Differenzen geprägt sind auch die Nebenhandlungen. Da ist der verheiratete Pastor Vestrup, den man mit der drallen Fanny im Stall erwischt hat, worauf ihn der heuchlerische Propst Broberg beim Bischof anschwärzt. Gegen die politischen Intrigen und die wirtschaftlichen Interessen dieser so gestrengen Kirche zieht der aufgebrachte Vestrup predigend durch die Lande. Diesen Freigeist nun wieder versucht Enslev vor seinen politischen Karren zu spannen.

In der Inszenierung jedoch werden diese und andere Figuren des Dramas nicht zu wirklichen Charakteren, sie bleiben in den Raum gestellte Figuren, Figuren in der Landschaft wie zu einem Tableau arrangiert, auf dem jede Nuance, jeder Farbtupfer, jede Gestik aufeinander abgestimmt ist. Geschichten von Korruption und Sehnsucht, die Geschichte von der stets unerfüllten Sehnsucht nach Leben, nach Ruhe, nach Liebe. Dort, wo der Film unter der Regie von Karin Brandauer am dichtesten, am überzeugendsten wird, zeigt sich die noch unartikulierte und unsichere Kraft der jungen Frau, sich den Konventionen und Normen, die sie halten und dirigieren wollen, zu entwinden. Etwas von dem, was sie fühlt, was sie bremst, wird deutlich, wenn sie von dem Glas spricht, das sie von den Menschen trennt. Und diesen Gedanken eben macht Karin Brandauer zum Gestaltungsprinzip, vielleicht sogar zum Motto ihres zweiteiligen Films, der viele formale Qualitäten aufweist, auch den durchgehenden Gedankengang erkennen läßt, aber letztlich nicht die Kraft und Geschlossenheit hat wie ihr thematisch ähnlicher Film DER WEG INS FREIE nach Arthur Schnitzler von 1982. Doch es lag wohl daran, daß Drehbuchautor Herbert Asmodi kaum über die konventionelle Fernsehdramaturgie hinausreicht und dem ganzen Werk sehr viel von seiner sicher auch für heute adaptierbaren Aktualität vorenthält.

Ausgezeichnet sind einige Schauspieler, vor allem die Frauen Leslie Malton als Jytte und Heidemarie Theobald als Mutter Berta, aber auch Michael Königs Dihmer, Siemen Rühaaks Pastor Gaardbo – und Richard Münchs Enslev immer dann, wenn er sich nicht starhaft vom übrigen Ensemble abzuheben versucht.

ERDSEGEN

Eine vorsichtige, harte und sanfte Annäherung zugleich des Städters an das Landleben und des Bauern an den Städter.

Da kommt einer aus der Stadt und sucht Arbeit auf dem Land – als Knecht, mit gesteiftem Hemdkragen und weißen Händen. Erst spricht er nicht über sich, dann langsam schält sich heraus, er ist Journalist, ein Zeitungsschreiber, wie es hier heißt, und er hat eine Wette einzulösen: ein Jahr Leben und Arbeiten auf dem Land.

Er findet eine Familie, die ihn aufnimmt, es sind Bauern, bei denen er arbeiten kann. Seine Begegnungen sind bestimmt durch das Stummsein der anderen. Diese Figuren mit den kantigen

Gesichtern sind gekennzeichnet durch ihre Art des Gehens: feste, schwere Schritte, die eigenwillige Haltung und ganz genaue Vorstellungen von dem, wie sie leben, was sie bewahren müssen. Und es lodern Emotionen immer nur ganz plötzlich auf, doch es reicht dann bis zur Morddrohung. Schlagen und Spucken auf den anderen, den Fremden, der für sie das schlechthin »Böse« verkörpert. Aber der Fremde, der Trautendorffer, gewinnt den Adamshauser und seine mißtrauische Familie lieb, und auch die Landsleute merken allmählich, daß der Hansl fleißig, bescheiden und sympathisch ist. Vor allem die Barbel, die mit dem Lehrer geht, fühlt sich zu dem Stadtmenschen hingezogen. Man sitzt im Wirtshaus – stumm –, am Mit-

Dietrich Siegl, Bernd Spitzer und B. Strauss in ERDSEGEN.

Barbara Petritsch u. Dietrich Siegl in ERDSEGEN *von Karin Brandauer.*

tagstisch – stumm –, verrichtet die Arbeit mit dem Dreschflegel – stumm. Dann bricht das Unheil über die Bergler herein, der Hagel verdirbt die Ernte, der Vater stirbt, die Schuldenlast ist groß. Doch der Hansl arbeitet nicht nur umsonst, er kann auch mit ein bißchen Gespartem das Saatgut kaufen.

Registriert wird sehr genau, was der Städter, der sich ganz vorsichtig und unauffällig verhält, am ersten Tag auf dem Lande anders macht als die anderen. Man mokiert sich über seine Zahnbürste, über diese Form des »Schuhbürstelns«.

Peter Roseggers Roman von 1900 erweist sich als erstaunlich aktuelle Geschichte – oder anders ausgedrückt: Es hat sich in dem knappen Jahrhundert bei den Bergbauern nicht sehr viel geändert. Karin Brandauer und Autor Felix Mitterer arbeiten heraus, was von diesen Menschen nicht akzeptiert wird, was sie als neu empfinden, als fremd, als Einbruch, vor allem in solchen Kleinigkeiten wie dem Bürsteln. In dem Film EIN SOHN AUS GUTEM HAUSE ist es die Armbanduhr gegenüber der Taschenuhr, gegen die man sich spöttisch verwahrt. Ein besonderes Thema bei Karin Brandauer aber ist die Auseindersetzung mit diesem sturen, starren Beharren einer tiefsitzenden Angst davor, etwas Fremdes, etwas Neues könnte in die gewohnte und mit allen Mitteln bewahrte Ordnung einbrechen.

Ordnung bewahrt vor allem die Kirche, die katholische Religion, »ein Christenmensch muß einer sein, und die Gebote der Religion einhalten.«

Ganz langsam schälen sich in dem Film die einzelnen Menschen gegenseitig heraus, geben etwas preis von sich und – verändern sich langsam. Wie dieser Hans Trautendorffer mehr und mehr von sich erzählt und von dem, was ihm auffällt an diesem so feindlich sich darstellenden Land, dafür hat Karin Brandauer ein Bild gefunden: wie er den Bart und die wilden Haare geschnitten bekommt. Da amüsiert sich die Familie, bei der er wohnt, wie da plötzlich ein ganz junger Mensch zum Vorschein kommt.

Und das Schweigen der anderern wird besonders offensichtlich, wenn die Tochter, die schwanger ist, herausbricht mit den Worten: »Ihr tröstet mich nicht, ihr seht gar nicht, wie es mir geht.« Eine solche Aussage ist ungeheuer viel bei diesem dumpfen Schweigen, bei dieser Härte gegeneinander.

Ein anderes Beispiel ist, wie sie mit Worten miteinander umgehen. Die Zeitungsschreiber seien alle Heiden, meinen der Bauer und die Bäuerin, als sie noch nicht wissen, daß Hans selbst ein solcher ist. Und als er darauf mit Blödsinn und schnoddrigen Worten reagiert, meint die Bäuerin: So kannst du mit uns nicht reden.

Diese Prozesse, die da im Miteinander in der Arbeit, im Umgang mit der Kirche, mit der Religion ablaufen, wenn etwa die Frau wütend ist über die Ungerechtigkeit des Herrgotts, der die ganz Ernte vernichtet hat, und der Hans andererseits, als ein Sturm wütet, nichts anderes tun kann, als sich zu der betenden Familie mit hinzuknien.

Es wird immer sehr genau aufeinander reagiert, und die Religion wacht darüber, schützt davor, daß sich auf keinen Fall allzu fortschrittliches oder gar veränderndes Gedankengut einschleicht. Da arbeitet Karin Brandauer in ganz schnellen Szenenschnitten: Der Arbeiter, der aus der Fabrik kommt, erzählt ihnen etwas von der Ungerechtigkeit, der auch sie ausgesetzt sind. Vor allem ein Hausiererpaar, das von Haus zu Haus zieht, weil es so etwas wie eine Rente im Alter noch nicht gab. Und kurz vermag er, der Fremde, die beiden Alten aufzuwiegeln. Dann aber stürzt die Familie geradezu zu Boden und flüchtet sich in die Gebete. – Krasser kann man das kaum zeigen.

Karin Brandauer nimmt sich Zeit, läßt die Ereignisse langsam auf den Zuschauer wirken, macht die Härte des Brotverdienens spürbar, die alltäglichen Muster, den Anspruch der Kirche. Es ist fast in diesen sich gegeneinander und aufeinander zu bewegenden Haltungen des Städters und der Bauernfamilie etwas von einem in Geschichte und Bild übertragenen Disput. Allein mit Worten gäbe es die Möglichkeit eines Streitgespräches, so findet dies eben in der Geschichte statt, mittels der Geschichte; diese Art von Disput bleibt nicht bei den Ausgangspositionen stehen, es ist ein Lernprozeß für beide Seiten, einer, der die Charaktere erhält, sie aber bereichert in ihrem Wissen und damit auch in ihrer Haltung: Er wird nie ein Bauer werden, »ein Gärtner ist er vielleicht«, und sie, die Bäuerin, wird nicht begreifen, warum er sich nicht als Bauer niederläßt.

Karin Brandauer führt das mit Bedächtigkeit vor, vermittelt den Rhythmus, die Schwere, die aber nicht niederdrückt. Es gibt kein langes Verweilen, die Gesten sind genau kontrolliert, und die Landschaft ist in ganz genauen Bezug zum Menschen gesetzt, wenn sie etwas mit ihm zu tun hat – auch hier ein Gegen- und Miteinander in der Beziehung.

ERDSEGEN ist ein kleines Meisterwerk, ein Film, der sich in Realismus und poetischer Kraft mit Fredi Murers HÖHENFEUER vergleichen läßt. Karin Brandauer hat nicht nur das Gefühl für genaue Atmosphäre, sie kann auch mit Schauspielern umgehen. Sie arbeitet dabei sehr dokumentarisch präzise, schafft mit den Schauspielern gemeinsam lebendige Charaktere. Vieles verdankt sie dabei den brillanten Typen, dem Kameramann und dem Autor. – Ein neues, gegenwartsbezogenes Volksstück.

Der Sohn, der Junge, der Kleine, das Kind, er hält das Bild der Mutter fest, denn sie ist weg. Eines Tages ist sie verschwunden. Ein flirrendes, klirrendes, ein lächelndes Bild, eines, das kristallen weiß ist, anmutig in seinem gebrochenen, etwas fremdartigen Deutsch. Diese Mutter hatte eine Affäre mit einem anderen Mann, das wird aufgedeckt, das ist ein Skandal, und schon verschwindet ihr Bild von der Wand. Jetzt erzieht der Vater alleine die Kinder, das Mädchen und den Jungen.

Es sind die Stationen einer Erziehung, in der der Vater die Maximen formuliert, die Etappen der Ausbildung vorschreibt, denen der Sohn sich fügen muß. Der Mittagstisch, zunächst mit der Mutter, später ohne sie, ist die Zeit, in der »Familie« stattfindet, wo der Vater die Richtlinien stellt, nach denen er den Sohn erzieht. Als dieser eines Tages im Reitdreß zu Tisch erscheint, ist das einen Verweis wert: »Mit der Vernachlässigung der Etikette beginnt der Verfall«, und diese Etikette ist es, eine Maxime des Handelns, an der sich das Leben des Jungen entlangrankt.

Karin Brandauer zeigt in ihrem Film den vorgegebenen Weg beim Onkel in Prag, in der Kadettenschule – und die kleinen Fluchten, die Zuneigung und Geborgenheit und Liebe suchen, selbst ausgenutzt werden oder sich selbst weiterhangeln in der Liebe zu einem Mädchen, in der Liebe zu einer erwachsenen Frau.

Karin Brandauer nimmt Sprache ernst. Sie setzt hier immer wieder Akzente, beim entscheidenden Einschnitt für den Jungen, wenn er zur Kadettenschule geschickt, also für die Militärlaufbahn bestimmt wird. Das ist geprägt vom Satz des Vaters: Was dir fehlt, ist die notwendige Zucht; und dieser Satz schwirrt wie mit Wortkaskaden in der Luft, ihm um die Ohren, und überschwenglich setzen sich die Worte und Bilder im Kopf des Jungen fest. Das ist im Grunde das einzige Mal im Film, wo sich Karin Brandauer solche Verwirrungen der Worte gestattet. Sonst sind die Dialoge, die der stetigen Erziehung und Wegbereitung des Jungen dienen, ganz streng.

Und wieder taucht der Begriff Etikette auf, als der Sohn fortgeschritten ist auf der Kadettenschule. In der Predigt über die

Gesellschaft heißt es: »Eine Gesellschaft, die ihre Etikette aufgibt, gibt sich selber auf«, denn jetzt ist der nächste Schritt für ihn, den Zugerittenen, sich in dieser Gesellschaft zu zeigen, denn »die Gesellschaft verzeiht nicht schlechtes Benehmen«.

Und wieder sind es die kleinen Fluchten, die Liebe diesmal zu einer reifen Frau, die ihn eigens suchen läßt, und doch schlittert die Gesellschaft in das, was kommen wird, in den Krieg, von dem man allerorts bereits redet, dessen Anfang wir, die Zuschauer, nicht mehr erleben.

Sehr pointiert sind die Szenen, immer karg, kurz nur ausgeführt, hingeführt bis zu einem kleinen Höhepunkt, dann jäh abbrechend. Zeit nimmt sie sich ein jedes Mal, wenn sie eine neue Szene einführt, der Anfang eines Ganzen, einer Rede – da wird nicht plötzlich losgeredet, da geht man erst ein Stück, da fährt man erst, da setzt man sich erst. Es ist immer ein langsames Beginnen, und das macht die Szenen so rund, gleichzeitig so karg, da es keine Schnörkel gibt, da sie ganz streng sind, ihrem Thema Erziehung in dieser Gesellschaft des österreichischen Vielvölkerstaates angemessen in der Strenge des Beamtentums und des Militärischen, ist doch der Vater Beamter und auch der Onkel, zu dem er nach Prag geschickt wird, als er in eine Rauferei in der Militärschule geriet. Und innerhalb dieser Pole gilt es für den einzelnen, »Karriere« zu machen. Die Personen begegnen sich in der Distanz, in der körperlichen Distanz, in der dann die Leidenschaft Entgleisung ist, das Verbotene, sowohl die homoerotische Neigung eines Oberst Redl, die sich nur in der Hypnose, also im Ausschalten der Realität vollziehen kann, als auch die Liebe, die Leidenschaft außerhalb der zu erfüllenden Lebensnorm, die da einer »Etikette«, einer Zucht, einer Karriere verpflichtet ist.

Die Personen im Film sind wie mit einem scharfen Stift gezeichnet, nicht gefüllt, sondern ganz scharf umrissen in der Gestik, in der Wortwahl, in der Mimik, entsprechend ihrem Stand in der Gesellschaft. Könnte man das leblos nennen? So sind sie doch ganz Leben, da sie sich in ihren Handlungen zu ihren Vorstellungen äußern. Erregte Debatten gibt es nur auf dem Schulhof in Prag, da diskutiert man über die Vorherrschaft der deutschen Sprache gegenüber den Fremden.

Hier wird etwas aus der Sicht des Heranwachsenden gezeigt,

der die Regeln, der die Überkommenheiten, die Verbote und
die Vorschriften auf sich einprasseln läßt, sie mit etwas ver-
schmitztem Gesicht verarbeitet und sich gemäß den Re-
densarten zu verhalten lernt, wenn er formvollendet um etwas
bittet oder sich formvollendet fügt.

EINSTWEILEN WIRD ES MITTAG

Die einen betreiben die Studien, die anderen sind die, über die
diese Studien erstellt werden, die »Arbeitslosen«. Auch hier ist
es ein wechselseitiger Prozeß, der sich gegenseitig in Beziehung
setzt, und so werden die Menschen nicht zu Insekten, mit dem
Mikroskop beobachtet, mit oder ohne Mitleid.

Karin Brandauers Themen scheinen immer so gelagert zu sein
– und das macht sie auch in ihren Bearbeitungen spürbar –, daß
es für sie das Auf-etwas-Starren nicht gibt. Vor unseren Augen
und Ohren läuft ein wechselseitiger Prozeß, ein Disput ab.

Die Beobachtung des Herstellens einer Studie wird dabei zur
Studie über die Studie.

Nach dem kurzen Glück im Vorspann, dem Aufblühen der Fabrik, ist der Hauptteil düster: Einsetzen des Verfalls, beginnende Arbeitslosigkeit, das Arbeitslosengeld wird knapp, die Menschen, das Dorf verfallen.

Die Arbeit hält zusammen, doch wenn es sie nicht mehr gibt,
können die Menschen zu Komplizen des Verbrechens werden,
zu Komplizen eines Al Capone, von dem zu Beginn die Rede
ist. Und am Ende werden die Marienthaler zu Komplizen des
zunehmend erstarkenden Nationalsozialismus.

Der Verlust der Arbeit, der Verlust der täglichen Identität ist
ein ganz verzahntes Spiel, und es gibt sie immer, die zwei Seiten, nicht das Drunter und Drüber, aber eben die zwei Seiten,
die sich gegenüberstehen. Karin Brandauer findet Bildformeln
dafür: Wenn der schicke Wagen dessen, der die Fabrik kaufen
will, im Hof steht, sind jenseits des Fabriktores die Arbeiter
ausgesperrt, auf Zehenspitzen versuchen sie, einen Blick zu er-
haschen.

Wenn sie, die immer mehr Mittellosen, von der Kleidersamm-
lung eingekleidet werden, so stehen sie vor einem langen Tisch,

Georg Staudacher als Walter Holub in Karin Brandauers EINSTWEILEN WIRD ES MITTAG.

dahinter hängen die begehrten Kleidungsstücke, vielleicht sind sie schön, vielleicht bedecken sie nur – einen Spiegel gibt es nicht für die, die sich zögernd nähern und zugeteilt bekommen. Die, die die Studie herstellen, lernen mehr und mehr, was dies alles mit ihrem eigenen Leben zu tun hat. Denn so ist es etwas anderes: Zahlen, Arbeitslosenschilderungen, Slums, sie alle scheinen nicht oder immer weniger zu berühren, wenn nicht ein wechselseitiger Prozeß geschaffen wird, wenn auch da nicht diese kleinen Hoffnungen wären, die immer keimen – und wenn es nur eine Postkarte aus Venedig ist, die in die Küchenschublade gesteckt wird, oder die Aufsätze der Schulkinder, die schreiben, was sie gerne hätten, »wenn ihre Eltern nicht arbeitslos wären«.

Grundlage, Ausgangspunkt ist eine sozialpsychologische Studie von Paul Lazarsfeld aus dem Jahre 1933 über die Arbeitslosen von Marienthal.

Eine Fabrik schließt. Ein ganzes Dorf wird arbeitslos. Nicht weit von Wien entfernt. Ein geeignetes »Objekt« für eine wissenschaftliche Studie. Die Wissenschaftler kommen, sie haben Fragen, sie bringen sogar Hilfe, und doch haben sie nur Kenntnis genommen, bis ins Detail den Zustand der »Arbeitslosigkeit« der Menschen dieses Dorfes genauestens festgehalten.

Die »Arbeitslosigkeit«: Karin Brandauer hält diesen Lebenszustand fest in den Szenen etwa, in denen die Familien noch versuchen weiterzuleben, in der Art wie ihr einstiges Leben sich gestaltete. Da wird noch – wie einst – die Wohnung saubergehalten, da werden noch die Mahlzeiten eingenommen, jetzt mit dem wenigen, immer gleichen Essen. Da geht der Mann noch aus dem Haus, doch er geht auf den Dorfplatz, ein Scheinleben, das sich da versucht, da das Geld nur reicht, um gerade so zu überleben, nicht um irgendwie ein neues Leben zu gestalten.

In fahlen, fast erstarrten Bildern wird uns dieses stagnierende Leben vorgeführt. Das Herumstehen, das langsame Gehen, die aufbrechenden Emotionen. Ein Lebensrhythmus, der ein anderer geworden ist, ein Zeitgefühl, das ein anderer geworden ist. Erstarrte Zeit, erstarrte Orte, einst gelebtes Leben stirbt, eine Bibliothek, in der nicht mehr gelesen wird, eine Kneipe, wo kaum noch Leute sind, da das Geld zum Trinken fehlt, ein Fleischer, dessen Wurst nicht mehr gekauft werden kann.

Dagegen die Wissenschaftler in ihrem forschen Verhalten, ihrer Sprache, die keine Kommunikation herstellen kann. Sie werden bei Karin Brandauer zu extremen Figuren – fast zu Karikaturen. Die Problematik, die sich auch bei ihnen allmählich einstellt, kann kaum nachvollzogen werden, so glatt bleiben ihre Figuren.

Dieses unter die Lupe genommene Leben der Dorfbewohner, es hat eine Brisanz für heute in dieser Kühle, Nüchternheit und

Genauigkeit, und so entwickelt sich von dieser Ferne des Damals zu dem Heute eine stärkere, unter die Haut gehende Wirkung.

ASCHENPUTTEL

Das Aschenputtel hat eine eigene Schönheit, gegen die die Schönheit der Stiefmutter und der beiden Stiefschwestern einfach aufgeplustert ist, herausgeputzt, und sie werden herausstaffiert gezeigt, etwas im Ton hallend und äffend, und immer in ihren Kleidern rauschend und kokettierend. Beim Ball, beim Prinzen schließlich, stellt sich der Prinz die Gäste als Tiere vor, und in Musik und Bewegung sind es dann tatsächlich die Pinguine, die Schwäne, die Gänse. In Musik und Bewegung ist diese Ironie gezeigt. In dem Moment, da der Prinz zur Heiratswahl aufgerufen hat, vielmehr sein Vater, der König, vor dem sich eben die Menschen zu marionettenhaften Wesen verwandeln, aber die Musik und die Bewegung hat den Charme des Lustigmachens, nicht des Lächerlichmachens, denn hier wird an überzogener Dramatik in den Gesichtern besonders der Stiefmutter und der beiden Schwestern mal nicht gespart. Hier, wo so richtig überzogen werden kann, daß man über die drei Gestalten, die ja so böse sind, einfach nur noch lachen muß. Denn ihre Bosheit ist nicht grell und so aus tiefstem Herzen, sie sind einfach vom Rausch ihres Wohlergehens und ihrer schicken Kleider erfaßt.
Die Musik hat hier eine ganz entscheidende Rolle, im Akzentesetzen, im Gegensetzen, im Akzentuieren der Bewegungen und darin, daß alles nicht so ganz ernst genommen wird, eben im Märchenhaften.

SIDONIE

Das ist die Geschichte eines schwarzen kleinen Mädchens namens Sidonie, das leben sollte und werden wollte wie die anderen Kinder auch. Aber die Zeiten waren anders, kalt und unmenschlich: Sidonie wurde nach Auschwitz gebracht, ins Konzentrationslager der Nazis, nur weil sie eine Zigeunerin war. Diese Geschichte gibt es, wie es im Nachspann heißt, weil Sidonie weiter in der Erinnerung gelebt hat, weil es Menschen gab, die ihr Schicksal und alles, was in jener Zeit geschah, nicht vergessen wollten.

Eine Geschichte, erzählt und gestaltet in einem ganz gleichförmigen, schweren Fluß. Da soll es nicht gemächlich hergehen und nicht gedankenlos, da soll der Zuschauer die schweren Schritte spüren; da soll er die träge Landschaft atmen hören; da soll man nicht. abgelenkt werden von der Wirklichkeit – wie übrigens nie in den Filmen von Karin Brandauer.

Zu Beginn eine Bahnfahrt; ein ratternder Zug, karge Holzbänke, abweisende Gesichter. Eine Frau hält das dunkelhäutige Baby in den Armen, das sie zur Pflege abgeholt hat. Jetzt wird sie es aufziehen in dieser Gesellschaft der Vorkriegszeit des

Sadeghi-Seragi als Sidonie in Karin Brandauers Film.

Zweiten Weltkriegs. Das Kind kommt in ein Zuhause, wo es nicht Reichtum, aber Fürsorge gibt. Ringsherum existiert eine kalte Welt, in der reaktionäre Kräfte herrschen: eine strenge, unduldsame Kirche, eine starre Bürokratie, der beginnende und wachsende Nationalsozialismus mit seinem Arierwahn, seinem Rassismus. Und es sind Menschen, die diese Kräfte verkörpern, die dieses System unterstützen, es entstehen lassen, Menschen, denen Drehbuch und Regie so einprägsame Züge verleihen in ihrer Kleinheit, in ihrer Miesheit.

Da ist schon gleich der Herr Pfarrer, der die Breitners – der Mann ist noch im Gefängnis, und die Frau schlägt sich mit dem Sohn und dem angenommenen Mädchen durch – dazu kriegt, doch noch ihre Ehe kirchlich absegnen zu lassen. Und er kommentiert das so: »Sehen Sie, jetzt habe ich wieder zwei Seelen gerettet, und der Heiland wird sich freuen.« Er rühmt sich dessen als persönliches Verdienst. Dabei war es für das Paar nichts als eine Notwendigkeit, denn nur auf diesem Weg kann der Kommunist Breitner vorzeitig entlassen werden. Immer mehr stoßen die Breitners auf Situationen, die ihre Existenz bedrohen.

Dann ist da der Arbeitskollege, der den Entlassenen und Arbeitsuchenden vor dem verfallenen Fabrikgelände anspricht: »Eure ganze Partei und der Schutzbund haben das nicht verhindern können. Aber jetzt gibt es eine andere Partei für die Arbeiter. Wir brauchen Leute wie dich.« Und auf Breitners abweisendes Verhalten hin höhnt er: »Österreich wird's bald nicht mehr geben, aber Arbeit und zum Fressen. Dann schert sich keiner mehr um dich!«

Und schließlich der Arzt, der sich weigert, das Mädchen zu untersuchen: »Was wollen Sie mit so was Schwarzem?!« Für Zigeuner sei er nicht zuständig.

Karin Brandauer zeigt, wie diese Menschen, klein und mies in ihren Zügen, unaufhaltsam stärker werden gegenüber jenen, die sich zum Menschlichen in der Gesellschaft bekennen. Doch sie beläßt ihnen Reste von Menschlichkeit, putzt sie nicht einfach herunter, macht sie nicht zu Karikaturen: Viele kleine Figuren, präzise gezeichnet, repräsentieren die heraufkommende Gesellschaft ohne große Worte. »Wir schaffen für den Sieg!« steht auf Transparenten und Wänden in der Fabrik, und der

Führer ist allgegenwärtig, aus seinem Bild schaut er überall in den Amtsstuben von der Wand herab; und die Kinder – auch Sidonie – sammeln für das Winterhilfswerk, während Breitner für die »Rote Hilfe« spendet. Die neuen Nachbarn begrüßen Breitner mit »Heil Hitler!« und sagen zur Frau: »Endlich im Reich, auf deutscher Erde, unter deutschen Menschen«, und als sie Sidonie sehen: »Ich glaub', wir sind unter die Neger geraten!«

Und Sidonie, kurz Sidie genannt, wächst heran. Als sie einmal in ihrer Klasse indirekt auf ihre Hautfarbe angesprochen wird, versucht sie, sich weiß zu waschen. Da sieht man ihr Gesicht, auf dem Wassertropfen perlen, in Großaufnahme: ein vorweggenommenes Bild ihrer Schönheit, aber auch ihres Leidens.

Das alles ist nicht theatralisch präsentiert, sondern so einfach, direkt und unmittelbar. Man kann sich dem nicht entziehen, nicht ausweichen.

Dann sieht man einmal Sidies ganze Gestalt, in ihrem weißen Firmungskleid, das Gesicht mit weißem Kalk beschmiert. Sie will weiß sein wie die anderen um sie herum: eine Metapher, die gleichzeitig die Lächerlichkeit des rassistischen Anspruchs und der sich daraus ableitenden Leiden verkörpert: Es sind mittelbar anrührende, doch nie rührselige Gebärden, die Karin Brandauer findet und in den Fluß der Handlung einbringt. Kurz, starr, einfach, keine heranfahrende Kamera, kein Zoom, sondern Abbild dieses Mädchens.

Der Weg bis zur Firmung zeigt, wie die Institutionen – hier die Kirche – die Macht über sie gewinnen. Bei der Firmung wird aus Sidonie Rosa; das Gesicht eines unbeteiligten Priesters, der die Namen nachplappert, die ihm ein Vorredner sagt, und der mechanisch und kalt die Hostie reicht – das spricht Bände.

Und überall auf den Ämtern kalte, unbeteiligte, leere Masken, hinter denen nur gelegentlich und verstohlen Gesichter für kurze Momente sichtbar werden: wenn Frau Breitner, als man ihr Sidie wieder wegnehmen will, versucht, mit hilflosen, kleinen Argumenten gegen die Bestimmungen vorzugehen; wenn ihr Mann sich weigert zu unterschreiben, über die Verordnung unterrichtet worden zu sein. »Das sind Zeiten«, sagt der Beamte, der den Empfang von Sidonie der Frau vom Jugendamt bestätigt, und sie verbirgt ihre Hilflosigkeit hinter der Frage: »Was geschieht jetzt mit ihnen?«

Ein eindringlicher, stiller Film, der niemals versucht, die Geschichte »attraktiv« zu machen. Erschütternd, wie hier mit ganz einfachen Mitteln Sidies schreckliche Angst vor dem ungewissen Schicksal ausgedrückt wird: In der Nacht vor der Deportation liegt sie wach und versucht, ihre Puppe zu trösten.

Eine andere Form von Ehrung –
Der Karin-Brandauer-Lehrstuhl in Tel Aviv

Aus Anlaß des 100. Geburtstags von Joseph Roth hatte sich Dr. Mati Kranz, Repräsentant der Universität Tel Aviv in Frankfurt/Main, mit Klaus Maria Brandauer in Verbindung gesetzt. Brandauers Darstellung des Benjamin Lenz in Bernhard Wickis Verfilmung des SPINNENNETZES führte zum schriftlichen Kontakt, weil sich Kranz viele Jahre mit Joseph Roth auseinandergesetzt hatte und von Brandauers Darstellung beeindruckt war. Es kam zu verschiedenen Begegnungen zwischen Kranz und Brandauer, daraus entstand eine persönliche Freundschaft, in diesem Rahmen wurde auch über die Universität Tel Aviv gesprochen.

Klaus Maria Brandauer hatte sich bereit erklärt, einen Leseabend zugunsten der Universität Tel Aviv durchzuführen. Der fand unter dem Titel DIE BESONDERE LESUNG am 21. Januar 1992 im Mozartsaal der Alten Oper in Frankfurt/Main statt. Brandauer las Gedichte, Briefe und Geschichten von Arthur Schnitzler, Peter Altenberg, Friedrich Torberg und aus seinem eigenen Buch BLEIBEN TU' ICH MIR NICHT. Immer wieder kamen während der Treffen und Gespräche zwischen Brandauer und Dr. Mati Kranz die Arbeit von Karin Brandauer und ihre Filme zur Sprache.

Mati Kranz schließlich regte an, daß man zur Erinnerung an die verstorbene Künstlerin zwei Projekte an der Universität Tel Aviv realisiere. Die Universität Tel Aviv entsprach dem Vorschlag von Dr. Kranz. Im Einvernehmen mit Klaus Maria Brandauer wurde beschlossen, einen Fonds einzurichten, der zwei Projekte finanzieren soll:

1. einen Lehrstuhl für Gastprofessoren in der Abteilung für Theater, Film und Fernsehen an der Universität Tel Aviv;

2. das Projekt »Krebsprävention« des Krebszentrums an der Universität Tel Aviv.

Namhafte Künstler und Publizisten wie Mario Adorf, Ernst Jacoby, Marcel Reich-Ranicki, Walter Schmidinger, Konstantin Wecker, Pinkas Zuckermann und viele andere haben sich – wie auch Klaus Maria Brandauer – bereit erklärt, mit Benefiz-Veranstaltungen Mittel zugunsten des Karin-Brandauer-Fonds zusammenzubekommen. Innerhalb von eineinhalb Jahren wurde das notwendige Geld »ertingelt«, um von den Zinsen das Projekt zu finanzieren. Im Mai 1995 wurde dieser Lehrstuhl für Filmregie, Dramaturgie, Drehbuch und Filmmusik eingerichtet. Klaus Maria Brandauer wird jährlich einen vierwöchigen Workshop durchführen, als Gastdozenten wurden bislang Heiner Müller, Marcel Reich-Ranicki, István Szabó und Konstantin Wecker gewonnen.

Ein weiterer Fonds soll einem jährlich zu vergebenden Karin-Brandauer-Preis zur Unterstützung begabter junger Drehbuchautoren und Produzenten dienen. Eine achtköpfige Jury wird die potentiellen Preisträger ermitteln.

Seite 138/139: Probenbesprechung zu SPIEL IM BERG im Salzbergwerk in Altaussee mit Studenten des Max-Reinhardt-Seminars.

Seite 140/141: Klaus Maria Brandauer mit Studenten vom Max-Reinhardt-Seminar bei den Proben zu SPIEL IM BERG im Kulturhaus Altaussee.

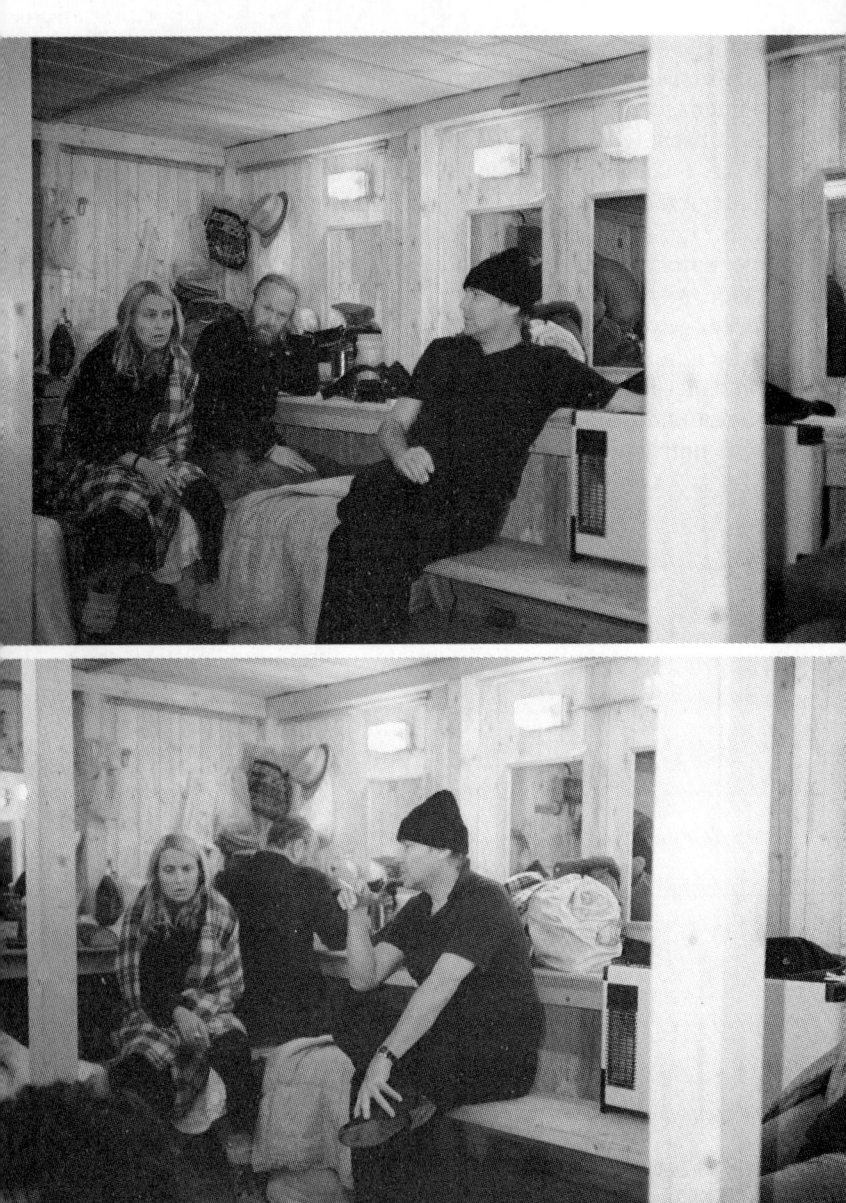

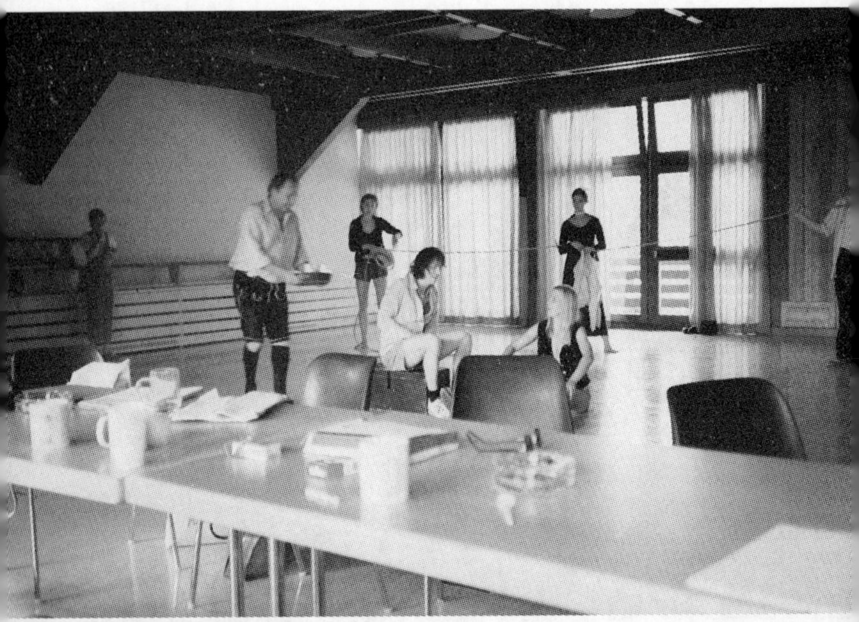

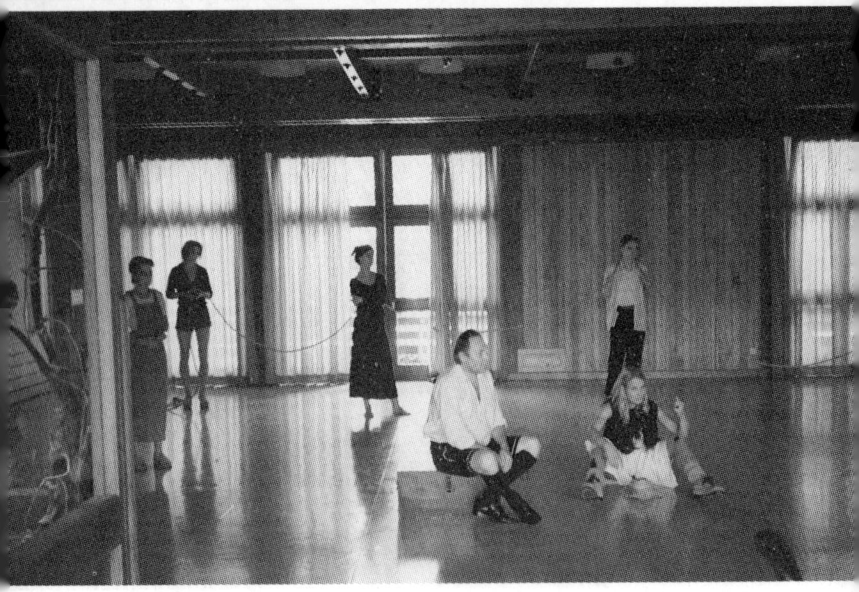

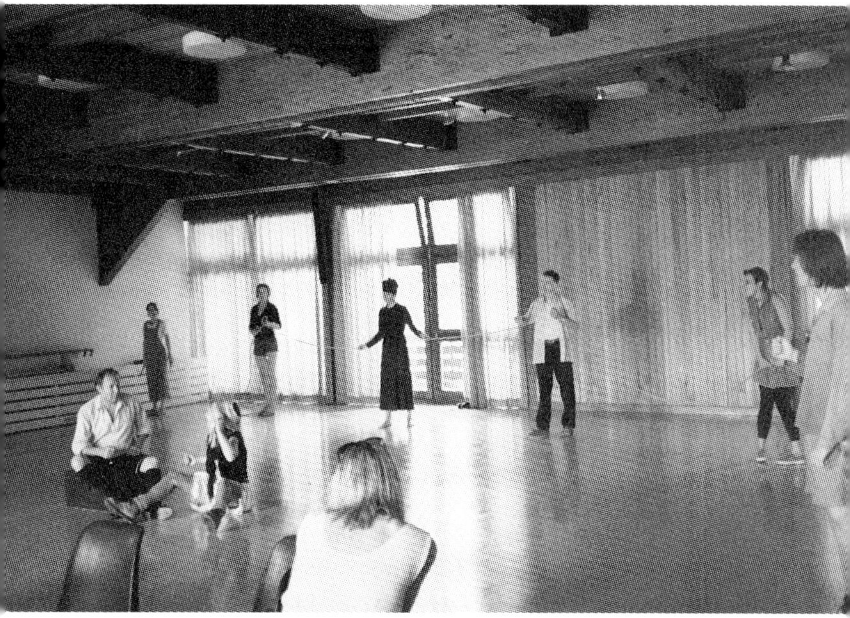

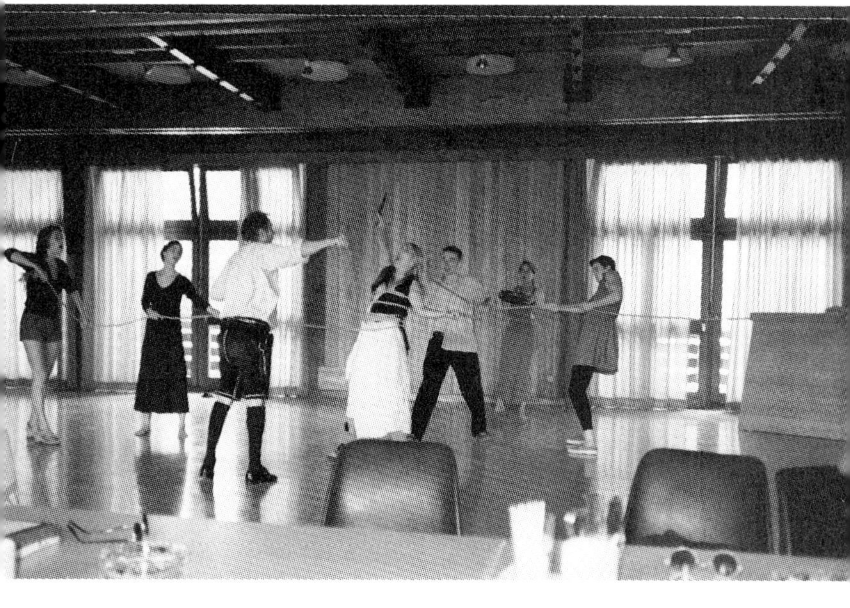

Altaussee – eine sehr eigene Welt

Altaussee, ein friedlicher Ort im steirischen Salzkammergut, dort fand ich eine der letzten Idyllen in unserer atemlosen Welt. Die Wälder sind noch gesund, Gewitter und Regenschauer machen Hitze erträglich. Felizitas Frischmuth spricht in ihrer Dissertation von 1946 vom »krankhaften Schweigen in Gefühlen«. In Altaussee suchen Kulturbeflissene, meist Österreicher und Deutsche, Zuflucht, und wer auf den Spuren heimischer Literatur und Kunst wandelt, findet Bildung: Schon zur Biedermeierzeit war das Ausseer Land eine beliebte Zweitheimat für Künstler, Politiker und Gelehrte. In Altaussee suchten Franz Grillparzer, Adalbert Stifter und Nikolaus Lenau Anregung und Entspannung, Hugo von Hofmannsthal und Richard Strauss arbeiteten an ihrem ROSENKAVALIER, und für so unterschiedliche Temperamente wie Thomas Mann, Johannes Brahms, Josef Kainz und Arthur Schnitzler war die Naturkulisse beliebt. Reichskanzler Bismarck, Sissi und ihr Kaiser Franz Joseph, Sigmund Freud, Theodor Herzl und Gustav Mahler waren hier. Klaus Maria Brandauer ist hier aufgewachsen und geht immer gerne wieder zurück ins Tal.

Hier präsentiert er im vierten Jahr Felix Mitterers SPIEL IM BERG – zum erstenmal in einer Einstudierung mit Schülern vom Max-Reinhardt-Seminar in Wien, wo er – soeben zum ordentlichen Professor bestellt – seit eineinhalb Jahren wieder regelmäßig lehrt.

Das ist einzigartig auf der Welt: ein Theater, 250 Meter unter Tage mitten in einem Salzbergwerk. Das Bühnenoval mitten im Salzsee, 500 Besucher sind bei acht Grad eine Stunde lang gebannt, umgeben von Dunkelheit und Lichtspielen, von einem magischen Computersoundtrack von Christian Brandauer und dem Spiel der Akteure.

Schwach beleuchtete Gestalten hämmern in der Ferne, kurze Zeit darauf bricht der Stollen mit ohrenbetäubendem Getöse zusammen, zwei Eingeschlossene treffen sich: der ältere Hans gelassen, ruhig, dem Schicksal ergeben, der junge Steffl dagegen ängstlich, panisch. Zur Geisterstunde zischt und kichert es an allen Ecken, und der Teufel wiegelt den Steffl auf, den Kumpel zu erschlagen. Ein groteskes Furiosum hebt an: Die Tutterer Burgl, ein gräßliches Mannweib, will den Alten ehelichen und den Jungen fressen, aber dann wird sie – wie Polyphem von Odysseus – geblendet mit der Grubenlampe. Wer bist du? Keiner! Darauf sie: Keiner will mich töten!

Der Tiroler Dramatiker Felix Mitterer zitiert Ferdinand Raimunds romantische Zauberspiele und Homers griechische Sagenwelt. Zur Uraufführung von MUNDE mußten die Zuschauer damals auf einen Dreitausender; mit SPIEL IM BERG, im Auftrag des Vereins »Poesie im Ausseerland« geschrieben, schreckt er sie seit 1992 jeden Sommer.

Klaus Maria Brandauer ist Regisseur und Initiator des Theaters im Salzbergwerk, er hat diesmal nur zehn Tage Probenzeit bis zur Premiere. Das ist nicht viel, aber Brandauer versteht es immer wieder, die Akteure zu fesseln, ihnen ein Gefühl für richtige Töne, exakte Körpersprache zu vermitteln. Freilich verliert sich bei der komprimierten Probenzeit die Konzentration, bleibt gerade Festgelegtes einmal wieder außer acht. Brandauer spielt – locker und verblüffend sicher in den Nuancen und Zwischentönen – einzelne Rollen vor, entlockt den Schülern Gefühl für die Szene. Man spürt: Begabungen sind vorhanden, die Techniken beherrschen einige recht gut, dennoch: Der Computer- und Videoclip-Generation mangelt es an Konzentration, Timing, Ruhe.

Doch das kann man finden in Altaussee.

Der gute Film hat mich ruiniert –
Peter Turini: Imaginäres Museum des Kinos

In einem Beitrag über das Kino hat der Dramatiker Peter Turini, 1944 in Kärnten geboren, einen Beitrag in der »Frankfurter Rundschau« veröffentlicht, den wir hier auszugsweise veröffentlichen. Es geht um Turinis Kino-Erlebnisse quer durch die Zeiten. Er schrieb darüber, daß für ihn mit der dankenswerten Aktion »Der gute Film« in Klagenfurt gleichermaßen ein Stück Unschuld verlorenging:

»Mein Kino, meine Anarchie, meine Weltenbrände, meine Phantasieungeheuer hat der gute Film ruiniert. Fortan achtete ich wirklich auf das, was ich auf der Leinwand zu sehen bekam, FAUST, AUSSER ATEM, LETZTES JAHR IN MARIENBAD, JULES UND JIM, und so ist es bis auf den heutigen Tag geblieben: Ich schaue mir die guten Filme an, aber ich erlebe mein Kino nicht mehr. Manchmal kommt es wieder. Zum letzten Mal bei Brandauers großartigem Film MARIO UND DER ZAUBERER. An jener Stelle, an der die Kellner mit einer Flasche Wein am Tablett und mit Spaghetti ein Wettrennen veranstalten, begann ich abzuschweifen. 1968 war ich Hoteldirektor in Bibione. Wir hatten einen Kellner namens Mario, der sich in ein Mädchen aus Biberach an der Ries verliebte, welche mit ihren Eltern in unserem Hotel Urlaub machte. Sie wehrte ihn mit der Bemerkung ab, sie sei sich zu schade für eine flüchtige Urlaubsbekanntschaft. Seine Liebe zu ihr sei ernst und grenzenlos, sagte er, sie reiche fino alla fine dell'universo, und er werde ihr dies beweisen. Er werde zu Fuß von Bibione nach Biberach an der Ries gehen und vor ihrer Wohnungstür erscheinen. Am Ende der Saison ging er tatsächlich los und wurde 40 Kilometer hinter Bibione bei der Autobahnauffahrt Latisana von einem Auto angefahren und lebensgefährlich verletzt. Die Polizei hat mich im Hotel angerufen, weil sie in seinem Koffer eine Hotelserviette mit der aufgedruckten Telefonnummer fand. Einige Minuten später bin ich wieder zum Film zurückgekehrt. Ich entschuldige mich bei Brandauer für diese Abschweifung.«

(FR, 14.11.1995)

Filmographie

Klaus Maria Brandauer: Kinofilme

The Salzburg Connection (USA 1971)
Top Secret
Regie: Lee Katzin. *Drehbuch:* Oscar Millard, nach dem Roman »In Salzburg stirbt nur Jedermann« von Helen MacInnes. *Kamera:* Wolfgang Treu. *Schnitt:* John M. Woodcock. *Musik:* Lionel Newman. *Ausstattung:* Herta Hareiter-Pischinger, *Kostüme:* Lamert Hofer jr.
Darsteller: Barry Newman (William Mathison), Anna Karina (Anna

Mitten in Salzburg spielen sich geheimnisvolle Vorgänge ab, hier wird Anna Bryant (Anna Karina) von auffällig unauffälligen Typen abgeführt. Szene aus THE SALZBURG CONNECTION mit Klaus Maria Brandauer (r.).

Bryant), KLAUS MARIA BRANDAUER (Johann Kronsteiner), Karen Jensen (Elissa Lang), Joe Maross (Chuck), Wolfgang Preiss (Felix Zauner), Helmut Schmid (Grell), Udo Kier (Anton), Michael Haussermann (Lev Benedescu), Whit Bissell (Newhart), Elisabeth Felchner (Trudi Seidl), Alf Beinell (Antons Begleiter), Patrick Jordan (Richard Bryant), Edward Linkers (Fremdenführer), Gene Moss (Tourist), Christine Buchegger (Kellnerin).

Produktion: Ingo Preminger für Twentieth Century Fox. De-Lux-Color.
Länge: 93 Minuten.
Erstaufführung: 10.11.1972.

KRITIK: »er« in filmdienst 24/72; ZOOM 73/Nr. 87; Clyde Jeavons in MFB 2/73; Barbro Schuchardt in KR, 20.1.1973; Hartmut Engmann in KStA, 23.1.1973; W. S. in NRZ, 23.1.1973.

INHALT: Der junge Anwalt William Mathison wird von einem New Yorker Verlag gebeten, sich in Salzburg um einen mysteriösen Fall zu kümmern. Der Fotograf Richard Bryant hat ein Buch über österreichische Seen veröffentlicht und dafür auf Umwegen vom Verlag 2000 DM bekommen. Aber das Buch war nie bestellt worden. In seinem Fotoladen findet der Anwalt die junge Frau von Bryant. Sie ist in Sorge, denn ihr Mann hat einen Ausflug zum Finstersee unternommen, ist noch nicht zurück und wird später tot im See geborgen. Er ist Opfer einer Verschwörung, denn in einer Kiste im See lagert heißes Dokumentenmaterial aus der Nazizeit. Er ist nur das erste Opfer. Dann treffen Agenten in Salzburg ein, Amerikaner, Russen, Chinesen, Israeli, Österreicher. Alt-Nazis und Jung-Faschisten wollen in den Besitz der Liste mit geheimen Nazi-Kollaborateuren kommen. Ein Hickhack beginnt, jeder gegen jeden. Dann wird das Material geborgen, aber keine Angst, Nazis: Das Ding fliegt in die Luft.

ZUM FILM: »Katzin zeigt sich mehr daran interessiert, die landschaftlichen Schönheiten einzufangen, als seine Geschichte spannend zu erzählen. Zahlreiche Agenten bleiben auf der Strecke, ehe der Zuschauer endlich erfährt, was die Aktionen eigentlich bedeuten, denen er 60 Minuten lang verständnislos zugeschaut hat.« (Hartmut Engmann)

Produzent Ingo Preminger: »Der Plan, diesen Film zu machen, liegt schon zwei Jahre zurück. Die Centavo hat schon zwei Millionen Dollar für die Rechte und die Drehbucharbeit ausgegeben. Als ich an den Stoff kam, war mir klar, daß dieser Film gemacht werden muß. Mir geht's da immer so: Ich bin gefesselt oder nicht. Wenn man bei einer Frau fragen muß, soll ich sie heiraten oder nicht, sollte man es lassen. Im Fall dieses Films war es klar, daß geheiratet werden muß!«

Ein historischer Moment: Geheimdienstoffizier Dr. Hoffmann (Brandauer) nach der Waffenstillstandsproklamation durch Horthy im Gespräch mit General von der Bach-Zelewski und SS-Offizieren.

Oktobery Varsnap (Ungarn/Österreich 1979)
Ein Sonntag im Oktober
Regie: András Kovács. *Drehbuch:* Georg Althammer, André Libik, András Kovács. *Kamera:* István Lugossy. *Schnitt:* József Romvári. *Ausstattung:* József Romvári.
Darsteller: Ferenc Bács (Geza, Adjutant des Reichsverwesers), KLAUS MARIA BRANDAUER (Dr. Hoffmann), Martin Lüttge (Sturmbannführer), Marianne Moór (Baronin Edith Nadassy), Tibor Tánczos (Kabinettchef Alvincy), László Petaki (Laczko), Lajos Öze (Baron Nadassy), Zoltan Vereckey (General von der Bach-Zelewski).
Produktion: Dialog-Studio Mafilm, Budapest/André Libik Film. *Länge:* 90 Minuten.

Erstaufführung: ZDF: 5.10.1983/ORF 1: 14.10.1979.

KRITIK: filmdienst 12/1979.

INHALT: Im Oktober 1944 versucht der ungarische Reichsverweser Miklós Horthy, aus dem Bündnis mit Hitler und Mussolini auszusteigen und den Krieg für Ungarn zu beenden. Augrund seiner Unentschlossenheit mißlingt das Vorhaben.

ZUM FILM: »Eine Rekonstruktion der historischen Ereignisse in fiktiven, aber sachlich nachgestellten Szenen, die sowohl das deutsch-ungarische Verhältnis in jenen Jahren als auch machtpolitische Strömungen in der Führung beschreibt. Der Film des hervorragenden Regisseurs und Dokumentaristen Kovács ist eher eine Bestandsaufnahme als eine

Andras Kovacs' EIN SONNTAG IM OKTOBER zeigt Klaus Maria Brandauer in der Rolle eines dubiosen Geheimoffiziers im Zweiten Weltkrieg.

Analyse, ohne dabei jedoch oberflächlich zu werden. Dokumentarszenen sind geschickt in die Handlung eingebaut und erleichtern den Zugang für die Zuschauer, die nur wenig über die geschichtlichen Hintergründe informiert sind.« (filmdienst)

»Es handelt sich um die gewaltsame Entführung von Miklós Horthy jun., am 15. Oktober 1944 ... Sie spielte sich in wenigen Minuten ab. Die Männer des Obersturmbannführers Otto Skorzeny hatten alles genau vorbereitet: Der junge und ahnungslose Horthy wurde von angeblichen Jugoslawen in die Falle gelockt ...

Horthy, der letzte Verbündete Hitlers, bereitete schon geraume Zeit das Ausscheiden Ungarns aus dem Krieg vor. Nach dem ›Absprung‹ der Rumänen im Sommer 1944 unternahm er konkrete Schritte. Horthys Abgesandte unterzeichneten am 11. Oktober 1944 in Moskau ein Waffenstillstandsabkommen mit der Sowjetunion ... Horthy wußte nicht, daß Skorzeny seinen Sohn gerade am 15. Oktober entführen wollte, und ordnete nichtsahnend an, das Waffenstillstandsabkommen am selben Tag im ungarischen Rundfunk bekanntzugeben ...

Ein persönliches Erlebnis hat mein Interesse für dieses Thema ebenfalls geweckt. Als Horthy in seiner Proklamation den Waffenstillstand verkündete, hielt ich mich in Budapest auf und lief einen ganzen Tag über in der Stadt herum. Ich kaufte mir – es war Sonntag – eine Zeitung mit dem Text der Proklamation. Erst nachträglich begriff ich, wie paradox die Situation war. Eine große geschichtliche Wende stand bevor, doch ein Großteil der Bevölkerung ging friedlich spazieren oder anderen Beschäftigungen nach ... « (András Kovács)

Mephisto (Ungarn/Bundesrepublik 1981)
Regie: István Szabó. *Drehbuch:* Péter Dobai, István Szabó, nach dem Roman von Klaus Mann. *Kamera:* Lajos Koltai. *Schnitt:* Zsusza Csákány. *Musik:* Zdénko Tamássy. *Bauten:* József Romvári. *Ausstattung:* Tibor Szollór. *Kostüme:* Agnes Gyarmathy.
Darsteller: KLAUS MARIA BRANDAUER (Hendrik Höfgen), Ildikó Bánsági (Nicoletta von Niebuhr), Krystyna Janda (Barbara Bruckner), Rolf Hoppe (General), Christine Harbort (Lotte Lindenthal), György Cserhalmi (Hans Miklas), Péter Andorai (Otto Ulrichs), Karin Boyd (Juliette Martens), Martin Hellberg (Professor), Christian Graskoff (Cesar von Muck), Ildikó Kishonti (Dora Martin), Tamás Major (Oskar H. Kroge).
Produktion: Mafilm – Objektiv Studio, Budapest/Manfred Durniok Produktion, München/Hessischer Rundfunk, Frankfurt a. Main. Orwo-

Color. *Länge:* 145 Minuten.
Erstaufführung: 25.9.1981.
KRITIK: Erik G. Wickenburg in RP; Hans Gerhold in filmdienst 20/81; Filmbeobachter 18/263; Gerhard Waeger in ZOOM 20/1981; Martyn Autry in MFB 10/81; Ulrich Winzerl in FAZ, März 1981; Klaus Gruber in KR, 9.3.1981; Wolfgang Limmer in Der Spiegel, 25.5.1981; H. G. Pflaum in SZ, 25.9.1981; Doris M. Trauth in Rhp, 26.9.1981; Titelgeschichte in Der Spiegel, 28.9.1981; Peter K. Wehrli in Weltwoche, 30.9.1981; Brigitte Desalm in KStA, 3./4.10.1981; HRB in SZ, 5.9.1993.

ZUM FILM: Als Klaus Mann seinen Mephisto-Roman schrieb, dachte er an Gustaf Gründgens und bezog sich auf die zwielichtige Gestalt des Künstlers, der sich von der Macht der Faschisten benutzen läßt. Klaus Mann hat den verzweigten Charakter in seiner Privatsphäre, in der ganzen Emotionalität, in seiner Arroganz porträtiert. István Szabós Thema ist der Überlebenskampf des einzelnen im faschistischen System, seine Haltung gegenüber der Macht und den Idolen. Szabó nun biegt sich die Figur des Hendrik Höfgen zurecht, treibt die Figur auf die Spitze ihrer Funktion, zeigt die Besessenheit des Spielers, seine Kunst, um alles in der Welt zu erhalten. Höfgen gibt nach und nach sein Menschsein preis, und der Zuschauer ist Zeuge des Mechanismus: Bald ist für ihn der Mephisto nicht mehr nur eine Bühnenrolle. Mit Hilfe der beiden hervorragenden Charakterdarsteller Rolf Hoppe und Klaus Maria Brandauer gelang Szabó ein glutvoller, nicht überlauter Film, kühl in den Emotionen, doch auch voll glanzvoller, reißerischer Rhythmik in der Bewegung der Szenen, in denen sich die Schauspieler und die Schausteller des Dritten Reichs ihre Auftritte liefern.

Never Say Never Again (Großbritannien/USA 1983)
Sag niemals nie
Regie: Irvin Kershner. *Drehbuch:* Lorenzo Semple jr., nach einer Story von Kevin McClory, Jack Whittingham, Ian Fleming. *Kamera:* Douglas Slocombe. *Schnitt:* Robert Lawrence. *Musik:* Michel Legrand. *Songs:* Alan & Marillen Bergman. *Bauten:* Michael White. *Ausstattung:* Philipp Harrison, Steven Grimes. *Unterwasseraufnahmen:* Ricou Browning.
Darsteller: Sean Connery (James Bond), KLAUS MARIA BRANDAUER (Maximilian Largo), Max von Sydow (Ernst Stavro Blofeld), Barbara Carrera (Fatima Blush), Kim Basinger (Domino Petachi), Bernie Casey (Felix Leiter), Alec McCowen (Q, »Algy«), Edward Fox (M), Pamela Salem (Miss Moneypenny), Rowan Atkinson, Valerie Leon, Pat Roach, Anthony Sharp.

Klaus Maria Brandauer als MEPHISTO *nach Klaus Mann.*

Produzent: Jack Schwartzman. *Produktion:* Woodcote/Taliafilm/Producers Sales Organization. Technicolor. *Länge:* 137 Minuten; BRD: 126 Minuten.
Erstaufführung: 20.1.1984.

KRITIK: HPK (= Hans Peter Koll) in filmdienst 2/84; Philip Strick in MFB 12/83; Georg Schmidt in Tip-Magazin I/1984; M. S. Norden in KR, 3.1.1984; Helmut Schmitz in FR, 20.1.1984; Hans Dieter Seidel in FEZ, 20.1.1984; Eberhard Seybold in FNP, 20.1.1984; Ponkie in AZ, 20.1.1984; C. v. P. in FAZ-Magazin, 21.1.1984; Bodo Fründt in SZ, 21.1.1984; Milan Pavlovic in KStA, 21.1.1984; Jochen Kahn in Spektrum Film 2/1984; Fischer Film Almanach 1985.

ZUM FILM: Sean Connery zeigt dem blassen Bruder, was Sache ist. Es geht um zwei Marschflugkörper, die vom bösen Blofeld entführt werden. Und der erpreßt schließlich die ganze westliche Welt. Natürlich macht sich 007 rasch auf die Suche nach den Dingern und – wird fündig. Sean Connery war James Bond von 1962 bis 1982, dann kam die Zeit für den smarten Roger Moore, und es ging seichter zu. Die – wohl einmalige – späte Rückkehr des gealterten Sean Connery war nicht nur ein kommerzieller, sondern auch ein qualitativer Erfolg. Dem brillanten Connery stehen mit Barbara Carrera und Klaus Maria Brandauer zwei ausgezeichnete böse Schurken gegenüber. Mit von der Partie ist auch die blonde Kim Basinger.

»Klaus Maria Brandauer... stellt in eigener Kledasche und höchst zivilem Auftreten den Tunichtgut Largo dar, welchselbiger den dußligen Briten zwei Cruise Missiles samt Atomsprengköpfen entführt und somit zum gefährlichsten Erpresser aller Zeiten avanciert. Wie der Brandauer gleich zu Anfang auf seiner Kommandoyacht mit den doch zweifellos wichtigen Fernschreiben umgeht, die da pausenlos eintickern, das ist in seiner nonchalanten austriakischen Schlampertheit schon wieder so genialisch, daß wir gleich merken: Dieser verbindliche Typ ist in Wirklichkeit irre und des Beelzebubs Handlungsbevollmächtigter. Was er ja auch beides ist. Aber das nützt ihm nichts: Er muß ins Gras beißen respektive in den Meeressand, weil nämlich die Chose oftmals unter Wasser spielt. Des Meeres und der Liebe Wellen tun Largo endgültig verdrängen.« (Helmut Schmitz)

»Daß Bond dabei auf den Mephisto in Person, Klaus Maria Brandauer in der Rolle des kultivierten Gegenspielers, trifft, den er von den Bahamas bis nach Nordafrika verfolgt, ist nur ein Vorzug des neuen 007.« (Milan Pavlovic)

»Es rächt sich vielleicht auch, daß Klaus Maria Brandauer die freundliche Infamie des Gegenspielers Largo so mühelos aus dem Stand spielt«. (Hans Dieter Seidel)

»Erlesenen Genuß bietet auch sein Gegenspieler Largo: Klaus Maria Brandauer hat sich mit diesem Killer-Blondie auf Anhieb in die internationale Kino-Spitzenriege der pervers lächelnden Soft-Kanaillen hochgespielt.« (Ponkie)

»Ein Name allerdings – abgesehen von Edelstatisten wie Max von Sydow, Edward Fox und Alec McCowen – darf nicht unterdrückt werden. Klaus Maria Brandauer, nicht als Burgschauspieler, sondern als ›Mephisto‹ zu verdientem internationalem Ruf gelangt, hat sich als Agentengegner Largo verdingt. ›Ich möchte durch den Bond-Film größere Aufmerksamkeit auf die weiteren Filme lenken, die ich drehen werde‹, begründete Brandauer seine Beteiligung mit entwaffnender Offenheit. Diese vor allem geschäftliche Perspektive hat ihn nicht gehindert, den Schurkenpart äußerst kunstvoll vorzuführen: Er ist ein charmant aggressiver, mit besten Manieren ausgestatteter, halbverrückter Vollverbrecher, der sich mit Frauen, Kunstwerken und Kernwaffen umgibt und seinen Zynismus witzig herunterspielt – in diesem Film zweifellos der beste Schauspieler weit und breit.« (Eberhard Seibold)

» ... in erster Linie Bonds Gegenspieler Klaus Maria Brandauer in der Rolle des Largo. Exzellent seine unschuldig bösartigen Zwischentöne, sein vielschichtig komplexes Spiel, ein würdevoller, ein starker Gegner für Sean Connery.« (Jochen Kahn)

Detskij Sad (UdSSR 1983)
Kindergarten

Regie/Drehbuch: Jewgenij Jewtuschenko. *Kamera:* Juri Oreschkin. *Musik:* Gleb Mai.
Darsteller: Serjosha Gussak (Shenja), Serjosha Bobrowskij (Toljan), G. Stakhanowa (Shenjas Oma), S. Jewstratowa (Lilja), N. Karsatschentzow (Spill), El Jewtuschenko (Schaffnerin), KLAUS MARIA BRANDAUER (deutscher Offizier), Jewgenij Jewtuschenko.
Produktion: UDSSR/WDR. Farbe. *Länge:* 105 Minuten.
WDR 3: 24.11.1985; 1Plus: 16.7.1987.
KRITIK: filmdienst 23/1986.
INHALT: Herbst 1941. Beim Näherrücken der deutschen Truppen wird eine russische Stadt geräumt, die Menschen werden nach Sibirien verschleppt, auch der zwölfjährige Shenja. Mit der Geige im Rucksack wird er von seiner Mutter zum Zug, der nach Sima zur Großmutter fährt, gebracht. Der Zug ist überfüllt, Shenja sieht immer wieder neue Gesichter: einen Matrosen, der pausenlos Geschichten erzählt; Dussa, ein Mädchen, mit dem der Matrose anbändeln will; einen barfüßigen Jungen, der Shenjas Sandalen entwendet. Da wird der Zug bombardiert, und Shenja sieht die Menschen, die gerade noch so lebendig, so

interessant waren, sterben. Jetzt will er an die Front, will das Vaterland verteidigen. An der nächsten Station versteckt er sich in einem Militärzug, der nach Moskau fährt. Doch die Miliz findet ihn und andere Kinder, die den gleichen Wunsch hatten.

ZUM FILM: Es ist die eigene Geschichte Jewtuschenkos, der, nachdem er als Dichter weltweit bekannt wurde, seine vielfältigen Begabungen erst als Fotograf und Darsteller, dann als Drehbuchautor und Regisseur ausprobierte. Jewtuschenkos Freund Klaus Maria Brandauer spielt einen Offizier, der als Mensch handelt und nicht als Deutscher und Feind.

Redl Ezredes (Ungarn/BRD/Österreich 1985)
Oberst Redl
Regie: István Szabó. *Drehbuch:* István Szabó, Péter Dobai. *Regieassistenz:* Mara Luttor. *Kamera:* Lajos Koltai. *Schnitt:* Zsuzsa Csákány. *Musik:* Zdenkó Tamássy, Robert Schumann, Frédéric Chopin, Franz Liszt, Johann Strauß, Johann Strauß II. *Bauten:* József Romvári. *Ausstattung:* Tibor Szollár.
Darsteller: KLAUS MARIA BRANDAUER (Oberst Alfred Redl), Gudrun Landgrebe (Katalin von Kubinyi), Hans Christian Blech (General von Roden), Armin Mueller-Stahl (Thronfolger Franz Ferdinand), Jan Niklas (Christoph von Kubinyi), Dorottya Udvaros (Clarissa), Athina Papadinitriu (Sängerin), Agnes T. Katona (Wilhelmina), András Bálint (Regimentsarzt Dr. Sonnenschein), Károly Eperjes (Leutnant Jaromil Schorm), László Gálffi (Alfredo Velocchio), László Mensáros (Oberst Ruzitska), Róbert Rátonyi (Baron Ullmann). *Kindheit:* Gábor Svidrony (Redl als Kind), Eva Szabó (Redls Mutter), Tamás Major (Großvater Kubinyi), Mária Majláth (Großmutter Baroneß Kubinyi), György Rácz (Christoph als Kind), Dora Lendvai (Katalin als junges Mädchen). *Militärakademie:* Gyula Benkö (Oberst Feidhauer, Akademiekommandant), Péter Gaál (Dohnál, Gesangslehrer).
Produktion: Manfred Durniok Produktion, München/ZDF, Mainz/Mafilm – Objektiv Studio, Budapest/ORF, Wien. Eastmancolor. *Länge:* 150 Minuten.
Erstaufführung: 29.3.1985.
KRITIK: John Pym in MFB 11/1985; Fischer Film Almanach 1986; Hans Gerhold in filmdienst 9/85; Bruno Jaeggi in ZOOM 18/1985; Georg Schmidt in Tip-Magazin 7/85; Manfred Hobsch in Zitty 7/85; Siegfried Schober in Die Zeit, 29.3.1985; Michael Lentz in WAZ, 29.3.1985; Udo Barske in StZ, 30.3.1985; Wolfram Schütte in FR, 3.4.1985; Georg Paul Hrfty in FAZ, 3.4.1985; Günther Engels in KR, 13.4.1985; Peter Buchka

in SZ, 19.4.1985; Karsten Witte in KStA, 20./21.4.1985; kai in AZ, 19.4.1985; Heiko R. Blum in RP, 4.5.1985.

FILMBAND IN GOLD für Klaus Maria Brandauer.

INHALT: Alfred Redl, eines von vielen Kindern aus einer Eisenbahner-Familie zur Zeit der k.u.k. Monarchie, hat durch Intelligenz, Fleiß und die Fähigkeit, sich lieb Kind zu machen, die Chance für eine glänzende Karriere genutzt. Höflichkeit und Zurückhaltung machen ihn überall beliebt.

Der väterliche Freund und Beschützer General von Roden zeigt ihm rechtzeitig, wo seine Freunde, wo die Gegner zu suchen sind. Sein adliger Freund Christoph de Kubinyi, dessen Schwester Katalin, die Lehrer, die Offiziere und gar der alte Kaiser Franz Joseph sorgen dafür, daß aus Alfred Redl etwas Großes wird. Was ihm an Abstammung fehlt, kann er durch nahezu asketische Selbstverleugnung und Anpassung ausgleichen. Das Dienen wird ihm zur zweiten Natur; er fühlt es nicht

OBERST REDL

als Zwang; an ihm erweist sich die Macht des verinnerlichten Untertanengeists.

ZUM FILM: Für den ungarischen Filmregisseur István Szabó war Geschichte stets Hintergrund, Folie für die Darstellung von Menschen, Schicksalen, Zeitbezügen. Szabó hat sich stets sehr genau mit der Psychologie seiner Figuren beschäftigt; sie sind, wenn auch nicht historisch getreue, so doch in höherem Sinne authentische Personen, sympathisch und unsympathisch zugleich.

In OBERST REDL beginnt die Distanzierung von der Familie schon früh. Für den jungen Redl gibt es neue Ersatzväter, an die ihn keine Emotionen binden, Helfer, die er – nach Gebrauch – abschütteln kann. Das Erfolgsrezept seiner Karriere ist schlicht und eindeutig: nach oben zu dienern, nach unten zu treten. Die Verfallsstimmung der Monarchie und die Unterordnung in der Garnison nutzt der Ehrgeizling für seine Pläne. Er sorgt für Disziplin, wird zum Gegner seiner Kameraden und von seinen Vorgesetzten als tüchtig entdeckt. Doch sein Aufstieg hält nicht lange an. Der alte Kaiser stirbt, und Thronfolger Franz Ferdinand hat seine eigenen Vorstellungen. Redl fällt tief. Ein Jahr vor Ausbruch des Ersten Weltkriegs erschießt sich in Wien der Generalstabschef der Prager Garnison.

Der Fall Redl blieb letztlich im dunkeln. Man sagte, er sei ein Doppelagent gewesen; Fakten kamen nur durch Gerüchte verzerrt an die Öffentlichkeit. Aufsehen erregt hatten die Nachforschungen des berühmten »rasenden Reporters« Egon Erwin Kisch. István Szabós Film nun interessiert sich weniger für historische Fakten und Authentizität als für das Klima von Macht und Anpassung, von Zerfall der Monarchie, und latentem Rassismus. Zu Szabós genauer Detailschilderung der k.u.k. Atmosphäre gehört der immer wieder aufscheinende Antisemitismus ebenso wie die Arroganz der besseren Kreise. Und Alfred Redl wird nicht ohne Absicht in diesem dramaturgischen Spiel ausgerechnet dann ans Messer geliefert, als er ehrbar zu werden beginnt, als er sich gegen Korruption und Verschleierung wendet und sich weigert, der Staatsräson zuliebe einen Unschuldigen fallenzulassen.

Und noch etwas ist bemerkenswert an Szabós Darstellung der Vorgänge: Sie beweist, daß es eine gewisse Art von traditionellem Erzählkino, das zwischen all den lauen, lauten, aufgedonnerten Kinospektakeln unterzugehen droht, doch noch gibt. Mehr sogar als MEPHISTO, der dem Regisseur aus Ungarn Weltgeltung verschaffte, ist dies ein stiller, bei allem optischen Aufwand bescheidener Film.

Klaus Maria Brandauer als Redl ist noch disziplinierter, noch weniger

Star denn damals. Er spielt souverän – und gleichermaßen zurückhaltend – die leisen Töne, die auf der Bühne so einprägsam wirken. Er hat sie quasi mit dem ganzen Körper ins Filmische übertragen. OBERST REDL ist – wie Szabó selbst sagt – ein Film über Identitätsprobleme, über das Sicherheitsgefühl, das das Individuum wie die Atemluft braucht. Er ist zudem ein treffendes Beispiel dafür, wie sich ein Regisseur mit Geschichte auseinderzusetzen kann, ohne einen Historienfilm zu machen.

The Lightship (USA 1985)
Das Feuerschiff
Regie: Jerzy Skolimowski. *Drehbuch:* William Mai, David Taylor, nach dem Roman von Siegfried Lenz. *Regieassistenz:* Candace Allen. *Kamera:* Charly Steinberger. *Schnitt:* Barry Vince, Scott Hancock. *Musik:* Stanley Myers. *Bauten:* Holger Gross. *Ausstattung:* Michael Adlmueller. *Kostüme:* Nikola Hoeltz.

Captain Miller in Lebensgefahr: Klaus Maria Brandauer in Jerzy Skolimowskis DAS FEUERSCHIFF.

Darsteller: Robert Duvall (Calvin Caspary), KLAUS MARIA BRANDAUER (Captain Miller), Tom Bower (Coop), Robert Costanzo (Stump), Badja Djola (Nate), William Forsythe (Eugene Waxler), Arliss Howard (Eddie Waxler), Michael Lyndon (Alex, Erzähler), Tim Phillips (Thorne). *Produktion:* Moritz Borman, Bill Benenson/CBS. Eastmancolor. *Länge:* 89 Minuten.

Erstaufführung: Juni 1989 Filmfest München. Videostart: 14.8.1989. *Sendung* RTL: 8.10.1989.

KRITIK: Franz Ulrich in filmdienst 14/89; Hartmut Schulze in Der Spiegel, 18.9.1985; Peter Buchka in SZ, 6.9.1985; Hans Dieter Seidel in FAZ, 9.9.1985; Siegfried Schober in Die Zeit, 13.9.1985; Boe in NZZ, 6.3.1986; Richard Combs in MFB 5/1986.

INHALT: »Drei neurotisch gewalttätige Gangster, deren Boot manövrierunfähig geworden ist, werden von der Besatzung des Feuerschiffs Hatteras aufgenommen. Als sich Verdachtsmomente gegen sie verdichten, übernehmen sie mit geradezu freudiger Brutalität die Herrschaft auf dem Schiff. Alles Interesse konzentriert sich jetzt auf die Haltung des Kapitäns, dem man eine gewisse Feigheit nachsagt. Ist seine krampfhafte Besonnenheit angesichts offener Gewalt verantwortungsvoll oder kleinmütig?« (Peter Buchka)

DAS FEUERSCHIFF ist in den fünfziger Jahren angesiedelt, einer Zeit, da solche schwimmenden Leuchttürme noch ihren Dienst versahen. In ein Gerüst der vordergründigen, aber konsequent über den ganzen Text verteilten Spannung sind die Hauptthemen des Autors eingeflochten: die Verfolgung durch Bilder aus der Vergangenheit, Verrat, Fähigkeit oder Unfähigkeit zum Widerstand, die Einsamkeit, die Flucht und das Scheitern.

ZUM FILM: Der Film zeichnet sich unter anderem dadurch aus, daß er diese Eigenart respektiert. Mehr noch: Skolimowski hat sie in die Sprache des Films übertragen und mit dem eigenen Verständnis und Anliegen durchsetzt.

»Als ich den Film drehte, war ich genau in der gleichen Situation wie Alex. Ich arbeitete mit zwei Schauspielern, die beide starke Individualisten waren. Sie kamen aus zwei ganz unterschiedlichen Schulen. Duvall ist ein starker Individualist, der genau weiß, was er tut, während Brandauer sehr viel Talent und Kraft hat, aber er ist völlig unkontrollierbar. Fast alles, was er tut, ist ein wenig zuviel, und es ist fast unmöglich, ihn in ein realistisches Ensemble einzuordnen. Wir hatten eine Menge Probleme am Set, und ich hing mitten zwischen diesen Turbulenzen.« (Jerzy Skolimowski)

Im »Spiegel« klingt das schon ein wenig deftiger: »Dieser ›authentische Irre‹ sei dermaßen ›von sich besessen, daß er nur eine Sorge hat, nämlich die ganze Leinwand auszufüllen und die anderen zu verdrängen‹, meinte der Regisseur, und er nannte Brandauer einen ›klinischen Fall‹. Obwohl angekündigt, ließ er (Brandauer) sich in Venedig nicht blicken. Dabei hätte er keinen schlechten Stand gehabt: So darstellerisch zurückgenommen wie im FEUERSCHIFF hat man den steirischen Burgschauspieler selten gesehen. Er spielt, das fleischige Gesichtsmassiv von einem Vollbart zugewachsen, den Schiffskommandanten.«

Out of Africa (USA 1986)
Jenseits von Afrika
Regie: Sydney Pollack. *Drehbuch:* Kurt Luedtke, nach den Büchern »Out of Africa«, »Shadows on the Grass«, »Letters from Africa« von Isak Dinesen (Karen Blixen), »The Life of a Story Tell« von Judith Thurman, »Silence Will Speak« von Errol Trzebinski. *Regieassistenz:* David Tomblin, Roy Button, George Menoe, Patrick Kinney, Meja Mwangi, Tom Mwangi. *Kamera:* David Watkin. *Schnitt:* Fredric Steinkamp, William Steinkamp, Pembroke Herring, Sheldon Kahn. *Musik:* John Barry, George C. Senoga-Zake, Wolfgang Amadeus Mozart. *Bauten:* Stephen Grimes. *Ausstattung:* Herbert Westbrok, Colin Grimes, Cliff Robinson. *Kostüme:* Milena Canonero.
Darsteller: Meryl Streep (Karen Blixen), Robert Redford (Denys Finch Hatton), KLAUS MARIA BRANDAUER (Baron Bror Blixen-Fineckel), Michael Kitchen (Berkeley Cole), Malick Bowens (Farah), Mike Bugara (Juma), Joseph Thiaka (Kamante), Michael Gough (Lord Delamere), Stephen Kinyanjui (Kinanjui), Suzanna Hamilton (Felicity), Rachel Kempson (Lady Belfield), Graham Crowden (Lord Belfield), Leslie Phillips (Sir Joseph Byrne), Shane Rimmer (Belknap), Job Seda (Kanuthia), Mohammed Umar (Ismail), Donal McCann (Arzt), Kenneth Mason (Banker), Tristram Jellinek (1. Commissioner), Stephen Grimes (2. Commissioner), Annabel Maule (Lady Byrne), Benny Young (Minister), Sbish Trzebinski (Beefy Drunk), Allaudin Quershi (Rajiv), Niven Boyd (junger Offizier), Iman (Mariammo), Peter Strong (großer Mann), Abdullah Sunado (Esa), Amanda Parkin (Victoria), Muriel Gross (Lady Delamere), Ann Palmer (Witwe), Keith Pearson (Missionslehrer).
Produktion: Sydney Pollack für Universal. Technovision. Technicolor.
Länge: 161 Minuten.
Erstaufführung 13.3.1986.

Ein skeptischer Jäger – Klaus Maria Brandauer in JENSEITS VON AFRIKA.

KRITIK: Franz Everschor in filmdienst 5/86; Richard Combs in MFB 4/1986; Der Spiegel 11/86; Richard Schickel in Time Magazine; Zoom 86/86; Volker Baer in Der Tagesspiegel, 23.2.1986; Doris Blum in Die Welt, 10.3.1986; Norbert Grob in KStA; Michael Kötz in FR, 15.3.1986; Hans Dieter Seidl in FAZ, 13.3.1986; Ponkie in AZ.
GOLDEN GLOBE und OSCAR-NOMINIERUNG für Klaus Maria Brandauer.

ZUM FILM: Ein Film, der zu Tränen rührt, gleichfalls aber auch ein kraftvolles Porträt einer couragierten Frau ist, die mit ihrem Geld einen schwachen Mann stützt, ihn in den afrikanischen Busch begleitet, als Ehefrau und Freundin, und dort ihren Mann steht, sich in einen Abenteurer verliebt und allmählich ihre etablierte Stellung zu durchschauen beginnt, einen Lernprozeß durchmacht und sich für die unterdrückten Eingeborenen einsetzt. Aus Tanja Blixens engagiertem Abenteuerroman wurde ein brillant inszenierter, aufwendiger und schöner Kinofilm.

Streets of Gold (USA 1986)

Regie: Joe Roth. *Drehbuch:* Heywood Gould, Richard Price, Tom Cole, nach einer Story von Dezso Magyar. *Regieassistenz:* James Chory, Ellen Schwartz (L. A.), Dennis Maguire, Nina Kostroff. *Kamera:* Arthur Albert. *Schnitt:* Richard Chew. *Musik:* Jack Nitzsche. *Ausstattung:* Victor Kempster.

Darsteller: KLAUS MARIA BRANDAUER (Aleg Neumann), Adrian Pasdar (Timmy Boyle), Angela Molina (Elena Gitman), Wesley Snipes (Roland Jenkins), Elya Baskin (Klebanov), Rainbow Harvest (Brenda), Daniel O'Shea, John Mahoney, Jaroslav Stremien, Adam Nathan (Nathau).

Produktion: Joe Roth, Harry Ufland/Roundhouse. Technicolor. *Länge:* 90 Minuten.

Erstaufführung: 25.2.1988.

KRITIK: Peter Hasenberg in filmdienst 5/88; Kim Newman in MFB 6/1987; Mp (= Milan Pavlovic) in KStA, 18.6.1988; MB in Express, 18.6.1988.

INHALT: »Ein jüdisch-russischer Boxer wird von einem antisemitischen Trainer schikaniert. ›In Rußland habe ich gelebt wie ein Amerikaner, in Amerika lebe ich wie ein Russe‹ klagt Ex-Boxer Aleg über sein versoffenes Dasein in Brooklyn. Dann aber findet er zwei talentierte Kämpfer und erfährt durch sie neuen Triumph.« (Mp)

ZUM FILM: Ein Boxer-Film ohne große Überraschungen. »Solide Darsteller sowie passable Schlag- und Schnittkombinationen sichern dem Film einige Treffer.« (Mp)

Hanussen (Bundesrepublik Deutschland/Ungarn 1988)

Regie: István Szabó. *Drehbuch:* István Szabó, Péter Dobai, Mitarbeit: Paul Hengge. *Kamera:* Lajos Koltai. *Schnitt:* Zsuzsa Csákány. *Musik:* Gyorgy Vulkan. *Bauten:* József Romvári. *Ausstattung:* Tibor Szollór.

Darsteller: KLAUS MARIA BRANDAUER (Eric Jan Hanussen), Erland Josephson (Dr. Bettelheim), Walter Schmidinger (Propagandachef), Grazyna Szapolowska (Valery de la Mer), Adriana Biedrzynska (Wally), Ildikó Bansgi (Schwester Betty), Karoly Eperjes (Nowotny), Gyorgy Cserhalmi (Graf Trantow-Waldbach), Colette Pilz-Warren, Péter Andorai, Michal Bajor, Jiri Adamira.

Produktion: Artur Brauner/CCC Filmkunst, Berlin/Mafilm – Objektiv Studio, Hungaro Film, Budapest/ZDF, Mainz/ORF, Wien. Eastmancolor. *Länge:* 116 Minuten.

Uraufführung: 21. Mai 1988, Internationale Filmfestspiele Cannes. *Erstaufführung:* 20.10.1988.

KRITIK: Leo Schönecker in filmdienst 20/88; Roland Vogler in Zoom 20/1988; Gert Berghoff in KR, 21.5.1988; Wolfram Schütte in FR, 24.5.1988; Angela Leifeld in Die Welt, 24.5.1988; Peter Buchka in SZ, 25.5.1988; Hans-Dieter Seidel in FAZ, 25.5.1988; Brigitte Desalm in KStA, 25.5.1988; »che« in NZZ, 25.5.1988; Klaus Eder in Handelsblatt, 27.5.1988; Andreas Kilb in Die Zeit, 27.5. und 21.10.1988; Eva-Maria Lenz in FAZ, 15.10.1988; Der Spiegel, 17.10.1988; Michael Kötz in FR, 17.10.1988; Kläre Warnecke in Die Welt, 19.10.1988; ms (= Martin Schlappner) in NZZ, 20.10.1988; Jürgen M. Thie in Deutsche Welle, 20.10.1988; Bodo Fründt in SZ, 20.10.1988; as (= Werner Aschemann) in Express, 21.10.1988; Heiner Gassen in KStA, 22.10.1988; Gert Berghoff in KR, 22.10.1988.

INHALT: Der seltsame Magier Jan Erik Hanussen wäre wohl kaum so berühmt geworden, hätte er nicht Hitlers Wahl zum Reichskanzler vorausgesagt.

ZUM FILM: István Szabós Film beschäftigt sich ebenso wenig wie der von O. W. Fischer aus den fünfziger Jahren mit der Frage, ob dieser Hanussen mit seiner Prognose die Geschicke beeinflußt hat oder ob er gar mit den Nazis im Bunde stand. Gegenüber den politisch und psychologisch eindrucksvollen Filmen MEPHISTO und OBERST REDL fehlt diesmal Szabó/Brandauer die Authentizität der Figur des Protagonisten.

»Brandauer verkörpert alle drei Figuren am Vorabend der Katastrophe; sein HANUSSEN ist die unausgewogenste Leistung, mit brillanten Momenten, aber auch mit etlichen in Routine erstarrten Szenen.« (Gert Berghoff)

»Wieder ein Film für Klaus Maria Brandauer, der wieder einmal demonstriert, was er alles kann, nämlich alles.« (Klaus Eder)

»In HANUSSEN ist Brandauer überzeugender und präziser für das Kino als je zuvor. Den Hellseher spielt er als einen sensiblen Normalmenschen, der ein Gespür für die Sehnsüchte und Bedürfnisse seines Publi-

HANUSSEN

kums besitzt, der die Zeitströmungen, die Politik aufmerksam verfolgt, der psychologische Kenntnisse hat ... Zum Star macht ihn sein Sinn für bildhafte Inszenierung auf der Bühne, sein Verhältnis zur Nachfrage der Medien nach raschen Sensationen ... Szabó hat sein Studium der Filmregie im Jahre 1956, dem Jahr des Aufstands in Ungarn, begonnen. In Klaus Maria Brandauer hat er sein ideales Alter ego gefunden zu einer auch sehr persönlichen Auseinandersetzung mit der Funktion des Künstlers in einer Gesellschaft.« (Bodo Fründt)

»Es sind Rollen, in die sein Lieblings-Schauspieler Klaus Maria Brandauer schlüpfen darf, um seine Ticks, Tricks und Manierismen zu zelebrieren.« (Heiner Gassen)

»Klaus Maria Brandauer spielt Hanussen, wie er schon den Mephisto gespielt hat: ein Magier als Mutant ... Eine Brandauer-Show mit zeitgeschichtlichen Einlagen, von erhabener Penetranz ... Brandauer als Alleinunterhalter und welthistorischer Wetterfrosch.« (Andreas Kilb)

»Diese monströse Rolle spielt Klaus Maria Brandauer übel mit. Weder kann er sie glauben noch ihren sprunghaften Charakter ändern. Also können Brandauer nur einzelne Momente glücken, die Naivität des Künstlers etwa oder die Spontaneität des Liebhabers. Gelegentlich mildert er peinlich Hehres durch Beiläufigkeit. Als Mephisto alias Hendrik Höfgen alias Gustaf Gründgens und als Oberst Redl verkörperte Brandauer meisterhaft sphinxartig schillernde Persönlichkeiten. Doch dieser Hanussen ist kein schillernder, nur ein schiefer Part.« (Eva-Maria Lenz)

»In jedem der drei Filme wird die Rolle des Protagonisten von Klaus Maria Brandauer gespielt. Und von Mal zu Mal überzeugt dieser eminente Schauspieler weniger. Als Mephisto von einer entnervenden Intensität (allerdings weit entfernt von der schnittigen Kühle Gustaf Gründgens', der Klaus Mann als Haßfigur für seinen Roman gedient hatte), zeigt Klaus Maria Brandauer seither mehr und mehr eine sich entleerende Virtuosität der schauspielerischen Mittel. Wenn Brandauer von sich selbst meint, daß er mit seiner Darstellung Hanussens seine persönliche Skepsis gegenüber diesem Mann ausgespielt habe, dann überträgt sich diese Rolleneinschätzung keineswegs auch auf den Zuschauer.« (Martin Schlappner)

»Hanussen, bürgerlich Hermann Steinschneider, war vielmehr ein Mann mit erstaunlicher Intuition, hellhörig und hellsichtig aus eigener, tiefer Angst heraus. Diese Aspekte hat Brandauer auch mit hoher Sensibilität in seinem Hanussen-Porträt herauszuarbeiten gewußt ... Wo allerdings seine rasputinischen Kräfte zur Wirkung kommen müßten, ohne die Hanussens steile Telepathen-Karriere wohl kaum denkbar gewesen wäre, bleibt Brandauer überraschend farblos.« (Kläre Warnecke)

Georg Elser – Einer aus Deutschland (BRD 1989)
Regie: KLAUS MARIA BRANDAUER. *Drehbuch:* Stephen Sheppard, nach seinem Roman »The Artisan«. *Kamera:* Lajos Koltai. *Schnitt:* Dagmar Hirtz. *Musik:* Georges Delerue.
Darsteller: KLAUS MARIA BRANDAUER (Georg Elser), Brian Dennehy (Wagner), Rebecca Miller (Anneliese), Elisabeth Orth (Frau Gruber), Nigel le Vaillant (Mayer), Vadim Glowna (Kaufmann), Péter Andorai

GEORG ELSER

Blicke ... aus GEORG ELSER ...

167

(Leibl), Marthe Keller (Frau Wagner), Maggie O'Neill (Berta), Roger Ashton-Griffiths (Wachmann), Hans Michael Rehberg (Brechtl), Dietrich Hollinderbaumer (Seiffert), Hans Stetter (Woywode), Robert Easton (Hecht), Janos Acs (Polizist), Ralph Richter (SA-Führer), Werner Fritz (Chauffeur), Dave Hill (Kommandant der Polizeiwache), Peter Pußta (erster SA-Mann), Zoltan Szakal (zweiter SA-Mann), Tomas Kuskas (erster Kriminalbeamter), Gyula Laczikovits (zweiter Kriminalbeamter), Tom Krinzinger (Bahnbeamter), Michael Mohr, Reinhard Steinmeier (Stuntmen).

Produktion: Moritz Borman, Reiner Soehnlein für Soehnlein/Borman Produktion/Mutoskop Film/Saturn Movie. *Länge:* 97 Minuten.

Uraufführung: 19.10.1989 München.

KRITIK: Alfred Paffenholz in filmdienst 22/89; Andrea Vogt in Stadt-Revue 10/89; Friedrich Luft in Die Welt, 17.10.1989; Peter Körte in FR, 19.10.1989; Lutz Ehrlich in taz, 19.10.1989; Patrick Bahners in FAZ, 20.10.1989; H. G. Pflaum in SZ, 21.10.1989; Gert Berghoff in KR, 26.10.1989; HHS (= Hans Heinz Schwarz) in Express, 27.10.1989; Anne Frederiksen in Die Zeit, 27.10.1989; Mp (= Milan Pawlovic) in KStA, 28.10.1989; Marli Feldfoss in RP, 30.10.1989.

INHALT: »Am Abend des 8. Novembers 1939 wird ein Mann von zwei Zollbeamten in Konstanz festgenommen. Er hat versucht, illegal über die Schweizer Grenze zu gehen. Am gleichen Tag ist Hitler durch puren Zufall im Münchner Bürgerbräukeller, als er zu seinen ›alten Marschierern von 1923‹ sprach, einem Attentat entgangen. Die Bombe hinter dem Rednerpult explodierte erst, als er vorzeitig den Bierkeller verlassen hatte. Es gab zwei Tote und zwei Dutzend Verletzte.

Der Mann an der Schweizer Grenze gestand, das Attentat vorbereitet zu haben. Man zog ihn durch die KZs, immer hoffend, die ›Hintermänner‹ zu entdecken. Es gab keine. Georg Elser, der einsame Täter, ein Schreiner aus München, wurde kurz vor Kriegsende in Dachau liquidiert.« (Friedrich Luft)

ZUM FILM: »Aus dessen einsamer Tat hat nun Klaus Maria Brandauer seinen ersten Regiefilm (er selbst spielt auch die Titelfigur) gewagt. Es ist ein mutiger Film geworden, kein durchwegs überzeugender.

Brandauer hat sich an die Romanvorlage des Engländers Stephen Sheppard gehalten, der versucht hat, dem wie in lauter Geheimnisse verkapselten Schicksal des Münchner Schreiners nachzugehen und dessen verbiestert mutige Tatmotive auszuloten. Ein Buch der romanhaften Vermutungen. So ist auch der Film. Das Geheimnis um diesen tapferen Georg Elser bleibt. Brandauer zeigt, wie sein Held nur auf sich gestellt, aber sicher nicht politisch unaufmerksam, in München als kleiner Mann und schlichter Handwerker lebt. Er hat vom Sudeteneinfall erfahren. Er wird auf einer Herrentoilette von SA-Männern zusammengeschlagen. Ihm wird direkt ins Gesicht gepinkelt. Wut steigt in ihm auf.

Er besorgt sich Ekrasit. Er läßt sich in den Bürgerbräukeller einschließen. Er bohrt die Säule, bei der Hitler bei jener Alte-Kämpfer-Versammlung wird stehen müssen, an. Er schafft sich sicher selber die komplizierte Uhr, die zur rechten Stunde die Todesexplosion zünden soll.

Hier ist nun auch noch eine romanhafte Liebesgeschichte eingeflochten. Georg Elser verliebt sich in eine der Keller-Bediensteten (Rebecca Miller, die Tochter des Dramatikers Arthur Miller, spielt sie). Ausgerechnet sie ist ausersehen, dem vom Reden durstigen Führer ein Glas Wasser zu reichen. Vom Täter erwartet sie ein Kind. Elser verschafft ihr einen gefälschten Paß. Mit ihm soll sie fliehen. Sie wird in die Schweiz rüberkommen. Eine Nebenhandlung wird erfunden, ein hoher Parteibonze, mit Elsers Verfolgung befaßt, wird von einem (ausgerechnet) jüdischen Freund mit der eigenen Frau betrogen. Sie ist schwanger, aber nicht von dem Freund. Er wird sein eigenes Kind heimlich abtreiben lassen.

Nebenfiguren werden erstellt und in die vage Handlung verwoben. Es gibt einen Helfer (Vadim Glowna), der verschafft Pässe, Zünder und Munition. Ein garstiger SA-Mann, Hans-Michael Rehberg hat mit ihm seinen garstigen Auftritt. Elisabeth Orth spielt die störende Hauswirtin des Attentäters. Viele erfundene, sicher tragisch richtig gemutmaßte Nebenfiguren füllen den Film mit unterschiedlicher Glaubhaftigkeit.

Alle aber bleiben angesichts dieses rätselhaften Einzelgängertums des kühnen, hartnäckigen und glücklosen Elser eben nur romanhaft. Sie zeigen Kinofiguren, keine Menschen.

Brandauer selber, den einsamen Fanatiker und schlichten Helden spielend, ist viel zu wenig erklärbar auf sein welterlösendes Ziel ausgerichtet. Er schweigt. Aber sein Schweigen glüht nicht. Er spielt den Helden. Aber so gradlinig und überzeugend wie Elser doch gewesen sein muß, wirkt er in seiner meist freundlichen Fülle kaum.

Es ist in den meist wunderschön kontrastvoll dunklen Bildern des Kameramanns Lajos Koltai ein sicher mutiger Versuch, die einsame Tat eines Widerstandskämpfers nachzuspielen. Eine Erklärung ist es nicht. Die hat Elser selber gegeben. Er sagt am Ende: ›Einer mußte es tun!‹ Warum gerade er? Das Geheimnis bleibt.« (Friedrich Luft)

… ertappt… abgeführt

Abschied von Anneliese. ... Ist alles in Ordnung? ... Erledigt.

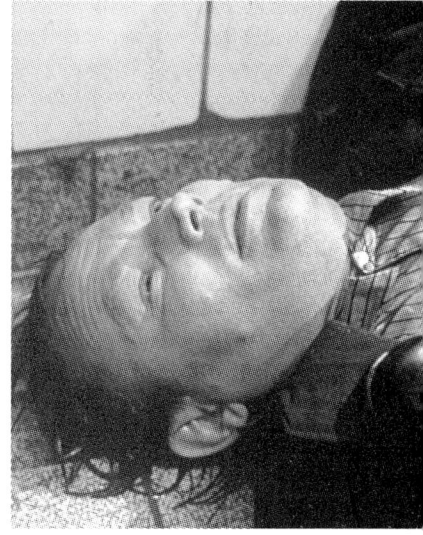

Burning Secret (Großbritannien/USA/BRD 1988)
Brennendes Geheimnis
Regie/Drehbuch: Andrew Birkin, nach der gleichnamigen Novelle von Stefan Zweig. *Kamera:* Ernest Day. *Schnitt:* Paul Green. *Musik:* Hans Zimmer.
Darsteller: Faye Dunaway (Sonya Tuchmann), KLAUS MARIA BRANDAUER (Baron Christian Alexander Maria von Harnstein), David Eberts (Edmund Tuchmann), Ian Richardson (Vater), John Nettleton (Dr. Weiss).
Produktion: Norma Heyman, Eberhard Junkersdorf, Carol Lynn Green, Bob Arnold für N. F. H. C. L. G./Vestron/BA Produktion. *Länge:* 111 (105) Minuten.
Erstaufführung: 7.9.1988 im Wettbewerb der Internationalen Filmfestspiele Venedig. *In den Kinos:* 12.1.1989.
KRITIK: Franz Everschor in filmdienst 1/89; Angela Leifeld in Die Welt, 30.8.1988; Zoom 89/223; Joachim Riedl in Der Spiegel, 9.1.1989; malt (= Michael Althen) in SZ, 12.1.1989; Eva-Maria Lenz in FAZ, 12.1.1989; Nikolaus Müller-Schöll in Die Zeit, 13.1.1989; Heike Kühn in FR, 13.1.1989; MB in Express, 13.1.1989; Fritz Göttler in KStA, 14.1.1989; Thomas Linden in KR, 14.1.1989; Ruprecht Skasa-Weiß in StZ, 18.1.1989.
BAYERISCHER FILMPREIS 1989 für Klaus Maria Brandauer.
INHALT: Ein verschlossener Junge, mit seiner schönen Mutter auf Kuraufenthalt, lernt einen melancholischen Grafen kennen, der angeblich hier seine Zweite-Weltkriegs-Verwundung ausheilt und Interesse für den Jungen vorheuchelt, das nur seiner Mutter gilt. Doch der Junge rächt sich bitterlich.
ZUM FILM: »Mittags saß der Baron, der Einladung der immer freundlicheren Mutter Edgars folgend, an ihrem Tisch. Aus dem Vis-à-vis war ein Nebeneinander geworden, aus der Bekanntschaft eine Freundschaft. Das Terzett war im Gang, und die drei Stimmen der Frau, des Mannes und des Kindes klangen rein zusammen.« – Was bei Tisch gesprochen wird, davon steht in BRENNENDES GEHEIMNIS, der Novelle von Stefan Zweig, nichts. Ein Dreivierteljahrhundert später ist das anders. Da hat das Kino die Erzählung des Österreichers zum gleichnamigen Dekor-Drama ausgekleidet, als deutsch-englische Koproduktion, uraufgeführt auf der Biennale von Venedig. Das Reifestück eines Engländers, dessen Schwester bekannter ist als er selbst: Andrew Birkin, Bruder von Schauspielerin Jane Birkin, Regieassistent bei Kubricks 2001 und Drehbuchautor von DER NAME DER ROSE.

David Eberts und Klaus Maria Brandauer in Andrew Birkins BREN-
NENDES GEHEIMNIS.

Für die Leinwand hat sich der 43jährige Brite einiges einfallen lassen.
Wen wundert's, diktiert die internationale Besetzung doch eine eigene
Verwirrung der Gefühle. Hollywood-Star Faye Dunaway nötigt Zweigs
üppiger Advokatengattin die Züge einer vollschlanken amerikanischen
Diplomatenfrau auf. Und aus Edgar, dem Sohn, ist ein zwölfjähriger
Asthmatiker geworden – das Einzelkind Edmund, mit der Mutter zum
Kuraufenthalt in die Berge geschickt. Nur der Dritte im Bunde darf
sein, was er immer schon war: ein einheimischer Baron aus Wien, von
Klaus Maria Brandauer mit koketter Dekadenz beladen. Ausgangs-
punkt des Seitensprung-Abenteuers: der Flirt mit einem Kind, um das
Herz der Mutter zu erobern. Schlüsselszenen der Verstrickung sind pe-
riodisch verlaufende Tischgespräche: Dinerdialoge als Manöverstrate-
gie.
Die Zweig-Novelle ist schon einmal verfilmt worden, 1933 von Robert

Eine Familie? David Eberts, Klaus Maria Brandauer, Faye Dunaway in
BRENNENDES GEHEIMNIS.

Siodmak. Der berühmte Hollywood-Emigrant über das Schicksal seines Willi-Forst-Vehikels: »Mein Film hatte das Pech, am Tag des Reichs-
tagsbrandes uraufgeführt zu werden. Ganz Berlin lachte über die Koin-
zidenz. Goebbels schrieb im ›Völkischen Beobachter‹ eine großartige
Kritik, verlangte aber gleichzeitig, daß der Film abgesetzt werde, da er
familienzerstörend sei.« Nach drei Tagen verschwand Siodmaks Adap-
tion von der Bildfläche; ihr Regisseur trat die Flucht ins Ausland an.
Da die alte Verfilmung verschollen ist, kann man die neue nicht vergleichen. Auffallend dennoch die Erzählperspektive: nämlich aus der
Sicht eines Knaben, dem das Geheimnis erwachsener Leidenschaft erst
durch den Schmerz der Lüge bewußt wird. Dabei gewinnen Sätze sym-
bolisch Bedeutung. Sinnbildhafte Erkundung bei Vorlage und Film: die
Erforschung der kindlichen Seele. Am Ende steht das »Reiseziel« fest
– der Verlust der Kindheit. Noch aber diktiert Eifersucht das Gesche-
hen. Der Knabe registriert, wie auch die Mutter dem neuen Freund ver-

fällt. Vorzeichen für ein Drama über Verrat und Verstehen: die Chiffren einer wachsenden Dreiecksbeziehung.

Die Sensibilität des Knaben ist auch die einer perfekten Inszenierung. Eine raffinierte Regie demonstriert Feingefühl, wo Eifersucht und Verwirrung das Eintauchen in die Adoleszenz forcieren. Am Ende existiert eine neue Lüge, aus Solidarität vom Sohn erfunden. Während sich der Baron wahrscheinlich zu Tode stürzt (sein Schicksal bleibt ungewiß), flieht ein verstörter Edmund Hals über Kopf zum Vater nach Wien. Als der Diplomat Aufklärung von seiner Frau verlangt, wird der Sohn zum Komplizen der Mutter. Stefan Zweig über den letzten Augenblick einer Kindheit: »Da brach, das Kind fühlte es, plötzlich etwas Warmes, eine ungeheure wilde Beglückung durch seinen ganzen Körper. Er verstand, daß sie ihm das Geheimnis zu hüten gab, daß auf seinen kleinen Kinderlippen ein Schicksal lag. Und ein wilder, jauchzender Stolz erfüllte ihn, daß sie ihm vertraute, jäh überkam ihn ein Opfermut, ein Wille, seine eigene Schuld noch zu vergrößern, um zu zeigen, wie sehr er schon Mann war.« (Jürgen M. Thie)

Das Spinnennetz (BRD/Österreich/Italien 1989)
Regie: Bernhard Wicki. *Drehbuch:* Wolfgang Kirchner, Bernhard Wicki. *Kamera:* Gerard Vandenberg. *Schnitt:* Tanga Schmidbauer. *Musik:* Günther Fischer. *Ausstattung:* Georg von Kieseritzky. *Architekten* Götz Heymann, Karel Face.
Darsteller: Ulrich Mühe (Theodor Lohse), Armin Mueller-Stahl (Baron von Rastschuk), Andrea Jonasson (Rahel Efrussi), Corinna Kirchhoff (Else von Schlieffen), Elisabeth Endriss (Anna), Ullrich Haupt (Baron von Köckwitz), Agnes Fink (Lohses Mutter), Ernst Stötzner (Günter), Andras Fricsay (Klitsche), Peter Roggisch (Prinz Heinrich), Rolf Henniger (Herr Efrussi), Hans Korte (Hugenberg), KyRa Mladeck (Frau von Köckwitz), Hark Bohm (Dada-Künstler), Klaus Abrahamowsky (Literat), Yvonne Remé (Schauspielerin), Martin Umbach (Schloime), Horst Sachtleben (Kommissar), Alfred Hrdlicka (Klaften), Großvater (Josef Tal), Joachim Bliese (Staatssekretär Hilper), Rainer Rudolph (Otto von Köckwitz), Norbert Schwientek (Pisk), Herbert Tennigkeit (Oberst Pauli), Kostas Papanastasiou (Isaakson), Dagmar von Thomas (Frau von Schlieffen), Rainer Penkert (von Badewitz), Marta Lachová-Borchert (Lohses Schwester), Klaus Maria Brandauer (»Lenz«).
Produktion: Jürgen Haase/Provobis/ZDF, Mainz/ORF, Wien/Beta Film, München (Kirch-Gruppe)/RAIDUE, Rom/TVE und Filmexport Bratislava/Prag. *Länge:* 196 Minuten.

Andrea Jonasson und Klaus Maria Brandauer in Bernhard Wickis SPINNENNETZ.

Deutsche Erstaufführung: 20.9.1989 (Berlin). *In den Kinos:* 21.9.1989.

KRITIK: Peter Hasenberg in filmdienst 14/89; Horst Gerhard in KR, 19.5.1989; Hans-Dieter Seidel in FAZ, 20.5.1989; Wolfram Schütte in FR, 20.5.1989; BD (= Brigitte Desalm) in KStA, 20.5.1989; Heike Kühn in FR, 21.9.1989; Peter Buchka in SZ, 21.9.1989; Gert Berghoff in KR, 21.9.1989; HHS (= Hans Heinz Schwarz) in Express, 22.9.1989; Christian Winterfeldt in KStA, 23.9.1989; Sibylle Wirsing in FAZ, 25.9.1989; Norbert Grob in Die Zeit, 29.9.1989; Renée Karthee, Eva Windmöller, Peter Schinzler in Stern, 5.10.1989; Peter Buchka in SZ, 9.6.1990; ms (= Martin Schlappner) in NZZ, 5.9.1992.

INHALT: Deutschland 1918, in Kiel meutern die Marinesoldaten und stoppen den Transfer der deutschen Flotte nach England. Es ist das Ende des Kaiserreichs, und Leutnant Lohse kehrt schwerverletzt nach

176

Ulrich Mühe, Klaus Maria Brandauer und Elisabeth Endriss in DAS SPINNENNETZ.

Hause zurück. Lohse hält nichts von Juden, um so schwerer ist es für ihn, bei Baron Efrussi den Hauslehrer zu spielen. Doch nur hier kann er seine Ränke schmieden – etwa das Vertrauen des reaktionären Barons von Ratschuk zu gewinnen. In Pommern schlägt er einen Aufstand der Landarbeiter nieder und gewinnt das Herz der Else von Schlieffen. Als Hitler und Ludendorff in München putschen, schlägt sein Herz höher: Jetzt kann er weiter nach oben, heiratet die Adlige Else, gelangt ins Justizministerium. Schon bei der Heirat ist er Nationalsozialist, doch noch hält er sich bedeckt, bis alle Zweifel vorbei sind.

ZUM FILM: Bernhard Wicki hat Joseph Roths Roman ausgeweitet, hat das, was danach kam, vorweggenommen und schildert im Verlauf von 180 Minuten den schrecklichen Werdegang eines ganz normalen, bürgerlichen Ungeheuers. Einer der wichtigsten Joseph-Roth-Filme, ein

Alterswerk des großen Schauspielers und Regisseurs Wicki – faszinie-rend und überzeugend besetzt. Der Film ist drei Stunden lang und den-noch kurzweiliges Kino.

Bernhard Wicki in Stern, 5.10.1989, auf die Frage: Wie ging es mit Klaus Maria Brandauer? Wicki: »Es war überhaupt nicht schwierig. Ich ken-ne ihn schon seit 20 Jahren. Ich hab' seinen Weg verfolgt. Bei den Salz-burger Festspielen saß er immer am Tisch des Wiener Theaterdirektors Ernst Haeussermann und hat zugehorcht, war begierig auf alles. Ich fand ihn immer sehr faszinierend. Ich meine, bei den Dreharbeiten war er nicht jeden Tag in derselben Verfassung, in derselben Laune, in der-selben Leichtigkeit. Aber ich persönlich hatte mit ihm nie eine Ausein-andersetzung.«

La Revolution Française (Frankreich/Kanada/Italien/BRD 1989)
I: Les années lumières / II: Les années terribles
Regie: Robert Enrico/Richard T. Heffron. *Drehbuch:* David Ambrose, Daniel Boulanger, Richard Heffron. *Kamera:* François Kationen (1. Film), Berner Zitzermann (2. Film). *Schnitt:* Patricia Nény (1. Film), Martine Barraqué, Peter Hollywood (2. Film). *Musik:* Georges Delerue. *Aus-stattung:* Jean-Claude Gallouin (1. Film), Gérard Daoudal (2. Film). *Ko-stüme:* Catherine Leterrier.

Darsteller: Jane Seymour (Marie Antoinette), Jean-François Balmer (Louis XVI), Christopher Thompson, Andrzej Seweryn (Robespierre), Marianne Basler (Gabrielle Danton), François Cluzet (Camille Des-moulins), KLAUS MARIA BRANDAUER (Danton), Peter Ustinov (Mira-beau), Geneviève Mnich (Madame Duplessis), Henri Serre (Gouver-neur von Launay), Sam Neill (La Fayette), Claudia Cardinale (La Du-chesse de Polignac), Patrick Bauchau (Dumouriez), Vittorio Mezzo-giorno (Marat), Dominique Pinon (Drouet), Hanns Zischler (Johann Wolfgang von Goethe), Hans Meyer (Herzog von Braunschweig), Jean-François Stevenin, Marc de Jonge, Jean Bouise, Serge Dupire, Marie Bunel, Gabrielle Lazure, Massimo Girotti, Michel Galabru, Michel Duchaussoy.

Produktion: Antoine de Clermont-Tonnerre/Alexandre Mnouchkine: Films Ariane, Films A2 (Frankreich), Laura Films, Antea (Italien), Pro-ductions Alliance (Kanada), Thomas Schühly: Alcor Films (BRD). Eastmancolor. *Länge:* 170 + 164 Minuten.

Uraufführung: 22.9.1989; *Kinostart in Paris:* 25.10.1989 (1. Film); 22.11.1989 (2. Film).

INHALT: Im Mai 1789 findet die Versammlung der Generalstaaten statt, 1791 wird die königliche Familie in den Tempel der Templer gebracht. Die Templer hatten zuvor die Monarchie in Paris unterstützt. Im September 1792 schafft die Konvention das Königtum ab und verkündet die Republik. Zum Ende des Jahres findet der Prozeß gegen Ludwig XVI. und Marie Antoinette statt; er endet mit der Exekution des Königspaares am 21. Januar 1793. Danach kommt es zur erbitterten Auseinandersetzung unter den Revolutionsführern. Stück für Stück setzt sich der Terror fort, der auch mit der Hinrichtung Robespierres nicht abgeschlossen ist.

ZUM FILM: »Aufwendiges zweiteiliges Historienspektakel, mit dem sich der greise Produzent Alexandre Mnouchkine ein Denkmal setzen wollte und das den richtigen Glanz zur 200-Jahr-Feier der Französischen Revolution bieten sollte. Für Klaus Maria Brandauer war es ein herrlicher Anlaß, in einem großen Historienfilm an der Seite internationaler Prominenz teilzunehmen. Der Film wurde parallel von zwei Teams und natürlich auch zwei Regisseuren gedreht. Der Brite John Guillermin, der den zweiten Teil drehen sollte und bereits die Schlacht bei Valmy inszeniert hatte, gab die Regie an den US-Routinier Richard T. Heffron ab.« (Robert Fischer)

Robert Enrico: »Die Idee, die gesamte Französische Revolution als Spielfilm auf die Leinwand zu bringen, ist gewagt, wenn nicht vermessen – die Art von Einfall, die nur ein Produzent haben kann. Ein Regisseur denkt an Geschichten, nicht an Geschichte. Diesen Film kann niemand allein realisieren. Bei nur einem Regisseur hätten die Schauspieler und Techniker doppelt so lange verpflichtet werden müssen, und bei der Vielzahl großer Rollen, die mit Stars besetzt sind, wäre das undenkbar gewesen. Die einzige Lösung war, sich den Stoff und die Inszenierung zu teilen.«

White Fang (USA 1990)
Wolfsblut

Regie: Randal Kleiser. *Drehbuch:* Jeanne Rosenberg, Nick Thiel, David Fallon, nach dem gleichnamigen Roman von Jack London. *Second-Unit-Regie:* Gary Capo. *Kamera:* Tony Pierce-Roberts. *Schnitt:* Lisa Day. *Musik:* Basil Poledouris, Fiachra Trench, »Bär«-Thema von Shirley Walker. *Ausstattung:* Michael Bolton. *Kostüme:* Jenny Beaven, John Bright. *Darsteller:* KLAUS MARIA BRANDAUER (Alex Larson), Ethan Hawke (Jack Conroy), Seymour Cassel (Skunker), Susan Hogan (Belinda),

Ethan Hawke und Klaus Maria Brandauer in Randal Kleisers WOLFS-
BLUT.

James Remar (Beauty Smith), Bill Moseley (Luke), Clint B. Youngreen
(Tinker), Pius Savage (Grauer Biber), Aaron Hotch (Kleiner Biber),
Charles Jimmie sr. (alter Indianer), Clifford Fossman (alter Mann 1), Ir-
vin Sogge (alter Mann 2), Tom Fallon (Goldsucher), Dick Mackey
(Goldsucher mit Schlittenhund), Suzanne Kent (Heather), Robert G.
Hoelen (Bargast), George Rogers (Notar), Michael David Lalley
(Sykes), David Fallon (Wachposten), Michael A. Hagen (Teenager),
Diane Benson (Ehefrau von Grauer Biber), Rob Kyker, Tom Yewell
(Erfrorene Goldsucher), John Beers (Sykes, Hundehändler), Van
Clifton (Klavierspieler), Jim Moore (Geigenspieler), Marliese Schnei-
der (Frau in der Nacht).

Produktion: Markay Powell für Hybrid/Silver Screen Partners 4. *Länge:* 116 Minuten.

Erstaufführung: 31.10.1991.

KRITIK: Franz Everschor in filmdienst 19/91; Sabine Horst in FR, 31.10.1991; Jürgen Richter in FAZ, 31.10.1991; KR, 2.11.1991; Otto Heuer in RP, 8.11.1991; multimedia.

ZUM FILM: »Der Österreicher gewinnt dem Part des wortkargen Naturburschen Alex zwar einige Facetten ab, doch wirkt er trotzdem wie in eine falsche Produktion verirrt.« (KR)

The Russia House (USA 1991)
Das Rußland-Haus

Regie: Fred Schepisi. *Drehbuch:* Tom Stoppard, nach dem gleichnamigen Roman von John Le Carré. *Kamera:* Ian Baker. *Schnitt:* Peter Honess. *Musik:* Jerry Goldsmith, Saxophon gespielt von Branford Marsalis. *Darsteller:* Sean Connery (Barley Blair), Michelle Pfeiffer (Katja), Roy Scheider (Russell), KLAUS MARIA BRANDAUER (Dante), James Fox (Ned), John Mahoney (Brady), Michael Kitchen (Clive), J. T. Walsh (Quinn), Ken Russell (Walter), David Threlfall (Wicklow), Max McDonald (Bob) sowie Nicholas Woodeson, Martin Clunes, Ian McNiece.

Produktion: Paul Maslansky, Fred Schepisi für Pathé Enterprise Production. *Länge:* 118 Minuten.

Erstaufführung: 14.3.1991.

KRITIK: Franz Everschor in filmdienst 5/91; Lars-Olaf Beier in tip 6/91; Michael Althen in SZ, 15.3.1991; Heiko R. Blum in RP, 15.3.1991; Brigitte Desalm in KStA, 16.3.1991; Robert Detje in Die Zeit, 29.3.1991; Frauke Hanck in Die Welt, 15.3.1991; Peter Körte in FR, 14.3.1991; Andreas Obst in FAZ, 14.3.1991.

INHALT: Mit dem Agentenarsenal der finsteren Kalter-Kriegs-Tage soll Verleger Barley Blair alias Sean Connery für den britischen Geheimdienst nach kurzer, eindringlicher Instruktion in Moskau schnüffeln. Denn bei der ehrenwerten Organisation ihrer Majestät ist man trotz Glasnost und Perestroika den althergebrachten Methoden treu geblieben.

ZUM FILM: Wäre die US-Produktion nach dem Roman von John Le Carré so naiv, wie sich die knappe Story anhört, so hätten weder Stars wie Sean Connery oder Klaus Maria Brandauer noch ein Drehbuchautor wie Tom Stoppard das genügend aufwerten können. Doch die Geschichte ist – genau betrachtet – viel differenzierter.

181

Dem Australier Schepisi, dem nach seinem Debüterfolg SPIELPLATZ DES TEUFELS und dem poetisch-schönen Kassenflop DIE BALLADE VON JIMMY BLACKSMITH in seiner Heimat die amerikanischen Filme nur mäßige Publikumserfolge brachten, gelang mit RUSSIA HOUSE ein erstaunlich sicher gemachter Unterhaltungsfilm. Schwer zu sagen, ob die knisternde Liebes- und Dreiecksgeschichte zwischen Brandauer, Michelle Pfeiffer und Connery oder die hintergründig-kauzige Parodie auf das klassische Agentenfilmgenre schwerer wiegt.

Was aber hat Regisseur Schepisi bewogen, diese Rußland-Geschichte heute zu realisieren?

Schepisi:»Ehrlich gesagt, bei mir überwog der lange gehegte Wunsch, die Atmosphäre von Moskau und Leningrad kennenzulernen. Als ich das Skript las, verstärkte sich dieser Wunsch. Dann traf ich John Le Carré und Tom Stoppard, das Projekt nahm Gestalt an, und als die Besetzung des Barley mit Connery sicher war, sorgte ich für die Finanzierung. Dann fuhr ich in die Sowjetunion, und das war die Erfüllung eines Traumes.«

Fred Schepisi zeichnet selbst als Produzent verantwortlich. Das ist wichtig für die komplizierte Realisierung. Denn Glasnost und Perestroika hin und Superstar Connery her – ohne die glücklichen Dreh- und Produktionsbedingungen in der UdSSR – etwa mit einem getürkten tschechischen oder ungarischen »Rußland« – wäre es die halbe Freude gewesen.

Schepisi:»Nun, ohne die Möglichkeit, an Originalschauplätzen zu drehen, hätte mich das Ganze nicht interessiert. Es war ein Glücksfall, daß Regisseur und Filmminister Elem Klimow vorhatte, teilweise im Westen sein ambitioniertes Bulgakow-Projekt DER MEISTER UND MARGARITA zu drehen. Wir wurden uns schnell einig: Wir boten Klimow Produktionshilfe und West-Verleih an; er unterstützte uns großzügig in Moskau und Leningrad und wird unseren Film in der Sowjetunion herausbringen.«

So war beiden Seiten geholfen. Und man spürt es diesem RUSSLAND-HAUS an, daß hier eine völlig ungezwungene Drehatmosphäre herrschte. Wie aber kam Ken Russell, das britische Regie-Enfantterrible, als Agent in die Schauspielerriege?

Schepisi:»Er ist doch prima, nicht? Ja, mir war ein guter Mann ausgefallen, und ich mußte plötzlich an Russells Physiognomie denken. Ich wußte überhaupt nicht, ob der auch spielt. Aber ich fand ihn als Typ toll. Wir haben bei ihm nachgefragt, er war sehr belustigt und sagte sofort zu.«

Und in der Tat ist Russell kein Lückenbüßer. Neben Roy Scheider und James Fox als Agenten und Klaus Maria Brandauer als geheimnisvollem Dante sowie dessen Freundin Katja alias Michelle Pfeiffer paßt er genau in diese elegant-ironisch erzählte Kinostory. Und selbst wenn Moskau und Leningrad immer wieder allzu schön und phantastisch im Bild erscheinen, so paßt das voll in diesen Film, der zwar einen realistischen Hintergrund hat, sich diesem aber verschmitzt und spielerisch nähert: Hollywood made in Russia!

Colette
(Bundesrepublik Deutschland/Großbritannien/Frankreich 1991)
Regie: Danny Huston. *Drehbuch:* Ruth Graham. *Kamera:* Wolfgang Treu. *Schnitt:* Peter Taylor/Roberto Silvi. *Musik:* John Scott. *Bauten:* Klaus Wrede.
Darsteller: KLAUS MARIA BRANDAUER (Willy), Mathilda May (Colette), Virginia Madsen (Polaire), Paul Rhys (Chapo), Lucienne Hamon (Sido), Jean Pierre Aumont (Captain), John van Dreelen (Albert), Christoph Eichhorn (Schwob), Jockel Tschiersch (Debussy), Georg Tryphon (Schuldner), Vincent Nadal (Claude), Cecile Bois (Misia), Eva Probst (Mutter), Patrick Fontana (Proust), Delphine Rich (Rosa), Bertrand Treuil (Etienne), Ana Bacchino (Sängerin), Peer Morkenborg (Mann).
Produktion: Heinz Bibo, Peer J. Oppenheimer für Bibo Film/BC Production/Les Films Ariane, Paris. *Länge:* 96 Minuten.
Erstaufführung: 17.10.1991.
KRITIK: Lutz Gräfe in filmdienst 22/91; Uki in Express, 12.10.1991; Heiko R. Blum in RP, 18.10.1991; Fritz Göttler in KStA, 19.10.1991; Thomas Linden in KR, 19.10.1991; ulf in StZ, 18.10.1991; Rose-Maria Gropp in FAZ, 21.10.1991; Ingeborg Harms in FR, 19.10.1991; Hans Günther Pflaum in SZ, 21.10.1991; Carla Rhode in Der Tagesspiegel, 17.10.1991.
INHALT: Aus dem tiefgründigen Blick des hübschen kleinen Schulmädchens Gabrielle Colette spricht schon die Frau, und wenn sie die Aufmerksamkeit des Pariser Verlegers Henri Gauthier-Villars, der gerade einen Romanvorschlag ihres Vaters arrogant abgelehnt hat, auf sich zieht, spätestens aber, wenn er in der Dachkammer den schnurrenden Kater in ihrem Arm streichelt, dann weiß man schon: Hier klappt es mit der Chemie.
Dann die Hochzeitskutsche im pittoresken Paris, die junge Frau stöhnt verzückt, das alles will sie sehen … Und der Film macht – gesagt, getan

COLETTE

– seine Sightseeing-Tour durch Paris – das Moulin Rouge nicht auslas-
send –, und natürlich ist die Stadt an der Seine sündig, pervers; ja sogar
die Opiumpfeife wird probiert.

Da der frischgebackene Ehemann und Lebemann, der vor allem noch eine Beziehung zur schönen Schauspielerin Polaire unterhält, wenig Lust auf Arbeit hat, überredet er bald seine kleine, ihm hörige Frau, aus ihrem intimen Tagebuch einen Bestseller zu machen. 1900 erscheint der erste Colette-Roman, gleich ein Renner, allerdings unter dem Namen des Ehemanns beziehungsweise seines Spitznamens »Willy«. Willy ist immer vorne, er sorgt dafür, daß er King bleibt, und als die Beziehung zwischen Polaire und Colette, die er sorgsam angezettelt hat, zu intim wird, mischt er sich ein. Natürlich weiß Colette bald, die inzwischen reifer wird, daß Willy ihr nur im Weg steht. Zwar wäre sie ohne ihn nichts, doch mit ihm geht es auch nicht: Sie trennen sich, das kleine Schulmädchen, das auch als Ehefrau noch wie ein zerbrechliches Wesen aussieht und immer im Schatten des Mannes steht, zieht jetzt einen Anzug an, legt eine Krawatte um, um zu demonstrieren: Ich bin emanzipiert.

ZUM FILM: Daß Klaus Maria Brandauer dieser Stoff und diese Rolle gereizt hat, ist verständlich, er macht aus ihr, was er kann. Doch von der Regie bekommt er wenig Unterstützung: Danny Huston läßt zumindest hier noch keinen Hauch vom Genie seines Vaters spüren, dessen meisterhaften Paris-Film MOULIN ROUGE er oft, aber erfolglos angesehen haben mag. Und Mathilda May als Colette? Sie schaut allerliebst aus, dann wieder hilflos, ihre Emanzipation nimmt man ihr nicht ab, Virginia Madsen dagegen schon. Sie spielt die ausgekochte, erfahrene Frau, die weiß, wie man mit Mädchen und Männern umgehen muß, überzeugend. Und der Film? Nicht selten, aber auch für Fans nicht oft genug, wird der Soft-Porno bedient, sicher hätte Danny Huston auf diesem Gebiet des delikaten Arrangierens und Ablichtens von erotisch verschlungenen Körpern ein Händchen. Doch dazu braucht man nicht die Autorin der GIGI hernehmen, die immerhin eine der ersten und aufregendsten Schriftstellerinnen unseres Jahrhunderts war.

»Es bedarf eines Klaus Maria Brandauer, um dieses Tête-à-tête nicht in den Kitsch abstürzen zu lassen. Er spielt den Mann von 50 Jahren, ein wenig Lebemann, ein wenig Pykniker, immer etwas Ironie zur Seite steckend, bevor er über sich hinausgeht. Colettes Perserkätzchen hat ihn gebissen, er nimmt ihre Hand, die ihn verarzten will, wird auf den Riß im Fleisch aufmerksam, läßt die Hand fahren, betupft die Verletzung, weiß nicht, wohin mit dem blutigen Finger, und wischt ihn, der Poesie des Augenblicks überdrüssig, auf dem Handrücken Colettes ab. Solcherart sind die kleinen Scharmützel, die sich addieren und Colette aus ihren Träumen schütteln ... Im Zentrum steht Brandauers Willy.« (Ingeborg Harms)

Felidae (BRD 1994)

Regie: Michael Schaack. *Drehbuch:* Martin Kluger, Akif Pirincci, nach dem Roman von Akif Pirincci. *Dialog-Regie:* Angelika Schaack. *Character Design:* Paul Bolger. *Layout Design:* Armen Melkonian. *Regieassistenz:* Veit Vollmer. *Kamera:* Werner Loss. *Schnitt:* Klaus Basler. *Musik:* Anne Dudley.

Sprecher: Ulrich Tukor (Francis), Mario Adorf (Blaubart), KLAUS MARIA BRANDAUER (Pascal/Claudandus), Gerhard Garbers (Preterius), Ulrich Wildgruber (Joker), Helge Schneider (Jesaja), Wolfgang Hess (Kong), Uwe Ochsenknecht (Archie), Michael Habeck (Deep Purple), Christian Schneller (Mendel), Alexandra Ludwig (Pepeline), Tobias Lelle (Hermann 1), Frank Röth (Hermann 2), Mona Seefried (Felicitas), Willi Röpke (Gustav).

Produktion: Hanno Huth für Senator Film/Trickompany/Fondana. Eastmancolor. *Länge:* 85 Minuten.

Uraufführung: 3.11.1994.

KRITIK: Detlef Kühn in epd Film 12/1994; Daniel Kothenschulte in filmdienst 22/1994; Ponkie in SZ, 4.11.1994; Angela Schmitt-Gläser in FR, 5.11.1994; Barbro Schuchardt in KR, 5.11.1994.

INHALT: Ein Mystery-Thriller in der Nachfolge des »film noir«. Katzen sterben in Massen, aber nicht Menschen haben sie getötet: Bißspuren zeigen an, daß der Killer in den eigenen Reihen zu suchen ist. Francis sucht mit Hilfe von Kater Blaubart nach dem Mörder. Hilfe haben sie in Pascal, einem Computerfreak. Doch nur scheinbar, denn Pascal erweist sich als teuflisches Wesen.

ZUM FILM: Klaus Maria Brandauer spricht in diesem mörderischen Katzen-Trickfilm den bösen Pascal und sein Alter ego Claudandus. Den Francis spricht Ulrich Tukor, seinen »Dr. Watson« Blaubart Mario Adorf.

Mario und der Zauberer (BRD/Frankreich/Österreich 1994)

Regie: KLAUS MARIA BRANDAUER. *Drehbuch:* Burt Weinshanker, KLAUS MARIA BRANDAUER. *Kamera:* Lajos Koltai. *Schnitt:* Tanja Schmidbauer. *Musik:* CHRISTIAN BRANDAUER. *Ausstattung/Kostüme:* Peter Pabst. *Bauten:* Adriana Bellone. *Special Effects:* Enrico & Marco Vagniluca.

Darsteller: Julian Sands (Herr Fuhrmann), Anna Galiena (Frau Fuhrmann), KLAUS MARIA BRANDAUER (Cipolla), Pavel Greco (Mario), Valentina Chico (Silvestra), Rolf Hoppe (Prefetto Angiolieri), Elisabeth

Szene aus MARIO UND DER ZAUBERER.

Trissenaar (Sofronia Angiolieri), Philippe Leroy Beaulieu (Graziano), Ivano Marescotti (Pastore), Tony Palazzo (Francesco), Luigi Petrucci (Bürgermeister), Domiziana Giordano (Principessa), Anthony Pfriem (Fuggiero), Vincenzo Bellanich (Principe), Stephanie Bosl (Gouvernante), Franco Concilio (Morcello), Petra Reinhardt (Christina).

Produzent: Jürgen Haase. *Produktion:* Provobis-Film, Roxy-Film, Thorston Näther-Film, BRD, Flach Film, Paris und Satel Film, Wien, sowie ZDF, ORF, Canal+. Kodak-Eastmancolor. *Länge:* 120 Minuten.

Uraufführung: 14.12.1994, Hamburg.

KRITIK: Der Spiegel 49/1994; Bäne in Stadtrevue 12/1994; Andreas Kilb in Die Zeit, 15.12.1994; Verena Lueken in FAZ, 15.12.1994; Peter Buchka in SZ 15.12.1994; Angela Schmitt-Gläser in FR, 15.12.1994; tkl in StZ, 15.12.1994; taz, 15.12.1994; Heiko R. Blum in RP, 16.12.1994; Thomas Koebner in KStA, 17.12.1994; Thomas Linden in KR, 17.12.1994; Claudia Freytag in KStA, 21.12.1994.

INHALT: Italien 1926. Eine vornehme Familie steht am kleinen Bahnhof des Seebads Torre di Venere. Es ist der deutsche Schriftsteller Bernhard Fuhrmann mit Frau und Kindern: er, der eher unauffällige, schüchterne Vater, kurzsichtig mit dicker Brille, die forsch schöne, unternehmungslustige Rachel, seine Frau, die dem, was kommt, klar entgegenschaut, daneben die beiden Kinder Stephan und Sophie. Der Zug ist abgefahren, sie stehen und warten.

Die Fuhrmanns sind irritiert, seit Jahren gehört der bekannte Schriftsteller zu den honorierten Gästen im kleinen italienischen Kurort, heute vergißt man ihn abzuholen, im Grand Hotel hat sich einiges geändert. Der Seniorchef hat nicht mehr das Sagen, der Oberkellner gibt sich überheblich, unfreundlich.

Etwas ist anders in Torre di Venere. Da ist die Principessa mit ihrem Clan, laut, unfein, durchdringend, auch wenn sie nicht gerade auf Tontauben schießt. Sie und dieIhren okkupieren die Terrasse mit dem schönen Ausblick, wo für die Fuhrmanns kein Platz mehr ist. Auch ihre Luxussuite müssen sie räumen, doch statt ins Nebengebäude zu ziehen, nehmen sie die Einladung der Signora Sofronia an. Die etwas überspannte, aufdringliche Person soll eine bekannte Sängerin gewesen sein, Geliebte Puccinis gar, wie es selbst den Ehemann und Polizeichef von Torre di Venere schmeichelt. Zu ihnen ziehen die Fuhrmanns, hier finden sie Geborgenheit, Gemütlichkeit.

Sonst herrscht eine kühle, unfreundliche Stimmung vor. Martialische Töne; das neue Italien macht sich breit, und das spürt Fuhrmann sehr deutlich, als er den Vortrag über die Verantwortung des Schriftstellers in der Gesellschaft hält, zu dem man ihn eingeladen hat; die Feindseligkeit gegenüber dem Ausländer ist nicht zu übersehen. Und dann ist da noch dieser Gaukler und Magier Cipolla, der die Kinder und Erwachsenen fasziniert mit seiner bösen, inhumanen Spielschau.

ZUM FILM: Schon in der Exposition – sie ist einer der Höhepunkte in Klaus Maria Brandauers schwieriger Thomas-Mann-Adaptation – wird das Klima der Irritation spürbar. »Ein tragisches Reiseerlebnis« nennt Thomas Mann seine autobiographische Erzählung, und Brandauers Regie läßt keinen Moment lang den Aspekt aus den Augen, daß sich hier in Italien trotz sommerlicher Hitze das Klima rapide abgekühlt hat.

Thomas Manns Erzählung von 1930 bietet das Gerüst für Brandauers Film. Nicht erst am geänderten Schluß spürt der Zuschauer, was den Schauspieler und Regisseur an diesem kleinen, poetischen Entwurf gerade heute fasziniert hat: Der Beginn einer neuen Epoche, der Faschismus hält Einzug mit Radikalität, bigottem Verhalten und Feindschaft. Hier fällt auf einmal auf einen Deutschen oder Deutschsprachigen etwas zurück, was in unserem Land gerade wieder virulent ist: Intoleranz, Fremdenfeindlichkeit, überhebliches Nationalgefühl.

»Thomas Mann zeigt anhand der Figur des Cipolla, wie Menschen über manipulative Kräfte verfügen, wenn sie dafür begabt sind, wie sie andere, eine Masse verführen können und daß sich Menschen aller sozialer Schichten einfangen lassen und wie leicht es ist, das als Kunst, als etwas Übernatürliches auszugeben, wenn alle im Publikum gemeinsam auf eine Ebene gebracht werden.« Thomas Mann läßt dieses Ekel am Ende sterben, bei Brandauer überlebt es: »Das ist eigentlich heute, 70 Jahre später zwingend, denn der Repräsentant des Faschismus ist ja nicht tot, das Übel lebt weiter, also muß auch Cipolla leben«, sagt Brandauer.

Da gibt es hinreißende Momente: die Ankunft und die Abreise, das furios inszenierte und fotografierte Kellnerrennen (Kamera: Lajos Koltai), die grausame Meute von Urlaubern am Strand, die sich ereifern über die Nacktheit der unschuldigen kleinen Sophie. Und die Musik von Christian Brandauer unterstreicht sehr dezent, sehr zurückhaltend diese Stimmung, diese Bedrohung – ohne daß sie zur Untermalung dient.

Schwierigkeiten kann man mit der unterschiedlichen Spielweise haben: Rolf Hoppe und Elisabeth Trissenaar spielen den Polizeichef und die Ex-Sängerin effektvoll aus, machen aus ihren Rollen kleine Kabinettstückchen, während die anderen Schauspieler sehr verhalten, kühl, zurückhaltend agieren: der Kellner Mario (eindringlich: Pavel Greco), der Hoteldirektor Graziano (Philippe Leroy Beaulieu) sowie der Schriftsteller (Julian Sands – trefflich in der Rolle des nach außen hin profillosen, bläßlichen Duckmäusers) und seine Frau Rachel (Anna Galiena, anziehend schön). Und Klaus Maria Brandauer? Er genießt die Rolle des Cipolla und gibt ihr doch genügend Distanz. Wie er, der auf der Bühne brennt, in den Kulissen nur mühsam zusammengehalten wird von Bandagen und Korsett: der Verführer hat auch seine armselige Seite, er ist wie ein Stück Kulisse, das nur auf der vom Scheinwerferlicht beleuchteten Seite glänzt. Zwischen optischem Reichtum und den unterschwelligen Nuancen der Umbruchstimmung, das hat nicht die Wucht wie Brandauers GEORG ELSER. Man vermißt manchmal etwas von Magie. Vielleicht liegt das an der allzu großen Opulenz? 15 bis 20 Millionen kosten heute derartige Filme, das ist kaum einspielbar. Brandauer hat so viel Energie, Kraft und künstlerisches Potential investiert. Das erkennt man. Doch gelingt es, den Film jenen schmackhaft zu machen, die sich schamvoll angesprochen fühlen sollten?

Die Wand
Regie: KLAUS MARIA BRANDAUER. *Drehbuch:* KARIN BRANDAUER, nach dem Roman von Marlen Haushofer. *Musik:* CHRISTIAN BRANDAUER.
Darsteller: Corinna Harfouch (die Frau).
Projekt in Vorbereitung

Klaus Maria Brandauer: Fernsehfilme

Die Ballade von Peckham Rye (Österreich/BRD 1965)
Aufführung des Europa-Studio, Salzburg.
Regie: Jan Biczycki. *Drehbuch:* Schauspiel von Muriel Spark, Christopher Holme, nach dem Roman von Muriel Spark. *Musik:* Tristram Cary.
Ausstattung: Ewa Starowieyska, Franciszek Starowieyski.
Darsteller: Heinz Reinecke, Waltraut Schmahl, Eduard Marks, Sylvia Lukan, Brigitte Grothum, KLAUS MARIA BRANDAUER, Helmut Griem.
Produktion: ORF/WDR. Schwarzweiß. *Länge:* 119 Minuten.
Sendung: ORF: 10.2.1966. ARD: 7.3.1966.

Das Käthchen von Heilbronn (BRD 1966)
Regie: Karl Heinz Stroux, nach dem Bühnenstück von Heinrich von Kleist. *Fernsehregie:* Werner Schlechte. *Kamera:* Günter Clemens. *Ausstattung:* Pit Fischer.
Darsteller: Waldemar Schütz (der Kaiser), Wolfgang Arps (Friedrich Wetter, Graf vom Strahl), Gerda Maurus (Gräfin Helena, seine Mutter), Elvira Hofer (Eleonore), Wolfgang Haubner (Ritter Flammberg, Vasall des Grafen), Wolfgang Grönebaum (sein Knecht Gottschalk), Maria Alex (Brigitte, Haushälterin im gräflichen Schloß), Ingrid Ernest (Kunigunde von Thurneck), Dorothea Kaiser (Kammerzofe Rosalie), Arthur Mentz (Theobald Friedeborn, Waffenschmied aus Heilbronn), Nicole Heesters (seine Tochter Käthchen), KLAUS MARIA BRANDAUER (Gottfried Friedeborn, Bräutigam).
Produktion: ZDF. Schwarzweiß. *Länge:* 105 Minuten.
Sendung: ZDF/SF-SRG: 12.5.1968.

Der junge Richter (Österreich 1969)
Regie: Edwin Zbonek.
Aus der Fernsehreihe »Der alte Richter«.

Juno und der Pfau (Österreich 1969)
Regie/Drehbuch: Karl Fruchtmann, nach dem Schauspiel von Sean O'Casey. *Musik:* Graziano Mandozzi.
Darsteller: Walter Richter (Captain Jack Boyle), Eva Zilcher (Juno Boyle, seine Frau), KLAUS MARIA BRANDAUER (Johnny Boyle, ihr Sohn), Brigitte Swoboda (Mary Boyle, ihre Tochter), Rudolf Wessely (Joxer Dsaly), Bruni Löbel (Mrs. Maisie Madigan), Bruno Hübner

(Schneider »Nadel«-Nugent), Dorothea Neff (Mrs. Tancred), Joachim Bissmeier (Jerry Devine), Achim Benning (Charlie Bentham, Lehrer), Willy Schubert (Kohlenhändler), Erich Schwanda (Nähmaschinenhändler), Bruno Thost (Mobilmacher), Rolf Parton, Werner Prinz (zwei Freiwillige), Anton Pointecker (Möbelpacker), Armand Ozory (Nachbar).

Produktion: ORF. Schwarzweiß. *Länge:* 130 Minuten.
Sendung: ORF: 14.12.1969. ORF 2: 16.1.1973.
KRITIK: Dieter Sparrer in KStA vom 1.4.1981.

Wie es euch gefällt (Österreich 1969)
Regie: Otto Schenk. *Bearbeitung:* Otto Schenk, Peter Weiser, nach dem Schauspiel von William Shakespeare. *Ausstattung:* Gerhard Hruby. *Musik:* Gerhard Wimberger.
Darsteller: Ernst Fritz Fürbringer (Herzog in der Verbannung), Alexander Golling (Herzog Friedrich, sein Bruder), Erwin von Gross (Amiens), Romuald Pekny (Jacques), Heinz Payer (Edelmann beim Herzog), Tom Krinzinger (Edelmann bei Friedrich), Michael Heltau (Orlando), Herbert Propst (Charles, ein Ringer), Carlo Böhm (Denis, Bediente Olivers), KLAUS MARIA BRANDAUER (Silvius, ein junger Schäfer), Georg Bucher (Corinnus, ein alter Schäfer), Rudolf Rösner (Ehrn Olivarius Textdreher, ein Pfarrer), Heinz Marecek (Wilhelm, ein Bauernbursch), Kurt Heintel (Oliver), Otto Schenk (Narr Probstein), Sabine Sinjen (Rosalinde), Sylvia Lukan (Celia), Gertraud Jessner (Phoebe), Lotte Ledl (Käthchen), Achim Benning (Jakob), Hans Thimig (Adam), Heinrich Trimbur (Monsieur le Beau).
Produktion: ORF. Farbe. *Länge:* 136 Minuten.
Sendung: ORF: 6.1.1970. BR 3: 24.12.1973. S 3: 20.2.1975. ARD: 8.5.1975.

Das Wort (Österreich 1969)
Regie: Ernst Haeussermann, nach der Tragikomödie von Arthur Schnitzler in der Bearbeitung von Friedrich Schreyvogl am Theater in der Josefstadt, Wien. *Fernsehregie:* Peter Stockmeier. *Ausstattung:* Lois Egg.
Darsteller: Leopold Rudolf (Anastasius Treuenhof), Alfred Reiterer (Ferdinand Neumann), Guido Wieland (Gleissner), Kurt Sowinetz (Rapp), Vilma Degischer (Franziska Langer), KLAUS MARIA BRANDAUER (Willi), Marianne Nentwich (Berta), Hans Holt (Hofrat Rudolf Winkler, ihr Bruder), Kurt Heintel (Van Zack), Eva Kerbler (Lisa, seine Frau), Toni Hitz (Frau Flatterer), Ernst Waldbrunn (Nachtigall),

Helmuth Schleser (Sektionsrat Mayer), Edith Leyrer (Albine), Brigitte Neumeister (Tini), Heribert Aichinger (ein Kellner).
Produktion: ORF. Schwarzweiß. *Länge:* 130 Minuten.
Sendung: ORF: 7.5.1970. ORF 2: 29.12.1979.

Der Tag des Krähenflügels (Österreich 1970)
Regie/Bearbeitung: Franz Josef Wild, nach dem Schauspiel von Lida Winiewicz. *Ausstattung:* Rudolf Schneider-Manns-Au.
Darsteller: Günter Haenel (Peppino), O. W. Fischer (Machiavelli), Leonard Steckel (Marcello), KLAUS MARIA BRANDAUER (Capponi).
Produktion: ORF. Schwarzweiß. *Länge:* 47 Minuten.
Sendung: ORF: 26.4.1970. ORF 2: 26.8, 1971.

Friede den Hütten! Krieg den Palästen! (BRD 1970)
Regie: Gerhard Klingenberg. *Drehbuch:* Jürgen Scheschkewitz, nach Episoden des Romans »Georg Büchner – Eine deutsche Revolution« von Kasimir Edschmid. *Ausstattung:* Horst Klös.
Darsteller: KLAUS MARIA BRANDAUER (Georg Büchner), Siegfried Wischnewski (Ludwig Weidig), Peter Lühr (Hofrat Georgi), Paul Hoffmann (Großherzog Ludwig I.), Thomas Stroux (Karl von Minnigerode), Kurt Beck (Konrad Kuhl), Franz Kutschera (Kriminalrichter), Hans Richter (Festredner), Joachim Böse (Polizeikommissar), Rudolf Wessely (Untersuchungskommissar), Josef Fröhlich (Protokollführer), Anfried Krämer (Gefängnisdirektor), Claus Berlinghoff, Walter Born, Jochen Rühlmann, Ralf Schneider, Hans Stetter.
Produktion: Wolfgang Völker, Hessischer Rundfunk. Schwarzweiß. *Länge:* 60 Minuten.
Sendung: ARD: 23.6.1970. HR 3: 8.1.1972.

Emilia Galotti (Österreich 1970)
Regie: Fritz Kortner, nach dem Trauerspiel von Gotthold Ephraim Lessing. *Fernsehregie:* Otto Anton Eder. *Musik:* Gerhard Schmidinger. *Ausstattung:* Monika Zallinger.
Darsteller: Marianne Nentwich (Emilia), Grete Zimmer (Mutter, Claudia Galotti), Erik Frey (Vater Odoardo Galotti), Alfred Reiterer (Graf Appiani), Susanne von Almassy (Gräfin Orsina), Kurt Heintel (Marinelli, Kammerherr des Prinzen), KLAUS MARIA BRANDAUER (Prinz Hettore Gonzaga, Prinz von Guastalla), Heribert Aichinger (Camillo Rota von des Prinzen Räten), Ferdinand Kaup (Maler Conti), Karl Hellmich (ein Kammerdiener).

Kurt Heintel, Klaus Maria Brandauer in EMILIA GALOTTI.

Produktion: ORF. *Länge:* 113 Minuten.
Sendung: ORF: 22.7.1971.

Zum großen Wurstel (BRD 1971)

Regie/Drehbuch: Oscar Fritz Schuh, nach dem Schauspiel von Arthur Schnitzler. Aus dem Comoedienhaus Wilhelmsbad, nach einer Aufführung der Salzburger Festspiele. *Kamera:* Horst Thürling. *Musik:* Eckart Ihlenfeld. *Ausstattung:* Rudolf Heinrich.
Darsteller: Fritz Muliar, Curth A. Tichy, Karl Friedrich, Fritz Holzer, Bruno Dallansky, Louise Martini, KLAUS MARIA BRANDAUER.
Produktion: Hessischer Rundfunk. Farbe. *Länge:* 43 Minuten.
Sendung: HR 3: 1.5.1971. ARD: 22.5.1972.

Oscar Wilde (BRD 1972)

Regie/Drehbuch: Hansgünther Heyme, nach dem Schauspiel von Carl Sternheim. *Kamera:* Klaus Günther. *Musik:* Werner Haentjes, nach Motiven von Richard Wagner.

Darsteller: KLAUS MARIA BRANDAUER (Oscar Wilde), Hans Quest (Lord Tusby), Edwin Noël (Lord Alfred Douglass), Doris Kunstmann (Sir Hugh Dundee), Gundel Thormann (eine Dame), Wolfgang Weiser (Robert Ross), Rudolf Schündler (Professor Smith), Heinrich Fürst (Marquis Desmond Queensberry), Werner Abrolat (wahrsagender Herr), Dieter Brammer (der Wirt), Michael von Harbach (François), Katren Gebelein, Horst Sachtleben, Nikolaus Schilling, Edmund Saussen, Götz Burger, Joachim Hackethal.

Produktion: FSM für ZDF. *Farbe. Länge:* 80 Minuten.

Sendung: ZDF: 11.10.1972.

Weh' dem, der lügt! (Österreich 1972)

Regie: Ernst Haeussermann, Aufzeichnung der Komödie von Franz Grillparzer, in der Aufführung der Burgspiele Forchtenstein, Burgenland. *Bühnenbild:* Eugen Spurny.

Im Wiener Theater in der Josefstadt inszenierte Otto Schenk William Shakespeares WAS IHR WOLLT ...

Darsteller: Fred Liewehr, Christian Futterknecht, KLAUS MARIA BRANDAUER, Jochen Brockmann, Cornelia Froboess.
Produktion: ORF. Farbe. *Länge:* 85 Minuten.
Sendung: BR 3: 11.11.1972.

Was ihr wollt (Österreich/BRD 1973)
Regie: Otto Schenk. *Fernsehbearbeitung:* Otto Schenk/Peter Weiser, nach der Komödie von William Shakespeare. Aufzeichnung aus dem Landestheater Salzburg. *Ausstattung:* Günther Schneider-Siemssen. *Musik:* Gerhard Wimberger.
Darsteller: KLAUS MARIA BRANDAUER (Orsino), Christine Ostermayer (Viola), Wolfgang Hübsch (Sebastian), Sabine Sinjen (Olivia), Christiane Hörbiger (Maria), Hans Dieter Zeidler (Junker Tobias), Helmuth Lohner (Junker Andreas Bleichenwang), Josef Meinrad (Malvolio), Heinz Marecek (Fabio), Karl Paryla (Narr), Rudolf Melichar (Antonio), Frantisek Palka (Schiffshauptmann), Philipp Zeska (Priester), Miguel Herz-Kestranek (Valentin), Heinz Rohn (Curio), Anton Pointecker (erster Gerichtsdiener), Dietrich Schlederer (zweiter Gerichtsdiener).
Produktion: ORF. Farbe. *Länge:* 170 Minuten.
Sendung: ORF + ZDF: 2.9.1973.

Wienerinnen (Österreich 1973)
Regie/Drehbuch: Dietrich Haugk, nach der Komödie von Hermann Bahr. *Kamera:* Jan Kalis. *Ausstattung:* Roman Weyl.
Darsteller: Nina Sandt, KLAUS MARIA BRANDAUER, Sylvia Lukan, Klaus Witzbolz, Heinz Marecek, Kurt Heintel, Ida Krottendorf.
Produktion: ORF/ZDF. Farbe. *Länge:* 90 Minuten.
Sendung: ORF: 25.12 1973. ZDF: 15.1.1974. DRS: 15.1.1975.

Der Widerspenstigen Zähmung (BRD 1974)
Regie/Drehbuch: Otto Schenk, nach der Komödie von William Shakespeare. *Kamera:* Hans Egon Koch. *Musik:* Gerhard Wimberger. *Ausstattung:* Walter Dörfler.
Darsteller: Heinz-Leo Fischer (Baptista), Erwin Faber (Vincentio), Wolfgang Hübsch (Lucentio), KLAUS MARIA BRANDAUER (Petruchio), Otto Bolesch (Gremio), Christine Ostermayer (Katharina), Ilse Neubauer (Bianca).
Produktion: Reiner Geis/Peter Grassinger, Bayerischer Rundfunk. Farbe. *Länge:* 108 Minuten.

Sendung: BR 3: 21.9.1974. N 3 + HR 3 + WDR: 3.1.1975. ARD: 1.1.1976.26.12.1978. ORF: 25.12.1977.

Das Konzert (Österreich 1974)
Regie/Drehbuch: Dietrich Haugk, nach der Komödie von Hermann Bahr. *Kamera:* Lothar Stickelbrucks, Klaus Günther. *Ausstattung:* Roman Weyl.
Darsteller: Walther Reyer (Gustav Heink), Maria Schell (Marie Heink), KLAUS MARIA BRANDAUER (Dr. Franz Jura), Sylvia Lukan (Delfine Jura), Beatrice Richter (Eva Gerndl), Hugo Gottschlich (Herr Pollinger), Gusti Wolf (Frau Pollinger).
Produktion: Neue Thalia-Filmgesellschaft Wien für ZDF/ORF/SF-SRG. *Produzent:* Helmut Brielmann. Farbe. *Länge:* 105 Minuten.
Sendung: ORF: 26.10.1974. DRS: 29.3.1975. ZDF: 31.3.1975.

Die Verschwörung des Fiesco zu Genua (BRD 1974)
Regie: Franz Peter Wirth. *Drehbuch:* Oliver Storz nach dem republikanischen Trauerspiel von Friedrich von Schiller. *Kamera:* Wolfgang Treu. *Musik:* Eugen Thomass. *Ausstattung:* Michael Pilz.
Darsteller: KLAUS MARIA BRANDAUER, Rudolf Fernau, Heinz Ehrenfreund, Christine Buchegger, Senta Berger, Hans Caninenberg.
Produktion: Bavaria. Farbe. *Länge:* 120 Minuten.
Sendung: ZDF: 26.12.1975. ORF: 18.11.1976.

Ein treuer Diener seines Herrn (Österreich 1975)
Regie: Ernst Haeussermann, nach dem Schauspiel von Franz Grillparzer. Aufzeichnung einer Aufführung der Burgspiele Forchtenstein, Burgenland. *Fernsehregie:* Hermann Lanske. *Musik:* Kurt Werner. *Ausstattung:* Karl Eugen Spurny.
Darsteller: Walther Reyer (König Andreas von Ungarn), Sonja Sutter (Gertrude, seine Gemahlin), Ronald Leitner (ihr Kind Bela), KLAUS MARIA BRANDAUER (Herzog Otto von Meran, Bruder der Königin), Leopold Rudolf (Bancbanus), Sabine Sinjen (Erny, seine Frau), Michael Janisch (Graf Simon, Bruder des Bancbanus), Peter Neusser (Graf Peter, Ernys Bruder), Robert Werner (Hauptmann des königlichen Schlosses), Claus Viller, Reinhold Tischler (zwei Edelleute von Herzog Ottos Gefolge), Andreas Adams (ein königlicher Kämmerer), Maria Kilinger (Kammerfrau der Königin), Vera Gassler (Ernys Kammerfrau), Adolf Bur, Erwin Höfler (zwei Diener des Bancbanus), Hannes Lewinski (Diener des Königs).

Produktion: ORF. Farbe. *Länge:* 90 Minuten.
Sendung: ORF 2: 6.7.1975. ORF: 7.6.1979.

Pfandhaus (BRD 1975)
Aus der Reihe »Derrick«.
Regie: Dietrich Haugk. *Kamera:* Manfred Ensinger. *Musik:* Eugen Thomass. *Ausstattung:* Wolf Englert/Margret Finger.
Darsteller: Horst Tappert (Oberinspektor Derrick), Fritz Wepper (Inspektor Klein), Max Mairich (Gustl Karruska), Doris Kunstmann (Ursula Mangold), KLAUS MARIA BRANDAUER (Erich Forster), Gusti Wolf (Frau Thieme), Dirk Dautzenberg (Albert Schröder), Robert Meier (Ingo Behr), Jane Tilden (Frau Bänker), William Ray (Killy), Johanna von Koczian (Renate Konrad), Doris Arden (Helga Löhr), Günther Stoll.
Produktion: Telenova für ZDF/ORF/DRS. Farbe. *Länge:* 60 Minuten.
Sendung: DRS: 22.7.1975. ZDF/ORF 2: 27.7.1975.

Klaus Maria Brandauer mit Doris Kunstmann, Horst Tappert, Max Meirich, Fritz Wepper in DERRICK.

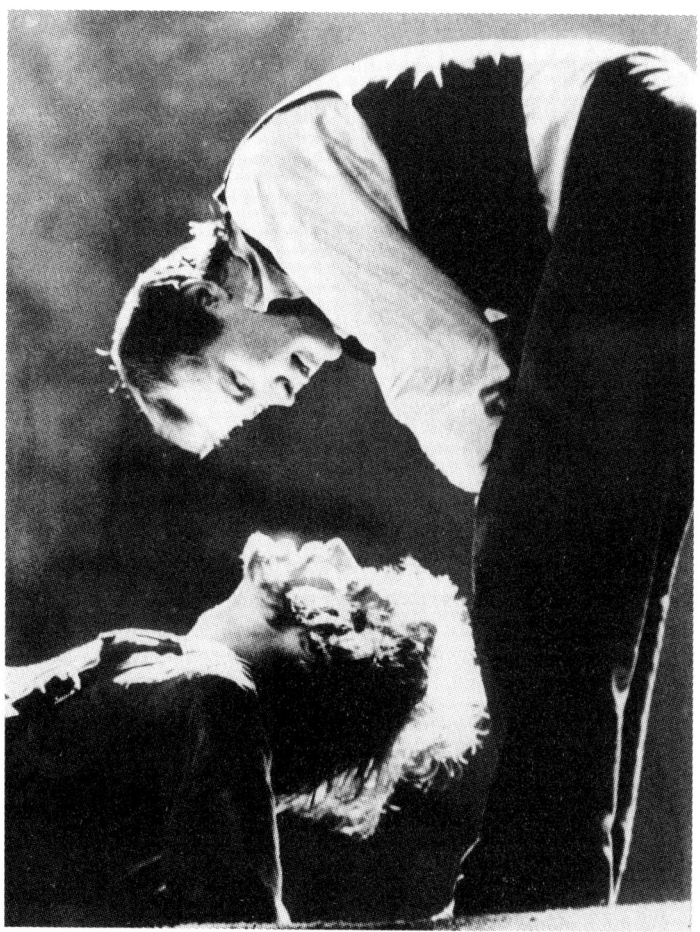

Prinz Leonce und sein Freund Valerio, Klaus Maria Brandauer und Peter Brogle in Georg Büchners LEONCE UND LENA *in der Inszenierung von Johannes Schaaf.*

Leonce und Lena (Österreich/BRD 1975)
Regie/Bearbeitung: Johannes Schaaf, nach der Komödie von Georg Büchner, für das Landestheater Salzburg. *Ausstattung:* Wilfried Minks. *Musik:* Peer Raben.
Darsteller: Romuald Pekny (König Peter), KLAUS MARIA BRANDAUER (Leonce), Marianne Nentwich (Rosetta), Sylvia Manas (Lena), Peter

Broglé (Valerio), Rosemarie Fendel (Gouvernante), Peter Matic (Zeremonienmeister), Erik Frey (Präsident), Konrad Materna (Hofprediger), Anton Pointecker (Landrat), Werner Schnitzler (Schulmeister), Helmut Pick (Polizist).
Produktion: ORF/ZDF. Farbe. *Länge:* 100 Minuten.
Sendung: ORF: 7.9.1975. ZDF: 29.10.1975.

Frag nach bei Casanova (BRD 1975)
Regie: Peter Eschberg.

Im Sauwald (Österreich 1976)
Dokumentarfilm.
Regie: KARIN BRANDAUER. *Drehbuch:* Friedrich Zauner.
Sprecher: KLAUS MARIA BRANDAUER.
Produktion: Interspot. 16 mm. Farbe. *Länge:* 45 Minuten.

Die Babenberger in Österreich (Österreich 1976)
Wir waren zwölf (2 Teile)
Regie: Fritz Umgelter. *Drehbuch:* Harald Zusanek. *Ausstattung:* Gerhard Hruby, Erich Zechmeister. *Musik:* Johannes Fehring.
Darsteller: KLAUS MARIA BRANDAUER, Hannelore Elsner, Sigmar Solbach, Günter Mack, Alfred Reiterer, Uwe Falkenbach, Günter Strack, Mijou Kovacs.
Produktion: ORF. Farbe. *Länge:* 96 + 98 Minuten.
Sendung: ORF: 26. + 28.10.1976. HR 3 + S 3: 28. + 30.12.1976. BR 3: 3.1.1977. N 3: 15. + 22.10.1977.

Darf ich mitspielen? (Österreich/BRD 1976)
Voulez-vous jouer avec moi?
Regie/Drehbuch: Walter Davy, nach dem Schauspiel von Marcel Achard, aus dem Zirkuszelt bei Hallein/Salzburg. *Fernsehbearbeitung:* Ruth Kerry/Walter Davy. *Regieassistenz:* Henny Riffel. *Kamera:* Helmut Fibich/Felix Kränkl/Ernst Meyer. *Schnitt:* Walter Hauk. *Musik:* Gerhard Wimberger. *Kostüme:* Edith Almislino.
Darsteller: KLAUS MARIA BRANDAUER (August), Otto Schenk (Crockson), Heinz Petters (Rascasse), Gertraud Jesserer (Isabelle), Karl Heinz Tittelbach (Mes. Loyal), Brigitte Brucek (Nummerngirl).
Produktion: ORF/ZDF. *Produktionsleitung:* Verena Eder-Leitner. Farbe. *Länge:* 73 Minuten.
Sendung: ORF: 9.12.1976. ZDF: 29.7.1977.

Kabale und Liebe (Österreich/BRD 1976)

Regie/Drehbuch: Gerhard Klingenberg, nach dem bürgerlichen Trauerspiel von Friedrich von Schiller. *Ausstattung:* Josef Swoboda.

Darsteller: Alexander Trojan (Präsident von Walter), KLAUS MARIA BRANDAUER (Ferdinand, sein Sohn), Sebastian Fischer (Hofmarschall von Kalb), Johanna Matz (Lady Milford), Norbert Kappen (Haussekretär Wurm), Erich Auer (Stadtmusikant Miller), Judith Holzmeister (seine Frau), Gertraud Jesserer (ihre Tochter Luise), Hilke Ruthner (Sophie, Kammerjungfer der Lady), Klaus Behrendt (Kammerdiener des Fürsten), Franz Zelinka (Diener des Präsidenten), Wolfgang Janich (Diener der Lady Milford).

Produktion: ORF/ZDF. *Farbe. Länge:* 130 Minuten.

Sendung: ORF 2: 26.12.1976. ZDF: 27.3.1977.

Der Stumme (BRD 1976)

Aus der Reihe »Sonderdezernat K 1«.

Regie: Peter Schulze-Rohr. *Drehbuch:* Maria Matray, Answald Krüger. *Kamera:* Hans-Joachim Theuerkauf. *Ausstattung:* Lorenz Withalm.

Darsteller: Gert Günter Hoffmann, Hubert Juschka, Peter Lakenmacher, Claus Ringer, Karin Baal, KLAUS MARIA BRANDAUER, Günter Mack, Uwe Friedrichsen.

Produktion: NDR Studio Hamburg. *Farbe. Länge:* 65 Minuten.

Sendung: DRS: 11.1.1977. ARD: 27.1.1977.

Die Jüdin von Toledo (Österreich 1977)

Regie/Bearbeitung: KLAUS MARIA BRANDAUER. Aufzeichnung des Schauspiels von Franz Grillparzer von den Burgspielen Forchtenstein.

Darsteller: KLAUS MARIA BRANDAUER, Kitty Speiser, Anita Lochner, Christine Kaufmann, Guido Wieland, Walther Reyer.

Produktion: ORF. *Farbe. Länge:* 90 Minuten.

Sendung: ORF: 21.7.1977. BR 3: 3.1.1978.

Zum großen Wurstel (Österreich 1977)

Regie/Bearbeitung: KLAUS MARIA BRANDAUER, nach dem Einakter von Arthur Schnitzler, aus dem Theater in der Josefstadt, Wien. *Ausstattung:* Walter Dörfler.

Darsteller: Guido Wieland, Albert Rueprecht, Stephan Paryla, Heribert Sasse.

Produktion: ORF. *Farbe. Länge:* 75 Minuten.

Sendung: ORF: 1.9.1977 (zusammen mit »Der grüne Kakadu«).

Der grüne Kakadu (Österreich 1977)
Regie/Bearbeitung: KLAUS MARIA BRANDAUER, nach dem Einakter von Arthur Schnitzler, aus dem Theater in der Josefstadt, Wien. *Ausstattung:* Walter Dörfler.
Darsteller: Albert Rueprecht, Heribert Sasse, Marianne Nentwich.
Produktion: ORF. Farbe. *Länge:* 80 Minuten.
Sendung: ORF: 1.9.1977 (zusammen mit »Zum großen Wurstel«). ORF 2: 19.1.1980. S 3 (vom SDR): 24.1.1980.

Poesie und Revolution (Österreich 1977)
Dokumentarfilm über Georg Büchner aus der TV-Reihe »Nachlese«.
Regie: KARIN BRANDAUER. *Drehbuch:* Heide Kouba, KARIN BRANDAU-ER. *Darsteller:* KLAUS MARIA BRANDAUER.
Produktion: ORF. 16 mm. Farbe. *Länge:* 50 Minuten.

Eine florentinische Nacht (Österreich 1977)
Regie/Drehbuch: KARIN BRANDAUER, nach Heinrich Heine.
Darsteller: Christiane Hörbiger, KLAUS MARIA BRANDAUER.
Produktion: ORF. 16 mm. Farbe. *Länge:* 30 Minuten.

Die Bräute des Kurt Roidl (Österreich 1978)
Regie: Gernot Friedel. *Drehbuch:* Heinz Vegh, nach einer Idee von Herbert Berger. *Kamera:* Heinz Neuhaus. *Musik:* Dieter Wittig.
Darsteller: KLAUS MARIA BRANDAUER, Kitty Speiser, Eva Rieck, Helly Servi, Erich Auer.
Produktion: Scheiderbauer Produktion, Wien. Farbe. *Länge:* 90 Minuten.
Sendung: ORF 1: 17.9.1978. ORF 2: 23.8.1979. ORF 1: 5.6.1982. ZDF: 2.1.1979. DRS: 21.1.1982. 3SAT: 16.5.1986.

Jeane Christophe (Frankreich/BRD 1978/79)
Regie: François Villiers. *Drehbuch:* Daniel Christoff, Claude Mourth, François Villiers, nach dem Roman von Romain Rolland. *Kamera:* Horst Schier, Paul Soulignac-Thomas. *Musik:* B. Rigutto.
Darsteller: KLAUS MARIA BRANDAUER, Bruno Devoldre, Maia Simon, Virginie Billetdoux, Jean-Claude Arnaud, Philippe Laudenbach, Ca-thérine Rouvel, Herlinde Latzko, Andrea Rau, Dinah Hinz, Peter Lühr, Gunnar Möller, Willy Semmelrogge, Magali Noel, Geneviève Casile, Aurel Betz.

Klaus Maria Brandauer als Jeane Christophe.

Produktion: Elan-Film für wwf/S. N. Pathé, Paris. Farbe. *Länge:* 9 Teile à 50 Minuten.
Sendung: ARD (R): 1979. DRS: 12.7.1979 ff. (zweimal wöchentlich). 1Plus: 22.7.1986 ff, (täglich).

Wozu das Theater? (Österreich 1979)
Dokumentarspiel-Fernsehserie Folge 1–3.
Regie: KARIN BRANDAUER. *Drehbuch:* Heide Kouba, KARIN BRANDAUER.
Darsteller: KLAUS MARIA BRANDAUER, Erika Pluhar, Susi Nicoletti, Kurt Sowinetz.
Produktion: Scheiderbauer für ORF. 16 mm. Farbe. *Länge:* jeweils 60 Minuten.

Jahreszeiten der Liebe (BRD 1979)
Vier heitere Geschichten mit Herz: Der Partygänger
Regie: George Moorse. *Drehbuch:* Herbert Reinecker. *Kamera:* Gerard Vandenberg. *Musik:* Edgar Froese. *Ausstattung:* Walter Dörfler.
Darsteller: Vera Tschechowa, KLAUS MARIA BRANDAUER, Gert Baltus. Die anderen Geschichten: »Die Wende«: Vérénice Rudolph, Natascha Unbehaun, Matthias Fischer; »Geige am Straßenrand«: Ullrich Haupt, Margit Saad, Giulia Follina; »Die optischen Gesetze«: Paul Dahlke, Jochen Striebeck, Monique Stanner.
Produktion: ZDF. Farbe. *Länge:* 60 Minuten.
Sendung: ZDF: 29.4.1979.

Olympia (Österreich/BRD 1979)
Regie/Drehbuch: Ludwig Cremer, nach dem Schauspiel von Ferenc Molnár. *Kamera:* Alois Nitsche. *Ausstattung:* Peter Scharff.
Darsteller: Erik Frey (Fürst Plata-Ettin), Jane Tilden (Eugenie, seine Frau), Christiane Hörbiger (Tochter Olympia), KLAUS MARIA BRANDAUER (Husarenrittmeister Barna), Walther Reyer (Albert), Bruno Dallansky (Krehl), Ursula Schult (Lina).
Produktion: Bavaria Atelier Gesellschaft für ZDF und ORF. *Produzenten:* Matthias Wittich/Kurt Rendel. Farbe. *Länge:* 105 Minuten.
Sendung: ORF: 24.12.1979. ZDF: 29.6.1980.

Die Weber (BRD 1979)
Regie/Drehbuch: Fritz Umgelter, nach dem Schauspiel von Gerhart Hauptmann. *Kamera:* Erwin Tischler. *Ausstattung:* Wolfgang Hundhammer.
Darsteller: Hans Gerd Kübel (Dreissiger, Parchentfabrikant), Karin Baal (Frau Dreissiger), Hans Söhnker (Pastor Kittelhaus), Ilsemarie Schnering (Frau Kittelhaus), Uwe Falkenbach (Pfeiffer), KLAUS MARIA BRANDAUER (Moritz Jäger), Martin Lüttge (Bäcker), Herbert Stass (der alte Baumert), Ursula Baresel (Mutter Baumert, Thomas Braut (der alte Wittig), Benno Sterzenbach (der alte Ansorge), Hannes Kaetner (Hornig), Heinz Rabe (der alte Hilse), Sabine Peters (Frau Hilse), Erich Schleyer (Gottlieb Hilse), Liane Hielscher (Luise), Hanne Hiob (Weberfrau).
Produktion: Rudolf Hegen, Bayerischer Rundfunk. Farbe. *Länge:* 113 Minuten.
Sendung: ARD: 27.1.1980. 1Plus: 15.11.1987.

Wochenendgeschichten (BRD 1979/80)
Regie: George Moorse. *Drehbuch:* Herbert Reinecker. *Kamera:* Gerard Vandenberg. *Musik:* Peter Thomas.
Darsteller: Jutta Speidel, KLAUS MARIA BRANDAUER, Gitty Djamal, Herbert Bötticher, Karin Hardt, Ilse Künkele, Curt Bois, Paul Edwin Roth, Giulia Follina, Peter Schiff, Gila von Weitershausen, Gert Baltus.
Produktion: ZDF/DRS. *Länge:* 60 Minuten.
Sendung: DRS: 13.2.1980. ZDF: 1.3.1980; 6.8.1989. ORF: 18.7.1980.

Wozu das Theater? (Österreich 1980)
Dokumentarspiel-Fernsehserie Folge 4–6.
Regie: KARIN BRANDAUER. *Drehbuch:* Heide Kuba, KARIN BRANDAUER.
Darsteller: KLAUS MARIA BRANDAUER, Heinz Petters, Kurt Heintel, Johannes Schaaf, Elisabeth Orth.
Produktion: Scheiderbauer für ORF. 16 mm. Farbe. *Länge:* jeweils 60 Minuten.

Der einsame Weg (Österreich 1980)
Aufzeichnung aus dem Theater in der Josefstadt.
Regie/Bearbeitung: KLAUS MARIA BRANDAUER, nach dem Schauspiel von Arthur Schnitzler. *Fernsehregie:* Claus Homschak. *Ausstattung:* Hans Hoffer.
Darsteller: Robert Dietl (Maler), Sieghardt Rupp (Julian), Walter Schmidinger (Herr von Sala), Ursula Schult (Gabriele), Matthias Croy (Felix), Mijou Kovacs (Johanna), Susanne von Almassy (Irene).
Produktion: ORF. Farbe. *Länge:* 140 Minuten.
Sendung: ORF: 28.12.1980.

Wozu das Theater? (Österreich 1981)
Dokumentarspiel-Fernsehserie Folge 7–9.
Regie: KARIN BRANDAUER. *Drehbuch:* Heide Kouba, KARIN BRANDAUER.
Darsteller: KLAUS MARIA BRANDAUER, Walter Schmidinger, Johannes Schauer.
Produktion: Scheiderbauer für ORF. 16 mm. Farbe. *Länge:* jeweils 60 Minuten.

Klaus Maria Brandauer im Gespräch mit Elisabeth Bergner
(Österreich 1981)
Aus der TV-Reihe »Knallbonbons«.
Regie: KARIN BRANDAUER.

Der Traum ein Leben (Österreich 1981)
Regie: Ernst Haeussermann, nach dem Schauspiel von Franz Grillparzer, von den Burgspielen Forchtenstein (Burgenland). *Fernsehregie:* Claus Homschak. *Ausstattung:* Karl Eugen Spurny. *Musik:* Paul Angerer.
Darsteller: KLAUS MARIA BRANDAUER, Walther Reyer, Senta Berger, Heinrich Schweiger.
Produktion: ORF. Farbe. *Länge:* 83 Minuten.
Sendung: ORF 2: 25.7.1981. BR 3: 31.7.1982.

Der Weg ins Freie (Österreich/BRD 1982)
Regie: KARIN BRANDAUER. *Drehbuch:* KARIN BRANDAUER, Heide Kouba, nach dem Roman von Arthur Schnitzler. Weitere Angaben siehe »KARIN BRANDAUER: Filme/Fernsehspiele«.

Die fünfte Frau (Italien/Österreich 1982)
Regie: Alberto Negrin. *Drehbuch:* Nicola Badalucco. *Kamera:* Sergio Salvati. *Ausstattung:* Antonio Capuani. *Musik:* Egisto Macchi.
Darsteller: KLAUS MARIA BRANDAUER, Turi Ferrero, Aurore Clément, Lea Padovani, Marina Pierro, Renato Mori, Hans Pemmer, Anette Poivre, Simone Hauke.
Produktion: ITF/RAI/ORF/Bavaria. Farbe. *Länge:* 3 Teile à 55 Minuten.
Sendung: ORF: 12.5.1983 ff. S 3 (in 2 Teilen à 80 Minuten): 1. + 8.9.1986. WDR 3: 10.10.1986 ff. HR 3 (in 2 Teilen): 29.10. + 2.11.1986. BR 3 (in 2 Teilen): 1. + 2.11.1986. N 3 (in 2 Teilen): 23. + 30.8.1988.

Sommergeschichten (BRD 1982)
1. Ein Sonntagmorgen
Regie: George Moorse. *Drehbuch:* Herbert Reinecker. *Kamera:* Gerard Vandenberg.
Darsteller: KLAUS MARIA BRANDAUER (Ehemann), Jutta Speidel (Ehefrau).
Produktion: ZDF. Farbe.
Sendung: ZDF: 4.7.1982.

Roda Rodas rote Weste (Österreich/BRD 1982)
Ein Leben in Anekdoten
Regie: Rolf von Sydow. *Kamera:* Michael Faust.
Darsteller: KLAUS MARIA BRANDAUER (Roda Roda, preußischer Leut-

nant), Harry Fuss (Regierungsrat), Bert Fortell (Oberst Prohaska), Toni Wagner (Harambascha), Artur Preuss (Kaiser Franz Joseph I.), Heinz Petters (Ferdinand, Kellner).
Produktion: ORF/ZDF. Farbe. *Länge:* 60 Minuten.
Sendung: ORF: 18.3.1983. ZDF: 20.3.1983. 3SAT: 13.9.1986.

Jedermann (Österreich 1983)
Regie: Ernst Haeussermann, nach dem Schauspiel von Hugo von Hofmannsthal. Aufzeichnung der Salzburger Festspiele. *Fernsehregie:* C. Rainer Ecke. *Musik:* Gerhard Wimberger.
Darsteller: Will Quadflieg (Gott der Herr), Romuald Pekny (der Tod), KLAUS MARIA BRANDAUER (Jedermann), Susi Nicoletti (Jedermanns

Eine Dame im Café: Klaus Maria Brandauer in RODA RODAS ROTE WESTE«.

207

Marthe Keller als Buhlschaft und Klaus Maria Brandauer in der Titel-rolle des Salzburger JEDERMANN bei den Proben.

Mutter), Karlheinz Hackl (Jedermanns guter Gesell), Edd Stavjanik (der Hausvogt), Robert Werner (der Koch), Rudolf Wessely (ein armer Nachbar), Fritz Holzer (ein Schuldknecht), Ida Krottendorf (des Schuldknechts Weib), Marthe Keller (Buhlschaft), Alfred Böhn (dicker Vetter), Hans Clarin (dünner Vetter), Rolf Hoppe (Mammon), Marian-ne Nentwich (Gute Werke), Sonja Sutter (Glaube), Helmuth Lohner (Teufel), Otto Bolesch (Knecht), Peter Wolfsberger (Spielansager).
Produktion: ORF/BR. Farbe. *Länge:* 90 Minuten.
Sendung: ORF 2 + BR 3 + S 3 (vom SDR): 31.7.1983.

Der Snob (BRD 1983)
Regie/Drehbuch: Wolfgang Staudte. *Kamera:* Lajos Koltai. *Ausstattung:* Frank Hein.
Darsteller: KLAUS MARIA BRANDAUER (Christian Maske), Sigfrit Stei-ner (Theobald Maske), Gudrun Genest (Luise Maske), Nicole Heesters

(Sybil Hull), Heinz Bennent (Graf von Palen), Anne Bennent (Marianne von Palen), Heinz Baumann (Gerardo).
Produktion: UFA. Farbe. *Länge:* 90 Minuten.
Sendung: ORF 2: 3.3.1984. ZDF: 4.3.1984, 23.3.1987. WDR 3: 28.5.1984. 3Sat: 27.12.1986.
Staudtes letzter Film, den kaum jemand kennt, war eine sehr eigenwillige und zugleich äußerst genaue Adaptation von Carl Sternheims oft gespieltem und nicht weniger oft falsch interpretiertem Stück, hervorragend besetzt.

Jedermann für jedermann (Österreich/BRD 1984)
Regie: Claus Homschak.
TV-Talkshow, KLAUS MARIA BRANDAUER als Gastgeber.

Klaus Maria Brandauer als Christian Maske in Carl Sternheims DER SNOB.

Klaus Maria Brandauer als Nero.

Quo vadis? (Italien 1984)
Regie: Franco Rossi, Francesco Scardamaglia. *Drehbuch:* Ennio De
Concini, Francesco Scardamaglia, Franco Rossi, nach dem Roman von
Henryk Sienkiewicz. *Kamera:* Luigi Kuveiller. *Musik:* Piero Piccioni.
Ausstattung: Luciano Ricceri.
Darsteller: KLAUS MARIA BRANDAUER (Nero), Frederic Forrest (Petro-
nius), Cristina Raines (Poppäa), Francesco Quinn (Marcus Vincius),
Marie-Thérèse Relin (Lygia), Marco Nicolic (Tigellinus), Max von Sy-

Klaus Maria Brandauer als Nero.

dow (Petrus), Leopoldo Trieste (Chilon), Barbara De Rossi (Euniceó),
Françoise Fabian (Pomponia), Massimo Girotti (Aulus), Georges Wil-
son (Pedanius), Gabriele Ferzetti (Piso), Robert Spafford (Seneca), An-
gela Molina (Acte), Maris Solinas (Polybia), Olga Karlatos (Epikaris),
Philippe Leroy (Paulus), Radomir Konvacevic (Ursus).
Produktion: Polyphon/Leone Film, Rom/RAI 1/A2/Channel 4/TVE/
Pathé Canada/RISI/ORF. Farbe. *Länge:* 6 Teile à 50 Minuten.
Sendung: ORF 2: 25.–30.12.1985.

Klaus Maria Brandauer als Gliederpuppe in Hans Neuenfels' EUROPA UND DER 2. APFEL.

Europas Sterne leuchten
Fernsehshow mit KLAUS MARIA BRANDAUER u. a.
Sendung: ZDF: 26.11.1988.

Europa und der zweite Apfel (Österreich 1988)
Regie/Drehbuch: Hans Neuenfels, nach dem Essay »Über das Marionettentheater« von Heinrich von Kleist. *Kamera:* Benedikt Neuenfels.

212

Ausstattung: Reinhard von Thannen.

Darsteller: Hans Michael Rehberg (Herr C), Ingo Hülsmann (Heinrich von Kleist), Elisabeth Trissenaar (Europa), Bernhard Minetti (alter Mann), KLAUS MARIA BRANDAUER (Gliederpuppe), Hermann Treusch, Peter Palitsch, Mathieu Carrière (das militärische Dreigestirn), Lola Müthel (ein geharnischter Schatz), Eva Evdokimova (Elfe), Irm Hermann (Harfenspielerin), Ulrich Wildgruber (der Gärtner), Gottfried Lackmann (der empörte und erniedrigte Mensch).

Produktion: Freie Volksbühne, Berlin (West)/WDR. Farbe. *Länge:* 105 Minuten.

Sendung: 1Plus: 16.12.1988. ORF 2: 30.12.1988. WDR 3: 15.5.1989.

KRITIK: Sibylle Wirsing in FAZ, 13.12.1988; Karsten Witte in FR, 21.3.1989; Martin Ahrends in Die Zeit, 12.5.1989.

Schauplatz: Spinnennetz (BRD 1989)

Filmbericht über Bernhard Wickis Spielfilm, mit Bernhard Wicki, KLAUS MARIA BRANDAUER u. a.

Sendung: ZDF: 23.9.1989.

Regisseur Bernhard Wicki und sein Star Klaus Maria Brandauer bei den Dreharbeiten vom SPINNENNETZ.

Klaus Maria Brandauer im Gespräch mit Frank A. Meyer
(Schweiz 1990)
Aus der Sendereihe »Vis-à-vis«.
Produktion: DRS. *Länge:* 60 Minuten.
Sendung: DRS: 28.8.1990.

Peter-Ustinov-Gala
mit KLAUS MARIA BRANDAUER.

Das Spiel im Berg (Österreich 1992)
Regie/Drehbuch: KLAUS MARIA BRANDAUER, nach dem Stück von Felix Mitterer.
Darsteller: Michael Keller (Steffi), Hans Loitzi (Hans), Robert Hauer-Riedl (Teufel/Tutterer-Burgl).
Produktion: Poesie im Ausseer Land. Farbe. *Länge:* 60 Minuten.
Aufzeichnung aus dem Salzbergwerk in Altaussee.

Der Verführer (BRD 1994)
Dokumentarfilm über die Dreharbeiten von MARIO UND DER ZAUBE-RER.
Regie/Drehbuch: Norbert Beilharz. *Kamera:* Dieter Lehmstedt, Andreas Schäfauer. *Schnitt:* Helena Cavalieri. *Musik:* Luigi Arditi, Giacomo Puccini, Franz von Suppé, Giuseppe Verdi.
Produktion: Pro Vobis – Jürgen Haase im Auftrag des ZDF. *Produktionsleitung:* Renata Sladkowski. *Redaktion:* Wolfgang Lörcher. *Länge:* 45 Minuten.
Sendung: ZDF: 11.12.1994.

Klaus Maria Brandauer – Ansichten eines Räuberhauptmanns
(BRD 1994)
Regie: Vera Tschechowa. *Drehbuch:* Vera Tschechowa, Peter Paschek.
Kamera: Klaus Schrader, Timo Mönich. *Schnitt:* Jürgen Günther.
Produktion: Feinschnitt Berlin im Auftrag von Premiere. Farbe. 16 mm.
Länge: 53 Minuten.
Sendung: Premiere: 6.11.1994.
Mit Aufnahmen von den Dreharbeiten zu GEORG ELSER – EINER AUS DEUTSCHLAND und MARIO UND DER ZAUBERER.

Klaus Maria Brandauer:
Bühnenrollen/Inszenierungen

1963/64

Maß für Maß
William Shakespeare
Neu übersetzt von Richard Flatter. Bühneneinrichtung von Friedrich
Schramm.

*Shakespeares MASS FÜR MASS im Landestheater Tübingen. Klaus Maria
Brandauer (Mitte) mit Walter Stoll und Thomas Rauchenwald (r.).*

Inszenierung: Fritz Herterich. *Bühnenbild:* Eugen Wintterle. *Kostüme:* Sybille Grubeck. *Musik:* Darius Lopinskas.

Darsteller: Wolfgang Hessler (Vincentio, der Herzog), Robert Zimmerling (Angelo, sein Stellvertreter), Georg Eberhardt-König (Escalus, ein alter Ratsherr), KLAUS MARIA BRANDAUER (Claudio, ein junger Edelmann), Karin Mommsen (Isabella, seine Schwester), Thomas Rauchenwald (Lucio, ein phantastischer Schwätzer), Willy Pokorny/Gunnar Holm-Petersen (zwei ähnliche Edelleute), Walter Stoll (ein Kerkermeister), Buddy Elias (Ellbogen, ein einfältiger Stockmeister), Günter Einbrodt (Schaum, ein närrischer Junker), Christine Rassow (Marianne, verlobt mit Angelo), Magdalena Thaler (Julia, Claudios Geliebte), Erika vom Scheidt (Francisca, eine Nonne), Ernst Ludwig Grau (Bruder Thomas), Wilhelm Zeno Diemer (Spund, ein Bierzapfer), Klaus Veith (Grauslich, ein Scharfrichter), Ilse Lafka (Madame Obendrauf, eine Kupplerin), Michael Bertram (ein Diener), Joachim Hagemann (Bernardin, ein unbotmäßiger Gefangener).

Landestheater Württemberg-Hohenzollern, Tübingen

Premiere: 20.9.1963.

KRITIK: »Bemerkenswert noch die schöne Dringlichkeit, mit der Klaus Maria Brandauer seinem schwer geprüften Liebhaber Claudio Überzeugungskraft zu geben bemüht ist (freilich hätte gerade er, der Hochbegabte, der sich seinen guten Anlagen schon etwas sehr bewußt zu sein scheint, der lenkenden Regisseures-Hand bedurft). Wenn unter ihren kaum leitenden Händen einmal zufällig etwas gut geriet, so war das entweder, weil sich das Stück, das selbst ausgesuchte, fast von alleine gut spielte oder aber das Verdienst der aus Eigenvermögen guten einzelnen Darsteller, ganz bestimmt aber nie das der Regie.« (tg)

Der Bockerer

Peter Preses und Ulrich Becher

Inszenierung: Walter Pohl. *Bühnenbild:* Eugen Wintterle. *Kostüme:* Sybille Grubeck.

Darsteller: Wilhelm Zeno Diemer (Karl Bockerer, bürgerlicher Fleischhauer), Erika vom Scheidt (Sabine, seine Frau, genannt Binerl), Peter Rasky (Hans, beider Sohn), Klaus Veith (Hatzinger, pensionierter Post-Offizial), Buddy Elias (Dr. Rosenblatt, Rechtsanwalt), Kurt Bülau (Rayonsinspektor Guritsch), Michael Bertram (der Hermann, Eisenbahner), Elisabeth Kergl (die Frau von Hermann), Willy Pokorny (Ferdinand Gstettner, SS-Mann), Wolfgang Hessler (Dr. von Lamm, der Geheimen Staats-Polizei Wien zugestellt), Gerti Wiedner (Mizzi Ha-

Wilhelm Leno Diemer als DER BOCKERER *mit den zwei »Unauffälligen«
im Landestheater Tübingen.*

berl), Joachim Hagemann (Knabe, ein Uhrmacher aus Berlin), Heiner
Mey (Alois Selchgruber), Georg Eberhardt-König (Wastl, Weinwirt am
Kahlenbergerdorf), Johannes Kraus, Günter Erich Martsch, Robert
Zimmerling (reichsdeutsche Parteigenossen), Jochen Wagner (1. SA-
Mann), Thomas Rauchenwald (ein Grazer Parteigenosse), KLAUS MA-
RIA BRANDAUER (1. Unauffälliger, 2. SA-Mann, 2. Gemeiner), Ernst
Ludwig Grau (2. Unauffälliger, 2. Blaubemützter), Gunnar Holm-Pe-
tersen (1. Gemeiner), Max Müller (ein Stehgeiger), Günter Einbrodt
(Kaffeehauskellner).
Landestheater Württemberg-Hohenzollern, Tübingen
Premiere: 15.11.1963.

Agnes Bernauer
Friedrich Hebbel
Inszenierung: Friedrich Siems a. G. *Bühnenbild:* Ernst Ammann. *Kostü-
me:* Sybille Grubeck. *Musik:* Darius Lopinskas.

Klaus Maria Brandauer als Otto von Bern (r.) mit Ensemble in AGNES
BERNAUER *im Landestheater Tübingen.*

Darsteller: Günther Erich Martsch (Ernst, regierender Herzog zu München, Bayern), Robert Zimmerling (Albrecht, sein Sohn), Wolfgang
Hessler (Hans von Preising, sein Kanzler), Joachim Hagemann (Marschall von Pappenheim), Gerhard Wilke (Ignaz von Seyboltstorff), Peter Rasky (Wolfram von Pienzenau), KLAUS MARIA BRANDAUER (Otto
von Bern), Thomas Rauchenwald (Graf Törring), Gunnar Holm-Petersen (Nothafft von Wernberg), Willy Pokorny (Rolf von Frauenhofen),
Jochen Wagner (Hans von Läubelfing, ein Ritter von Ingolstadt), Klaus
Veith (Hermann Nördlinger, Bürgermeister zu Augsburg), Wilhelm Zeno Diemer (Kaspar Bernauer, Bader und Chirurg zu Augsburg), Margot Franken (Agnes, seine Tochter), Günter Einbrodt (Theobald, sein
Geselle), Ernst Ludwig Grau (Knippeldollinger, sein Gevatter), Chri-

stine Rassow (Barbara), Johannes Liebsch (Emeran Nusperger zu Kalmperg, Richter zu Straubing), Susanne Rasp (Martha), Michael Bertram (Stachus, ein Diener), Georg Eberhardt-König (der Kastellan auf Vohburg und Straubing), Johannes Kraus (ein Herold des Reiches).
Premiere: 18.12.1963.

1964/65

Wie es euch gefällt
William Shakespeare
Deutsch von August Wilhelm Schlegel.
Inszenierung: Fritz Herterich. *Bühnenbild/Kostüme:* Eugen Wintterle. *Musik:* Klaus Schöll. *Tänze:* Zlata Stephan.
Darsteller: Franz Michael Westen (der Herzog, in der Verbannung), Eberhard Wechselberg (Friedrich, sein Bruder, Usurpator), Gerhard Mörtl (Amiens), Siegfried Fetscher (Jacques), Norbert Scharnagl (Edelmann), Willy Pokorny (Le Beau, ein Hofmann in Friedrichs Dienst), Gustl Bayrhammer (Charles, Friedrichs Ringer), Berndt Schauen (Oliver), Peter Wiegel (Jakob), KLAUS MARIA BRANDAUER (Orlando), Karl Schmucker (Adam), Gerhard Zemann (Dennis/Ehrn Olivarius Textdreher), Richard Tomaselli (Probstein, der Narr), Fritz Bischof (Schäfer Corinnus), Hans Graf (Schäfer Silvius), Albert Tisal (Wilhelm), Inga Bünsch (Hymen), Gabriele Jacoby (Rosalinde), Lore Müller (Celia), Helga Fellerer (Phoebe), Rosemarie Schrammel (Käthchen).
Landestheater Salzburg
Premiere: 17.9.1964.

Mutter Courage und ihre Kinder
Bertolt Brecht
Inszenierung: Curt Bock. *Bühnenbild/Kostüme:* Eugen Wintterle. *Musik:* Paul Dessau. *Musikalische Leitung:* Ralf Weikert.
Darsteller: Roswitha Posselt (Mutter Courage), Rosemarie Schrammel (die stumme Kathrin), Peter Wiegel (Eilif), Albert Tisal (Schweizerkas), Norbert Scharnagl (Werber/Zeugmeister), Eberhard Wechselberg (Feldwebel der Evangelischen), Gustl Bayrhammer (der Koch), Berndt Schauen (Feldhauptmann), Siegfried Fetscher (Feldprediger), Ilse Lafka (Yvette Pottier), Eugen Goffriller (der mit der Binde), Gerhard

Mörtl (Feldwebel der Katholischen), Franz Michael Westen (der alte Obrist), Richard Tomaselli (ein Schreiber), KLAUS MARIA BRANDAUER (ein junger Soldat), Karl Schmucker (ein älterer Soldat), Horst Müller (ein Bauer/ein Soldat), Gerhard Zemann (ein junger Mann), Hertha Eibelstorfer (die alte Frau), Fritz Bischof (der alte Bauer), Brigitte Gola (die Bäurin), Hans Graf (der junge Bauer), Willy Pokorny (der Fähnrich), Carl Niedermüller, Hans Lechowitz, Arthur Reimann (Soldaten).
Landestheater Salzburg
Premiere: 14.11.1964.

Aimée oder Der gesunde Menschenverstand
Heinz Coubier
Inszenierung: KLAUS MARIA BRANDAUER. *Bühnenbild:* Ady Fuchs. *Kostüme:* Gitta Schuster. *Musik:* Ralf Weikert.
Helga Fellerer (Aimée), Willy Pokorny (Gaston), Berndt Schauen (Georges), Richard Tomaselli (Jean).
Landestheater Salzburg
Premiere: 28.11.1964.

Der Menschenfeind
Jean Baptiste Molière
In neue Alexandriner gebracht von Hans Weigel.
Inszenierung: Rudolf Kautek. *Bühnenbild/Kostüme:* Eugen Wintterle. *Musik:* Ralf Weikert.
Darsteller: Siegfried Fetscher (Alceste), Gerhard Mörtl (Philinte, sein Freund), Gustl Bayrhammer (Oronte), Ilse Lafka (Célimène), Inga Bünsch (Eliante), Isolde Stiegler (Arsinoë, ihre Freundin), KLAUS MARIA BRANDAUER (Acaste), Willy Pokorny (Clitandre), Peter Wiegel (Basque, sein Diener), Albert Tisal (Du Bois, Diener des Alceste), Karl Schmucker (Wachtmeister des Marschallamtes).
Landestheater Salzburg
Premiere: 5.2.1965.

Leonce und Lena
Georg Büchner
Inszenierung: Walter Pohl. *Bühnenbild/Kostüme:* Eugen Wintterle. *Musik:* The Modern Jazz Quartet.
Darsteller: Robert Granzer (König Peter, vom Reiche Popo), KLAUS MARIA BRANDAUER (Prinz Leonce, sein Sohn), Gabriele Jacoby (Prinzessin Lena, vom Reiche Pipi), Willy Pokorny (Valerio), Lola Kneidin-

Peter Brogle als Valerio und Klaus Maria Brandauer als Prinz Leonce in Büchners LEONCE UND LENA.

ger (die Gouvernante), Richard Tomaselli (der Hofmeister), Gerhard Mörtl (der Präsident des Staatsrates), Eberhard Wechselberg (der Hofprediger), Norbert Scharnagl (der Landrat), Franz Michael Westen (der Schulmeister), Helga Fellerer (Rosetta), Hans Graf, Peter Wiegel, Gerhard Zemann (drei Kammerdiener), Albert Tsal, Karl Schmucker (zwei Polizisten).
Landestheater Salzburg
Premiere: 23.2.1965.

Donna Rosita oder Die Sprache der Blumen
Federico Garcia Lorca
Deutsch von Enrique Beck.

221

Inszenierung: Rudolf Kautek. *Bühnenbild:* Eugen Wintterle. *Musik:* Ralf Weikert, nach spanischen Motiven.

Darsteller: Cornelia Oberkogler (Donna Rosita), Isolde Stiegler (Haushälterin), Lola Kneidinger (Tante), Elke Konold (erste Manola), Helga Fellerer (zweite Manola), Sabine Andreas (dritte Manola), Inga Bünsch (erste alte Jungfer), Lore Müller (zweite alte Jungfer), Ilse Lafka (dritte alte Jungfer), Irmgard Henning (Mutter der alten Jungfer), Franz Michael Westen (Onkel), Gabriele Jacoby (erstes Fräulein Ayola), Rosemarie Schrammel (zweites Fräulein Ayola), Willy Pokorny (Neffe), KLAUS MARIA BRANDAUER (Jüngling), Siegfried Fetscher (Herr X., Professor der Volkswirtschaft), Richard Tomaselli (Don Martin), Burghard Palfinger (Stimme des Ausrufers).
Landestheater Salzburg
Premiere: 23.3.1965.

Der Sturm
William Shakespeare
Übersetzung von August Wilhelm Schlegel.
Inszenierung: Ekkehard Dittrich. *Bühnenbild:* Eugen Wintterle. *Kostüme:* Marianne Frehner. *Musik:* Ralf Weikert.
Darsteller: Ernst Soelden (Alonso, König von Neapel), Berndt Schauen (Sebastian, sein Bruder), Albrecht Goetz (Prospero, der rechtmäßige Herzog von Mailand), Richard Tomaselli (Gonzalo, ein herrlicher alter Rat des Königs), Siegfried Fetscher, Wolfgang Kessler (Antonio, sein Bruder, der unrechtmäßige Herzog von Mailand), KLAUS MARIA BRANDAUER (Ferdinand, Sohn des Königs von Neapel), Albert Tisal (Adrian, ein Höfling), Gustl Bayrhammer, Hans Musäus (Caliban, ein wilder und mißgestalteter Sklave), Gerhard Zemann (Trinculo, ein Spaßmacher), Gerhard Mörtl (Stephano, ein betrunkener Kellner), Karl Schmucker (ein Bootsmann), Johanna Mertinz, Gabriele Jacoby (Miranda, Tochter des Prospero), Inga Bünsch (Ariel, ein Luftgeist).
Landestheater Salzburg
Premiere: 19.9.1965.

Gespenster
Henrik Ibsen
Deutsch von Georg Schulte-Frohlinde.
Inszenierung: Berndt Schauen. *Bühnenbild:* Eugen Wintterle. *Kostüme:* Marianne Frehner.
Darsteller: Lola Kneidinger (Helene Alving), KLAUS MARIA BRANDAU-

ER (Osvald), Norbert Scharnagl (Manders), Karl Schmucker (Eng-strand), Inga Bünsch (Regine).
Landestheater Salzburg
Premiere: 10.11.1965.

Die heilige Johanna
George Bernard Shaw
Übersetzung von Wolfgang Hildesheimer.
Inszenierung: Karl Heinz Stroux. *Bühnenbild:* Theo Otto. *Kostüme:* Er-win Zimmer.
Darsteller: Dom de Beern (Robert de Baudricourt), Otto Ströhlin (sein Verwalter), Nicole Heesters (Johanna), Manfred Paethe (Bertrand de Poulengey), Otto Gries (La Trémouille, Marschall von Frankreich), Adolf Dell (Erzbischof von Reims), KLAUS MARIA BRANDAUER (Blau-bart), Wolfgang Haubner (Hauptmann La Hire), Karl-Heinz Martell (Karl, Dauphin, später Karl VII. von Frankreich), Ingeborg Weirich (Herzogin von Trémouille), Günter König (Dunois, Bastard von Or-léans), Jörg Benedikt/Andreas Herzau, Willi Kowali (drei Pagen), Gunther Malzacher (Graf Warwick), Wolfgang Grönebaum (Kaplan de Stagumber), Alf Pankarter (Peter Cauchon, Bischof von Beauvais), Hans Wyprächtiger (Inquisitor), Tom Witkowski (D'Estivet), Heinz Hermann Bernstein (De Courcelles), Helmut Everke (Bruder Martin Ladvenu), Richard Elias (Scharfrichter), Dom de Beern (ein englischer Soldat), Otto Ströhlin (ein Herr aus dem Jahre 1920).
Düsseldorfer Schauspielhaus
Premiere: 5.2.1966.

Die Irre von Chaillot
Jean Giraudoux
Deutsch von W. M. Treichlinger und Otto F. Best.
Inszenierung: Karl Heinz Stroux. *Musik:* Kurt Heuser. *Ausstattung:* Teo Otto.
Darsteller: Arthur Mentz (Präsident), Alexander Engel (Baron), Eu-gen Bergen (Kellner), Christiane Hammacher (Irma), Günther König (Lumpensammler), Günther Ziessler (Makler), Hansjakob Gröbling-hoff (Rentner), Alf Pankarter (Prospektor), Elisabeth Bergner (Auré-lie, die Irre von Chaillot), Willi Kowalj (Chasseur), Otto Ströhlin (Jadin/Anführer der Tiere), Wolfgang Grönebaum (Retter), Karl-Heinz Mar-tell, KLAUS MARIA BRANDAUER (Pierre), Siegfried Siegert (erster Poli-zist), Tilly Lauenstein (Constance, die Irre von Passy), Hermann Weis-se (Kloakenreiniger/Anführer der Adolphe Bertauts), Willy Hommen

(zweiter Polizist), Gerda Maurus (die Irre von La Concorde), Maria
Alex (Gabrielle, die Irre von Saint-Sulpice), Manfred Paethe (Straßen-
sänger), Barbara Waldbach (Blumenmädchen), Heinrich Ortmayr
(Taubstummer), Siegfried Siegert, Wolfgang Grönebaum (zwei Volks-
vertreter), Dietrich Jenke (Schwätzer), Arthur Jaschke (Schuhbandver-
käufer/Anführer der Retter der Pflanzen), Alf Pankarter (Chefredak-
teur), Erich Schilling (Der, Verlagsdirektor).
Düsseldorfer Schauspielhaus
Premiere: 28.10.1964
Brandauer übernimmt die Rolle von Karl-Heinz Martell bei der an-
schließenden Gastspielreise, zuerst am Theater am Kurfürstendamm in
Berlin von 1. bis 20.3.1966, danach in Kopenhagen, Stockholm, Oslo,
Brüssel, Paris.

1966/67

Der tolle Tag
Pierre Augustin Caron de Beaumarchais
Übersetzung von August Lewald.
Inszenierung/Ausstattung: Jean-Pierre Ponnelle.
Darsteller: Waldemar Schütz (Graf Almaviva), Ingrid Ernest (Gräfin,
seine Gemahlin), Karl-Heinz Martell (Figaro, Kammerdiener des Gra-
fen und Schloßverwalter), Christiane Hammacher (Susanne, Kammer-
zofe der Gräfin und Figaros Braut), Ingeborg Weirich (Marceline),
Siegfried Siegert (Antonio), Ulrike Just (seine Tochter Fanchette),
KLAUS MARIA BRANDAUER (Cherubin, Page des Grafen), Otto Ströh-
lin (Barthalo), Guido von Salis (Basilio), Andreas Herzau (Pedrillo),
Wolfgang Haubner (Langfinger), Arthur Jaschke (Gerichtsdiener),
Heiner Kollhoff (Don Gusman Gänsekopf).
Düsseldorfer Schauspielhaus
Premiere: 10.9.1966.

Des Teufels General
Carl Zuckmayer
Inszenierung: Karl Vibach. *Ausstattung:* Pit Fischer.
Darsteller: Günter König (Fliegergeneral Harras), Bodo Primus
(Oberst Friedrich Eilers), KLAUS MARIA BRANDAUER (Fliegeroffizier
Hartmann), Joachim Peters (Lüttjohann), Siegfried Siegert (Korrian-
ke), Waldemar Schütz (Sigbert von Mohrungen), Guido von Salis (Ba-

ron Pflungk), Günter Hörner (Fliegeroffizier Hasenteuffel), Wolfgang Jarnach (Fliegeroffizier Pfundtmayer), Karl-Heinz Martell (Dr. Schmidt-Lausitz), Heinrich Ortmayr (Maler Schlick), Walter Kohls (Oderbruch), Elvira Hofer (Anne Eilers), Christiane Hammacher (Pützchen), Gerda Maurus (Olivia Geiss), Dorothea Kaiser (Lyra Schoeppke), Otto Gries (Restaurateur Otto), Willi Kowalj (Kellner François), Heiner Kollhoff (Buddy Lawrence), Hansjakob Gröblinghoff (Kellner Detlev), Libgart Schwarz (Diddo Geiss), Adolf Dell, Heinz Engels (zwei Arbeiter), Wolfgang Jarnach (Polizeikommissar).
Düsseldorfer Schauspielhaus
Premiere: 17.12.1966.

Das Käthchen von Heilbronn
Heinrich von Kleist
Inszenierung: Karl Heinz Stroux. *Ausstattung:* Pit Fischer.
Darsteller: Waldemar Schütz (der Kaiser), Wolfgang Arps (Friedrich Wetter, Graf vom Strahl), Gerda Maurus (Gräfin Helena, seine Mutter), Elvira Hofer (Eleonore, Nichte), Wolfgang Haubner (Ritter Flammberg, des Grafen Vasal), Wolfgang Grönebaum (Gottschalk, sein Knecht), Maria Alex (Brigitte, Haushälterin im gräflichen Schloß), Ingrid Ernest (Kunigunde von Thurneck), Dorothea Kaiser (Rosalie, ihre Kammerzofe), Nicole Heesters (Käthchen, die Tochter), KLAUS MARIA BRANDAUER (Gottfried Friedeborn, ihr Bräutigam), Dom de Beern (Maximilian, Burggraf von Freiburg), Manfred Paethe (Georg von Waldstätten, sein Freund), Hans Wyprächtiger (der Rheingraf von Stein), Jörg Benedict (Friedrich von Herrnstad), Heiner Kollhoff (Eginhardt von der Wart, Ritter Schauermann), Otto Gries (Graf Otto von der Flühe), Wolfgang Jarnach (Wenzel von Nachtheim/Herr von Thurneck), Richard Elias (Hans von Bärenklau/ein Nachtwächter), Siegfried Siegert (Jacob Pech, Gastwirt/zweiter Köhler), Ingeborg Weirich (Tante Kunigundens), Hansjakob Gröblinghoff (erster Richter), Alfred Holl (zweiter Richter), Heiner Kollhoff (Ritter Schauermann), Hermann Weisse (erster Köhler), Rolf Hornig (ein Köhlerjunge).
Düsseldorfer Schauspielhaus
Premiere: 11.3.1967.

Halb auf dem Baum
Peter Ustinov
Deutsch von Willy H. Thiem.
Inszenierung: Karl Vibach. *Ausstattung:* Ita Maximowna.

Darsteller: Otto Rouvel (General Sir Mallalieu Fitzbuttress), Gerda Maurus (Lady Fitzbuttress), KLAUS MARIA BRANDAUER (Robert), Libgart Schwarz (Judy), Inge Alexandra Fuhg (Lessley, Roberts Geliebte), Christiane Hammacher (Helga, ein Au-pair-Mädchen), Waldemar Schütz (Tiny Gilliatt-Brown, Brigadegeneral), Alf Pankarter (der Vikar), Manfred Paethe (Basil Utterwood).
Düsseldorfer Schauspielhaus
Premiere: 20.5.1967.

1967/68

Der Wirrkopf
Jean Baptiste Molière
In neue Alexandriner gebracht von Hans Weigel.
Inszenierung: Reinhart Spörri. *Ausstattung:* Zbynek Kolár. *Musik:* Gottfried Schnabel.
Darsteller: KLAUS MARIA BRANDAUER (Lelio, Sohn des Pandolfo), Libgart Schwarz (Celia, Sklavin des Trufaldin), Wolfgang Reinbacher (Mascarill, Bediener des Lelio), Susanne Flury (Hippolyta, Tochter des Anselmo), Alf Pankarter (Trufaldin, ein Greis), Heinrich Ortmayr (Anselmo, ein Greis, Vater der Hippolyta), Jörg Benedict (Leandro, ein junger Herr, in Celia verliebt), Hans Wyprächtiger (Pandolfo, Vater des Lelio), Günter Hörner (Andreas, ein vermeintlicher Zigeuner), Richard Elias (Ergaste, ein Bediener), Hans-Adalbert Karbe (ein Bote).
Düsseldorfer Schauspielhaus
Premiere: 11.3.1967.

Faust 1. Teil
Johann Wolfgang von Goethe
Inszenierung: Karl Heinz Stroux. *Musik* nach A. H. Fürst von Radziwill von Wolfgang Fortner/Ton de Kruyf. *Choreographie:* Klaus Boltze. *Ausstattung:* Teo Otto.
Zueignung: Wolfgang Reichmann.
Darsteller: Wolfgang Reichmann (Theaterdichter), Arthur Mentz (Direktor), Heinz Reincke (lustige Person).
Prolog im Himmel: Manfred Paethe (Erzengel Raphael), Johanna Liebeneiner (Erzengel Gabriel), KLAUS MARIA BRANDAUER (Erzengel Michael + Frosch), Hermann Weisse (der Herr/alter Bauer), Heinz Reincke (Mephistopheles).

Der Tragödie erster Teil: Wolfgang Reichmann (Faust), Alf Pankarter (Wagner), Veronika Bayer (Margarethe/Hexe), Erni Mangold (Marthe) und viele andere.
Düsseldorfer Schauspielhaus
Premiere: 2.12.1967.

Biographie: Ein Spiel
Max Frisch
Inszenierung: Jaroslav Dudek. *Ausstattung:* Zbynek Kolár.
Darsteller: Gunther Malzacher (Kürmmann), Ingrid Ernest (Antoinette), Joachim Peters (Registrator), Hermann Weisse (Professor Krolevsky), Richard Elias (der Vater/Assistenzarzt Dr. Funk), KLAUS MARIA BRANDAUER (Thomas, der Sohn), Otto Griess (der Schwiegervater/Hornacher, der neue Rektor), Birgid Füllenbach (die Schwiegermutter/Frau Hubalek), Johanna Liebeneiner (die Braut/Frau Stahel), Dom de Beern (ein Korporal/Henrik, Werbefachmann), Marianne Dell (Helen, eine Mulattin), Wolfgang Jarnach (der alte Rektor), Ingeborg Weirich (Henriks Frau), Elvira Hofer (Pina, eine Kalabresin/Schwester Agnes), Wolfgang Jarnach (Herr Schneider/erster vom Verfassungsschutz), Walter Kohls (der Arzt), Peter Hommen (Egon Stahel), Hansjakob Gröblinghoff (ein evangelischer Pfarrer), Ingeborg Weirich (eine Flüchtlingsfrau), Ursula Rieck (Marlis/Ballettschülerin), Hansjakob Gröblinghoff (Kellner), Karl-Heinz Schließke (ein Ballettlehrer).
Düsseldorfer Schauspielhaus
Premiere: 3.2.1968 (deutsche Erstaufführung).

Eine Schnur geht durchs Zimmer
Valentin Katajew
Aus dem Russischen übersetzt von J. Ettinger.
Inszenierung: Heinz Engels. *Ausstattung:* Pit Fischer.
Darsteller: KLAUS MARIA BRANDAUER (Wasja, zwischendurch verheiratet mit Ljudmilja), Evelyn Balser (Ljudmilja), Wolfgang Reinbacher (Abraham, gelegentlich verheiratet mit Tanja Kusnietzowa), Johanna Liebeneiner (Tanja Kusnietzowa), Peter Hommen (Jemeljan Tschernosemnij, Dichter und Sportsmann), Libgart Schwarz, Ursula Rieck (zwei Mädchen), Alfred Holl, Edgar Kindermann (zwei Jungen).
Düsseldorfer Schauspielhaus
Premiere: 30.3.1968.

Mutter Courage und ihre Kinder
Bertolt Brecht
Inszenierung: Harry Buckwitz. *Musikalische Leitung:* Hedwig Kulins.
Ausstattung: Pit Fischer.
Darsteller: Heidemarie Hatheyer (Mutter Courage), Johanna Lieben-
einer (Kattrin, ihre stumme Tochter), Jörg Benedict (Eilif, der ältere
Sohn); Wolfgang Reinbacher (Schweizerkas, der jüngere Sohn), Eva
Böttcher (Yvette Pottier), Otto Rouvel (der Feldprediger), Wolfgang
Grönebaum (der Koch), Dom de Beern (der Werber), Heiner Kollhoff
(der Feldwebel), Walter Kohls (der Feldhauptmann), Hansjakob Gröb-
linghoff (der Zeugmeister), Edgar Kindermann (ein Soldat), Richard
Elias (der mit der Binde), Otto Griess (ein Feldwebel), Adolf Dell (der
Obrist), Joachim Peters (der Schreiber), KLAUS MARIA BRANDAUER
(der junge Fähnrich), Wolfgang Jarnach (der ältere Soldat), Dieter
Wernecke (erster Soldat), Edgar Kindermann (zweiter Soldat), Inge-
borg Weirich (die alte Frau), Walter Adler (der junge Mann), Maria
Alex (die Bäuerin), Hansjakob Gröblinghoff (der Bauer), Peter Hom-
men (der junge Bauer).
Düsseldorfer Schauspielhaus
Premiere: 4.5.1968.

1968/69

Armer Richard
Jean Kerr
Deutsch von Gina Kaus.
Inszenierung: Hans Hollmann. *Bühnenbild/Kostüme:* Monika Zallinger.
Darsteller: KLAUS MARIA BRANDAUER (Richard Ford), Marianne Nent-
wich (Catherine Shaw), Peter Neusser (Sydney Bolton), Ingrid Kohr
(Ginny Baker), Rainer Artenfels (John McFarland).
Josefstadt (Kleines Theater im Konzerthaus)
Premiere: 20.12.1968.

Schneckenhäuser
Little Boxes von John Bowen
Deutsch von Gertrud Bennefeld.
Inszenierung: Heinrich Schnitzler. *Bühnenbild:* Roman Weyl. *Kostüme:*
Maria Czerny. *Tanz-Einstudierung:* Gerhard Senft.

1. Das Spitzenkleid

Darsteller: Susanne Almassy (Lily), KLAUS MARIA BRANDAUER (Mr. Davis), Kurt Sowinetz (Sonny), Erna Korhel (Iris), Rose Renée Rath (Rose), Rudolf Rösner (Jummy), Guido Wieland (Johnny), Marianne Chappuis (Magde), Kitty Speiser (Miss Peel).

2. Trevor

Darsteller: Kitty Speiser (Jane Kempton), Marianne Chappius (Sarah Lawrence), KLAUS MARIA BRANDAUER (Trevor), Susanne Almassy (Mrs. Lawrence), Kurt Sowinetz (Mr. Lawrence), Erna Korhel (Mrs. Kempton), Rudolf Rösner (Mr. Hudson).

Theater in der Josefstadt
Premiere: 30.1.1969.

Zwei aus Verona
Two Gentlemen of Verona

William Shakespeare

Neue, gelegentlich freie Nachdichtung von Manfred Vogel.

Inszenierung: Edwin Zbonek. *Bühnenbild:* Roman Weyl. *Kostüme:* Astrid Six. *Musik:* Altenglische Musik aus der Shakespeare-Zeit.

Darsteller: Michael Toost (Herzog von Mailand), KLAUS MARIA BRANDAUER (Valentin), Albert Rueprecht (Proteus), Alfred Reiterer (Thurio), Karl Fochler (Antonio), Martin Costa (Pantino), Christian Futterknecht (Cosimo), Alfred Böhm (Flink), Kurt Sowinetz (Scharf), Eduard Sekler (ein Wirt), Brigitte Neumeister (Silvia), Sabine Sinjen (Julia), Luzi Neudecker (Lucetta), Theo Schenk (1. Räuber), Gerhard Koska (2. Räuber), Fritz Sattler (3. Räuber).

Theater in der Josefstadt
Premiere: 13.3.1969.

1969/70

Fast ein Hamlet

Klaus Mazohl

Inszenierung: Wolfgang Lesowsky. *Bühnenbild:* Jörg Neumann. *Kostüme:* Renate Rischka.

Darsteller: Rudolf Rösner (Hansjoachim Paff, ein Geschäftsmann), Gretl Elb (Gertrud),. KLAUS MARIA BRANDAUER (Hamlet), Louis Soldan (Sigi Buff, ein Gespenst aus Übersee).

Josefstadt (Kleines Theater im Konzerthaus)
Uraufführung: 5.9.1969.

Das Wort

Fragment von Arthur Schnitzler

Aus dem Nachlaß für die Bühne ergänzt von Friedrich Schreyvogl.

Inszenierung: Ernst Haeussermann. *Ausstattung:* Lois Egg. *Kostüme:* Monika Zallinger.

Darsteller: Leopold Rudolf (Treuenhof alias Peter Altenberg), Alfred Reiterer (Ferdinand Neumann), Guido Wieland (Schreiber Gleissner), Kurt Sowinetz (Rapp, ein Schwätzer), Vilma Degischer (Franziska Langer), KLAUS MARIA BRANDAUER (Willi Langer), Hans Holt (Hofrat Rudolf Winkler), Marianne Nentwich (Berta), Kurt Heintel (Van Zack), Eva Kerbler (Lisa, seine Frau), Toni Hitz (Frau Flatterer), Ernst Waldbrunn (Pianist Nachtigall), Helmut Schleser (Sektionsrat Mayer), Edith Leyrer (Albine), Brigitte Neumeister (Tini), Heribert Aichinger (Kellner).

Theater in der Josefstadt

Premiere: 30.10.1969.

Emilia Galotti

Gotthold Ephraim Lessing

Bearbeitung von Fritz Kortner.

Inszenierung: Fritz Kortner. *Musik:* Gerhard Schmidinger. *Bühnenbild/Kostüme:* Monika von Zallinger.

Darsteller: Marianne Nentwich (Emilia Galotti), Grete Zimmer (Mutter, Claudia Galotti), Erik Frey (Vater Odoardo Galotti), Alfred Reiterer (Graf Appiani), Susanne von Almassy (Gräfin Orsina), Kurt Heintel (Marinelli, Kammerherr des Prinzen), KLAUS MARIA BRANDAUER (Prinz Hettore Gonzaga, Prinz von Guastalla), Heribert Aichinger (Camillo Rota, einer von des Prinzen Räten), Ferdinand Kaup (Maler Conti), Karl Hellmich (Battista/ein Kammerdiener).

Theater in der Josefstadt

Premiere: 29.4.1970 (Tournee: 1971).

1970/71

Zum großen Wurstel

Arthur Schnitzler

Inszenierung: Oscar Fritz Schuh. *Ausstattung:* Rudolf Heinrich. *Musik:* Eckart Ihlenfeld. *Pantomime:* Rolf Scharre.

Darsteller: Hans Putz (Direktor) Curth A. Tichy (Dichter), Karl Mer-

katz (Wohlwollender), Fritz Holzer (Bissiger), Oskar Wegrostek (Naiver), Friedrich Jores, Oskar Reinhardt (Skandalmacher), Heinz Rohn (Bürger), Lia Lange (seine Frau), Eva Fichte, Anna Schenk (Töchter), Ludwig Mikura (Ringkämpfer), Peter Ertelt (Herr im Parkett), Romuald Pekny (Unbekannter). *Personen des Marionettentheaters:* Kurt Heintel (Herzog von Lawin), Louise Martini (Herzogin), KLAUS MARIA BRANDAUER (Held dieses Stückes), Hans Gratzer (trauriger Freund), Axel Klingenberg (heiterer Freund), Gabriele Buch (Liesl), Hanns Obonya (düsterer Kanzlist), Jörg Liebenfels (Vetter Brackenburgs), Tom Krinzinger (Räsoneur), Erich Langwiesner (Diener), Edd Stavjanik (Tod).
Salzburger Festspiele, Landestheater
Premiere: 13.8.1970

Christine Ostermayer als Katharina und Klaus Maria Brandauer als Petruchio in Otto Schenks Inszenierung DER WIDERSPENSTIGEN ZÄHMUNG *im Münchner Residenztheater.*

Der Widerspenstigen Zähmung
William Shakespeare
Deutsch von Schlegel-Tieck. Bearbeitung und szenische Einrichtung von Otto Schenk und Peter Weiser.
Inszenierung: Otto Schenk. *Ausstattung:* Günther Schneider-Siemssen.
Kostüme: Hill Reihs-Gromes.
Darsteller: Heinz Leo Fischer (Baptista, ein reicher Edelmann in Padua), Erwin Faber (Vincentio, ein alter Edelmann aus Pisa), Wolfgang Hübsch (Lucentio, Vincentios Sohn), KLAUS MARIA BRANDAUER (Petruchio, ein Edelmann aus Verona), Otto Bolesch (Gremio), Jürgen Arndt (Hortensio), Erich Ludwig (Tranio), Hans Stetter (Biondello), Nikolaus Paryla (Grumio), Michael Gempart (Curtis), Beppo Schwaiger (Nathanael), Hansgeorg Eder (Viktor), Roger Krötz (Habakuk), Sascha Scholl (Joseph), Karl Hanft (Magister), Paul Bürks (ein Schneider), Hans Zimmermann (Putzhändler), Ilse Neubauer (Bianca), Ursula Müller (eine Witwe), Christine Ostermayer (Katharina).
Residenztheater, München
Premiere: 2.4.1971.

Weh' dem, der lügt!
Franz Grillparzer
Inszenierung: Ernst Haeussermann. *Bühnenbild:* Karl Eugen Spurny.
Darsteller: Fred Liewehr (Gregor, Bischof von Chalons), Christian Futterknecht (Atalus, sein Neffe), KLAUS MARIA BRANDAUER (Küchenjunge Leon), Jochen Brockmann (Kattwald, Graf im Rheingau), Cornelia Froboess (Edrita, Tochter), Klaus Knuth (Galomir, ihr Bräutigam), Ernst Ernsthoff (Gregors Hausverwalter), Robert Werner (der Schaffer Kattwalds), Stephan Paryla, Anton Pointecker (zwei Knechte Kattwalds), Anton Duschek (ein Pilger), Reinold Tischler (ein fränkischer Anführer), Josef Loibl (ein Fährmann), Kurt Schuh (sein Knecht).
Burgenländische Festspiele auf Burg Forchtenstein
Premiere: 5.6.1971.

1971/72

Bacchus
Jean Cocteau
Deutsch von Charles Regnier und Gerd von Rhein.

Inszenierung: Wolfgang Glück. *Ausstattung:* Jürgen Rose.

Darsteller: Paul Hoffmann (Kardinal Zampi, außerordentlicher Gesandter des Heiligen Stuhls), Edd Stavjanik (der Bischof), Erich Auer (der Herzog), KLAUS MARIA BRANDAUER (Hans, der Bacchus), Peter Drescher (Lothar, Sohn des Herzogs), Michael Janisch (der Generalprofoß, Chef der Garnison), Manfred Inger (der Syndikus/Zunftmeister der Kaufleute), Alexander van Saas (Karl, Hauptmann), Helma Gautier (Christine, Tochter des Herzogs).

Akademietheater

Premiere: 1.3.1972.

1972/73

Liebelei

Arthur Schnitzler

Inszenierung: Gerhard Klingenberg. *Ausstattung:* Rouben Ter-Arutunian.

Darsteller: Attila Hörbiger (Hans Weiring, Violinspieler am Josefstädter Theater), Maresa Hörbiger (Christine, seine Tochter), Sylvia Lukan (Mizi Schlager, Modistin), Ida Krottendorff (Katharina Binder, Frau eines Strumpfwirkers), KLAUS MARIA BRANDAUER (Fritz Lobheimer), Michael Heltau (Theodor Kaiser), Paul Hoffmann (ein Herr).

Burgtheater

Premiere: 8.9.1972.

Don Carlos

Friedrich von Schiller

Inszenierung: Otto Schenk. *Bühnenbild:* Günther Schneider-Siemssen. *Kostüme:* Hill Reihs-Gromes.

Darsteller: Werner Hinz (Philipp II, König von Spanien), Erika Pluhar (Elisabeth von Valois, seine Gemahlin), KLAUS MARIA BRANDAUER (Don Carlos, der Kronprinz), Dieter Witting (Alexander Farnese, Prinz von Parma), Ebba Johannsen (Herzogin von Olivarez, Oberhofmeisterin), Dorothea Parton (Marquise von Montekar), Elisabeth Orth (Prinzessin von Eboli), Gertrud Helmer (Gräfin Fuentes), Klausjürgen Wussow (Marquis von Posa, ein Malteserritter), Fred Liewehr (Herzog von Alba), Erich Auer (Graf von Lerma), Fritz Lehmann (Herzog von Feria, Ritter des Vlieses), Hannes Schiel (Don Raimond von Taxis, Oberpostmeister), Rudolf Wessely (Domingo, Beichtvater des Königs), Paul Verhoeven (der Großinquisitor des Königreichs), Philipp Zeska (Prior

eines Kartäuserklosters), Rudolf Paczak (Offizier der Leibwache), Stefan Hlinak (ein Page der Königin).
Burgtheater
Premiere: 18.10.1972.

Was ihr wollt
William Shakespeare
Deutsch von A. W. Schlegel. Bearbeitung von Otto Schenk und Peter Weiser.
Inszenierung: Otto Schenk. *Bühnenbild:* Günther Schneider-Siemssen.
Kostüme: Hill Reihs-Gromes. *Musik:* Gerhard Wimberger.
Darsteller: KLAUS MARIA BRANDAUER (Orsino), Christine Ostermayer (Viola), Wolfgang Hübsch (Sebastian), Sabine Sinjen (Olivia), Christia-

Klaus Maria Brandauer und Christine Ostermayer in Otto Schenks Münchner Inszenierung von Shakespeares DER WIDERSPENSTIGEN ZÄHMUNG.

ne Hörbiger (Maria), Hans Dieter Zeidler (Junker Tobias), Helmuth Lohner (Junker Andreas Bleichenwang), Josef Meinrad (Malvolio), Heinz Marecek (Fabio), Karl Paryla (Narr), Rudolf Melchiar (Antonio), Frantisek Palka, Philipp Zeska (Priester), Miguel Herz-Kestranek (Valentin), Heinz Rohn (Curio), Anton Pointecker, Friedrich Schlederer (Gerichtsdiener).
Salzburger Festspiele, Landestheater
Premiere: 10.8.1972.

Romeo und Julia

William Shakespeare
Deutsch von Friedrich Schlegel. Bearbeitung von Peter Weiser und Otto Schenk.
Inszenierung: Otto Schenk. *Bühnenbild:* Günther Schneider-Siemssen. *Kostüme:* Hill Reihs-Gromes. *Fechtszenen:* William Hobbs. *Musik:* Herbert Baumann, nach Motiven aus der Renaissance.
Darsteller: Jürgen Arndt (Escalus, Prinz von Verona), Klaus Seidel (Graf Paris, Verwandter des Prinzen), Edmund Saussen (Montague), Karl Maria Schley (Capulet), Karl Striebeck (ein alter Mann, Capulets Oheim), KLAUS MARIA BRANDAUER (Romeo Montague), Hartmut Becker (Mercutio), Klaus Guth (Benvolio), Klaus Höring (Tybalt), Otto Bolesch (Bruder Lorenzo), Erland Erlandsen (Bruder Marcus), Jan Reich (Balthasar, Romeos Diener), Jochen Striebeck (Simson), Michael Greiling (Gregorio, Bedienter Capulets), Gerd Anthoff (Peter, Diener der Amme/1. Bedienter), Rainer Steffen (Abdraham, Bedienter Montagues), Beppo Schwaiger, Hubert Gertzen (2. + 3. Bedienter), Erwin Faber (ein Apotheker), Eva Vaitl (Gräfin Montague), Elfriede Kuzmany (Gräfin Capolet), Christiane Schröder (Julia Capulet), Hortense Raky (die Amme), Jürgen Haug, Werner Wöll (Begleiter Benvolios), Hubert Gertzen, Friedrich Rühmer (Begleiter Tybalts), Wolfgang Krebs, Maxim Oswald, Theodor Schmidt, Peter Vogel (Musikanten).
Residenztheater, München
Premiere: 19.4.1973.

Die Ahnfrau

Franz Grillparzer
(Urfassung)
Inszenierung: Ernst Haeusserman. *Bühnenbild:* Karl Eugen Spurny. *Kostüme:* Alice Maria Schlesinger.
Darsteller: Paul Hoffmann (Graf Zdenko von Zierotin), Barbara Nüsse

(Bertha, seine Tochter), KLAUS MARIA BRANDAUER (Jaromir), Michael
Janisch (Boleslav, ein Räuber), Fred Liewehr (Günther Kastellan),
Frank Dietrich (Hauptmann), Stephan Paryla (ein Soldat).
Burgenländische Festspiele auf Burg Forchtenstein
Premiere: 2. Juni 1973.

Was ihr wollt
Salzburger Festspiele, Landestheater
Wiederaufnahme: 6.8.1973.

1973/74

Herrenhaus
Mannerhouse von Thomas Wolfe
Übersetzung von Peter Sandberg.
Inszenierung: Karl Paryla. *Bühnenbild:* Bernd Müller/Jörg Neumann.
Kostüme: Hull Reihs-Gromes/Astrid Six. *Tanzeinstudierung:* Gerlinde
Dill.
Darsteller: Harald Harth (der Erzähler), Erik Frey (General Ramsay),
Vilma Degischer (Mrs. Ramsay), KLAUS MARIA BRANDAUER (Eugene),
Christian Futterknecht (Ralph), Robert Dietl (Major Patton), Alexan-
der Wächter (Kadett), Marianne Nentwich (Margaret), Guido Wieland
(Mr. Porter), Tony Patricio (Todd, ein alter Negerdiener), Lance E.
Lumsden (Bynum, ein junger Neger), Ludwig Hirsch (erster Zimmer-
mann), Helmut Schleser (zweiter Zimmermann) sowie ein Dutzend
Gäste im Haus des General Ramsay, Sklaven und Diener, Soldaten ...
Theater in der Josefstadt
Premiere: 4.10.1973.

Wie es euch gefällt
William Shakespeare
Unter Benutzung der Übersetzung von Joachim Eschenburg und Au-
gust Wilhelm Schlegel, bearbeitet und eingerichtet von KLAUS MARIA
BRANDAUER.
Inszenierung: KLAUS MARIA BRANDAUER. *Bühnenbild/Kostüme:* Bernd
Müller/Jörg Neumann.
Darsteller: Guido Wieland (Herzog), Alfred Reiterer (Le Beau/Ami-
ens), Harald Harth (Jacques, Edelmann), Frank Dietrich (Ringkämpfer
Charles/Priester Ehrn Olivarius Hacktext), Thomas Frey (Oliver),

Heinz Ehrenfreund (Orlando), Heribert Aichinger (Adam), Karl Hellmich (Dennis/Wilhelm), Kurt Sowinetz (Probstein, ein Narr), Ernst Waldbrunn (Corinnus), Heinz Marecek (Höfling/Silvius), Mijou Kovács (eine Person, die den Hymen darstellt), Alexander Wächter (Mann mit Posaune/James), Sylvia Manas (Rosalinde), Marianne Nentwich (Celia), Hortense Raky (Kammerfräulein/Käthchen), Elfriede Ramhapp (Dame am Hof/Phöbe, eine Schäferin).
Theater in der Josefstadt, Wien
Premiere: 29.11.1973.
KRITIK: Otto F. Beer in SZ, 15.12.1973.

Medea

Franz Grillparzer
Inszenierung: KLAUS MARIA BRANDAUER. *Bühnenbild:* Karl Eugen Spurny. *Kostüme:* Hill Reihs-Gromes.
Darsteller: Erich Schellow (Kreon), Susanne Altschul (Kreusa, seine Tochter), Heinz Ehrenfreund (Jason), Elisabeth Orth (Medea), CHRISTIAN BRANDAUER, Josef Pichler (beider Kinder), Hortense Raky (Gora, Medeas Amme), Michael Janisch (ein Herold der Amphiktyonen), Panos Papadopoulos (ein Landmann)
Burgenländische Festspiele auf Burg Forchtenstein
Premiere: 8. Juni 1974.

Was ihr wollt

Salzburger Festspiele, Landestheater
Wiederaufnahme: 6.8.1974

1974/75

Kabale und Liebe

Friedrich von Schiller
Inszenierung: Gerhard Klingenberg. *Bühnenbild:* Josef Swoboda. *Kostüme:* Leo Bei.
Darsteller: Alexander Trojan (Präsident von Walter, am Hofe eines deutschen Fürsten), KLAUS MARIA BRANDAUER (Ferdinand, sein Sohn, Major), Sebastian Fischer (Hofmarschall von Kalb), Erika Pluhar (Lady Milford), Norbert Kappen (Haussekretär Wurm), Erich Auer (Stadtmusikant Miller), Judith Holzmeister (seine Frau), Gertraud Jesserer (Tochter Luise Miller), Hilke Ruthner (Sophie, Kammerjungfer der La-

dy), Klaus Behrendt (Kammerdiener des Fürsten), Franz Zelinka (Diener des Präsidenten). Akademietheater
Premiere: 16.3.1975.

Ein treuer Diener seines Herrn
Franz Grillparzer
Inszenierung: Ernst Haeussermann. *Ausstattung:* Karl Eugen Spurny.
Musik: Kurt Werner.
Darsteller: Walther Reyer (König Andreas), Sonja Sutter (Gertrude), KLAUS MARIA BRANDAUER (Herzog Otto von Meran), Leopold Rudolf (Bancbanus), Sabine Sinjen (Erny), Karl Paryla (der Diener), Ronald Leitner (das Kind Bela).
Burgenländische Festspiele auf Burg Forchtenstein
Premiere: 31. Mai 1975.

Leonce und Lena
Georg Büchner
Inszenierung: Johannes Schaaf. *Bühnenbild:* Wilfried Minks. *Kostüme:* Christian Göbl. *Musik:* Peer Raben.
Darsteller: Romuald Pekny (König Peter), KLAUS MARIA BRANDAUER (Prinz Leonce), Marianne Nentwich (Prinzessin Lena), Peter Broglé (Valerio), Sylvia Manas (Rosetta), Rosemarie Fendel (Gouvernante), Erik Frey (Präsident), Konrad Materna (Hofprediger/2. Polizist), Peter Mantic (Zeremonienmeister), Jörg Schleicher (Hofmeister), Marcus Powell (Hofrat), Anton Pointecker (Landrat), Werner Schnitzler (Schulmeister), Helmut Pick (1. Polizist), Gerd Lohmeyer (Kammerdiener).
Salzburger Festspiele, Landestheater
Premiere: 12.8.1975.

1975/76

Weh' dem, der lügt!
Franz Grillparzer
Inszenierung: KLAUS MARIA BRANDAUER. *Ausstattung:* Bernd Müller, Jörg Neumann.
Darsteller: Leopold Hainisch (Gregor, Bischof von Chalons), Christian Futterknecht (Atalus, sein Neffe), KLAUS MARIA BRANDAUER (Leon, Küchenjunge), Richard Münch (Kattwald, Graf im Rheingau), Sabine

*Klaus Maria Brandauer und Marianne Nentwich als Leonce und Lena
von Georg Büchner in der Inszenierung von Johannes Schaaf.*

Sinjen (Edrita, seine Tochter), Klaus Dittmann (Gregors Hausverwalter), Gerhard Friedrich (Galomir, ihr Bräutigam), Karl-Ulrich Meves
(der Schaffner Kattwalds), Erich Bar (ein Knecht Kattwalds), Kurt A.
Jung (ein Pilger), Christian Mey (ein fränkischer Anführer), Karl Striebeck (ein Fährmann), Edgar Hoppe (sein Knecht).
Thalia-Theater, Hamburg
Premiere: 6.3.1976.

Leonce und Lena
(Bei der Wiederaufnahme von Johannes Schaafs Inszenierung bei den
Salzburger Festspielen spielen Heidelinde Weis die Rosetta, Erland Er-
landsen den Zeremonienmeister und Johannes Schaaf den Hofmei-
ster).
Wiederaufnahme: 5.8.1976.

Poesie und Revolution
KLAUS MARIA BRANDAUER
Rezitiert aus althochdeutscher Literatur, Walther von der Vogelweide,
Martin Luther und andere.
Mozarteum, Salzburg
Premiere: 6.8.1976.

*Heidelinde Weis und Klaus Maria Brandauer in der Wiederaufnahme
von Johannes Schaafs Inszenierung von LEONCE UND LENA am Landestheater in Salzburg.*

Arzt am Scheideweg
George Bernard Shaw
Deutsche Fassung von Rudolf Noelte nach der Übersetzung von Siegfried Trebitsch.
Inszenierung: Rudolf Noelte. *Bühnenbild/Kostüme:* Walter Dörfler.
Darsteller: Romuald Pekny (Sir Colenso Ridgeon), Hans Hermann Schaufuß (Sir Patrick Cullen), Henning Schlüter (Sir Ralph Blumfeld-Benning), Rudolf Wessely (Dr. Leo Schutzmacher), Martin Hirthe (Dr. Walpole), Richard Beek (Dr. Blenkinson), KLAUS MARIA BRANDAUER (Louis Dubedat, Maler), Sylvia Manas (Jennifer, seine Frau), Marcel Werner (Redpenny, Assistent bei Ridgeon), Erna Sellmer (Emmy, Wirtschafterin bei Ridgeon), Veronika Fitz (Serviererin Minna), Werner Schnitzer (ein Reporter), Maria Singer (ein Dienstmädchen).
Münchner Kammerspiele
Premiere: 22.11.1975.

Elga
Gerhart Hauptmann
Nach der Novelle von Franz Grillparzer DAS KLOSTER BEI SENDOMIR.
Inszenierung: Ernst Haeussermann. *Bühnenbild:* Karl Eugen Spurny.
Kostüme: Leo Bei.
Darsteller: KLAUS MARIA BRANDAUER (ein Ritter), Karl Paryla (der Diener des Ritters), Walther Reyer (ein Mönch), Robert Werner (Pförtner).
Gestalten im Traum des Ritters: Walther Reyer (Graf Starschenski), Elisabeth Epp (Marina, seine Mutter), Senta Berger (Elga, seine Frau), Elfriede Ramhapp (die Amme), Michael Janisch (Dimitri), Karl Paryla (Timoska, Hausverwalter), Peter Neusser (Grischka), KLAUS MARIA BRANDAUER (Oginski, Elgas Vetter), Marianne Nentwich (Dortka, Elgas Kammerzofe), Robert Werner (Diener des Grafen Starschenski).
Burgenländische Festspiele auf Burg Forchtenstein
Premiere: 29. Mai 1976.

1977/78

Zum großen Wurstel und **Der grüne Kakadu**
Arthur Schnitzler
Bearbeitung/Inszenierung: KLAUS MARIA BRANDAUER. *Ausstattung:* Walter Dörfler. *Kostüme:* Rudolf Heinrich, *Musik:* Hans Kann.
Darsteller (ZUM GROSSEN WURSTEL): Guido Wieland (der Direktor),

Albert Rueprecht (der Dichter), Stefan Paryla (der Wohlwollende), Ludwig Hirsch (der Naive), Heribert Aichinger (ein Bürger), Elfriede Ramhapp (seine Frau), Rudolf Rösner (zweiter Bürger), Birgit Doll (1. Tochter), Ulli Maier (2. Tochter), Heribert Sasse (der Bissige), Fritz von Friedl (ein Ringkämpfer), Frank Dietrich (ein Herr im Park), Leopold Rudolf (ein Unbekannter), Hans Kann (ein Klavierspieler).

Im Marionettentheater: Eugen Stark (der Herzog von Lawin), Christiane Hörbiger (die Herzogin von Lawin), KLAUS MARIA BRANDAUER (der Held dieses Stückes), Miguel Herz-Kestranek (der traurige Freund), Matthias Croy (der heitere Freund), Marianne Nentwich (Liesl), Erik Frey (der düstere Kanzlist, ihr Vater), Christian Futterknecht (ein Vetter Brackenburgs), Harald Harth (der Räsoneur), Andrea Nürnberger (ein totes Mädchen), Karl Hellmich (ein Diener), Rolf Scharre (der Tod).

Darsteller (DER GRÜNE KAKADU): Albert Rueprecht (Emile, Herzog von Cadignan), Heribert Sasse (François, Vicomte von Nogeant), Christian Futterknecht (Albin, Chevalier de la Tremouille), Harald Harth (der Marquis von Lansac), Marianne Nentwich (Séverine, seine Frau), Miguel Herz-Kestranek (Dichter Rollin), Guido Wieland (Prospère, Wirt, vormals Theaterdirektor), KLAUS MARIA BRANDAUER (Henri), Fritz von Friedl (Balthasar), Rudolf Rösner (Guillaume), Frank Dietrich (Scaevola), Matthias Croy (Jules), Andrea Nürnberger (Etienne), Stefan Paryla (Maurice), Elfriede Ramhapp (Georgette), Birgit Doll (Michette), Ulli Maier (Flipotte), Christiane Hörbiger (Léocadie, Henris Frau, Schauspielerin), Eugen Stark (Philosoph Grasset); Karl Hellmich (Schneider Lebret), Ludwig Hirsch (Grain, ein Strolch), Erik Frey (der Kommissär).
Theater in der Josefstadt
Premiere: 1.9.1977.

Die Jüdin von Toledo
Franz Grillparzer.
Inszenierung/Bearbeitung: KLAUS MARIA BRANDAUER. *Bühnenbild:* Karl Eugen Spurny. *Kostüme:* Leo Bei.
Darsteller: KLAUS MARIA BRANDAUER (Alfonso VIII., König von Kastilien), Kitty Speiser (Eleonore von England, seine Gemahlin), CHRISTIAN BRANDAUER, beider Sohn), Walther Reyer (Manrique, Graf von Lara), Hartmut Becker (Don Geran, dessen Sohn), Guido Wieland (Isaak), Anita Lochner (Tochter Rahel), Christine Kaufmann (Tochter Esther).
Burgenländische Festspiele auf Burg Forchtenstein
Premiere: 4. Juni 1977.

*Gudrun Gabriel als Susanne und Klaus Maria Brandauer als Figaro in
DER TOLLE TAG von Beaumarchais.*

Victor oder die Kinder an der Macht
Roger Vitrac
In der Einrichtung von Jean Anouilh. Deutsch von Hella Krolewski.
Inszenierung: Hans Neuenfels. *Bühnenbild:* Karl Kneidl. *Kostüme:* Dirk
von Bodisco.
Darsteller: KLAUS MARIA BRANDAUER (Victor, neun Jahre alt), Rudolf
Melichar (Charles Paumelle, sein Vater), Annemarie Düringer (Emilie
Paumelle, seine Mutter), Susi Nicoletti (Lili, ihr Mädchen), Erika Plu-
har (Esther), Robert Meyer (Antoine Magneau, ihr Vater), Paola Loew
(Thérèse Magneau, ihre Mutter), Bibiana Zeller (eine Grande Dame/
das Dienstmädchen Maria), Erich Aberle (der General Etienne Lonsé-
gur), Gusti Wolf (Ida Totemar), Fritz Hakl (der Arzt).
Akademietheater
Premiere: 23.12.1977.

Der tolle Tag oder Die Hochzeit des Figaro
Pierre Augustin Caron de Beaumarchais
Inszenierung/Bearbeitung: Johannes Schaaf. *Bühnenbild:* Wilfried Minks.
Kostüme: Peter Pabst. *Musik:* Franz Hummel.
Darsteller: Ivan Darvas (Graf Almaviva), Heidelinde Weis (Gräfin),
KLAUS MARIA BRANDAUER (Figaro), Gudrun Gabriel (Susanne), Rose-
marie Fendel (Marceline), Heinrich Schweiger (Antonio), Gabriele
Schuchter (Fanchette), Santiago Ziesmer (Cherubin), Ludwig Hirsch
(Basilio), Hubert Kronlachner (Bartholo), Heribert Sasse (Don Guzman
Brid'oison), Götz Kauffmann (Gerichtsschreiber), Richard Tomaselli
(Gerichtsdiener), Robert Meyer (Gripe-Soleil), Werner Friedl (Pedrillo).
Salzburger Festspiele, Landestheater
Premiere: 27.7.1978.

1978/79

Emilia Galotti
Gotthold Ephraim Lessing
Inszenierung: Adolf Dresen. *Ausstattung:* Pieter Hein. *Musik:* Hans-
georg Koch.
Darsteller: Brigitte Furgler (Emilia Galotti), Klaus Behrendt (Odoardo
Galotti), Martha Wallner (Claudia Galotti), KLAUS MARIA BRANDAU-
ER (Prinz von Guastalla, Hettore Gonzaga), Johannes Schauer (Mari-
nelli, Kammerherr des Prinzen), Otto Collin (Camillo Rota, einer von

des Prinzen Räten), Hannes Siegl (Conti, Maler), Kurt Schossmann (Graf Appiani), Elisabeth Orth (Gräfin Orsina), Rudolf Paczak (Kammerdiener des Prinzen), Tom Krinzinger (Battista), Michael Tellering (Angelo), Harry Reich-Ebner (Pirro).
Burgtheater
Premiere: 22.12.1978.

1979/80

Tartuffe

Jean Baptiste Molière
Deutsche Fassung von Rudolf Noelte, nach der Übersetzung von Arthur Luther.
Inszenierung: Rudolf Noelte. *Ausstattung:* Elisabeth Urbancic. *Musik:* Anton Gisler.
Darsteller: Melanie Horeschovsky (Madame Pernelle), Romuald Pekny (Orgon, ihr Sohn), Senta Berger (Elmire, seine zweite Frau), Franz Winter (Damis), Lena Stolze (Marianne), Michael Heltau (Cléante, Orgons Schwager), Karlheinz Hackl (Valère, Mariannes Verlobter), KLAUS MARIA BRANDAUER (Tartuffe), Veronika Fitz (Dorine), Fritz Muliar (Loyal, Gerichtsvollzieher), Walter Starz (ein Polizeikommissar), Gabriele Schuchter (Flipote, Dienstmädchen).
Burgtheater
Premiere: 21.12.1979.

Ist das nicht mein Leben?

Brian Clark
Deutsch von Wolfgang Parr.
Inszenierung: KLAUS MARIA BRANDAUER. *Ausstattung:* Pit Fischer.
Darsteller: Heinz Marecek (Ken Harrison), Nina Sandt (Stationsschwester Anderson), Michaela Rosen (Lernschwester Kay Sadler), Siegfried Walther (Pfleger John), Ursula Schult (Assistenzärztin Dr. Clare Scott), Robert Dietl (Leiter der Chirurgischen Abteilung Dr. Michael Emerson), Erni Mangold (Gillian Boyle), Eugen Stark (Philip Hill), Christian Futterknecht (Dr. Paul Travers), Kurt Nachmann (Dr. Barr), Guido Wieland (Richter Millhouse). Josefstadt (Kammerspiele)
Premiere: 4.2.1980.
Bei der anschließenden Tournee der »bühne 84« spielt KLAUS MARIA BRANDAUER den Ken Harrison.

1980/81

Der einsame Weg
Arthur Schnitzler
Inszenierung: KLAUS MARIA BRANDAUER. *Ausstattung:* Hans Hoffer.
Kostüme: Peter Pabst.
Darsteller: Robert Dietl (Maler), Ursula Schult (Gabriele, seine Frau), Matthias Croy (Felix), Mijou Kovacs (Johanna), Sieghardt Rupp (Julian Fichtner), Walter Schmiedinger (Stephan von Sala), Susanne Almassy (Irene Herms), Eugen Stark (Dr. Franz Reumann), Karl Krittl (Diener bei Fichtner), Karl Hellmich (Diener bei Sala), Andrea Rösner (Stubenmädchen bei Wegrat).
Theater in der Josefstadt
Premiere: 29.8.1980.
(Vorher: 22.7.1980: Bregenzer Festspiele)
KRITIK: Otto F. Beer in SZ, 24.7.1980.

Der Traum ein Leben
Franz Grillparzer
Inszenierung: Ernst Haeussermann. *Bühnenbild:* Karl Eugen Spurny.
Kostüme: Alice Maria Schlesinger. *Musik:* Paul Angerer.
Darsteller: KLAUS MARIA BRANDAUER (Prinz Sigismund), Paul Hoffmann (König), Heinrich Schweiger (Zangor), Walther Reyer, Senta Berger, Elisabeth Epp, Heinz Ehrenfreund, Michael Janisch, Peter Josch, Peter Weihs, Robert Werner.
Burgenländische Festspiele auf Burg Forchtenstein
Premiere: 23. Mai 1981.

1982/83

Jedermann
Hugo von Hofmansthal
Inszenierung: Ernst Haeussermann. *Ausstattung:* Veniero Colasanti, John Moore. *Musik:* Gerhard Wimberger. *Choreographie:* William Milié.
Darsteller: Will Quadflieg (Gott, der Herr), Romuald Pekny (der Tod), KLAUS MARIA BRANDAUER (Jedermann), Susi Nicoletti (Jedermanns Mutter), Karlheinz Hackl (Jedermanns guter Gesell), Edd Stavjanik (der Hausvogt), Robert Werner (der Koch), Rudolf Wessely (ein armer

Nachbar), Fritz Holzer (ein Schuldknecht), Ida Krottendorf (des Schuldknechts Weib), Marthe Keller (Buhlschaft), Alfred Böhm (dicker Vetter), Hans Clarin (dünner Vetter), Rolf Hoppe (Mammon), Marianne Nentwich (Gute Werke), Sonja Sutter (Glaube), Helmuth Lohner (Teufel), Otto Bolesch (Knecht), Peter Wolfsberger.
Salzburger Festspiele, Domplatz/Großes Festspielhaus
Premiere: 31.7.1983.
KLAUS MARIA BRANDAUER spielt die Titelrolle bis 1989.

Max-Reinhardt-Gedenkstunde
zur 110. Wiederkehr seines Geburtstags
Mitwirkende: Elisabeth Bergner, KLAUS MARIA BRANDAUER, Will Quadflieg, Walther Reyer, Ernst Schröder.
Felsenreitschule, Salzburg
Premiere: 31.7.1983.

Jedermann
Salzburger Festspiele, Domplatz/Großes Festspielhaus
Wiederaufnahme: 29.7.1984.

Jedermann
Salzburger Festspiele, Domplatz/Großes Festspielhaus
Wiederaufnahme: 28.7.1985.

1985/86

Hamlet
William Shakespeare
In der Bühnenfassung von Reinhard Urbach, Hans Hollmann, KLAUS MARIA BRANDAUER, nach der Übersetzung von August Wilhelm Schlegel.
Inszenierung: Hans Hollmann. *Bühnenbild:* Hans Hoffer. *Kostüme:* Frieda Parmeggiani. *Musik:* Otto M. Zykan.
Darsteller: Heinrich Schweiger (Claudius, König von Dänemark), Elisabeth Orth (Gertrud, Königin von Dänemark und Hamlets Mutter), KLAUS MARIA BRANDAUER (Hamlet, Sohn des vorigen und Neffe des gegenwärtigen Königs), Klausjürgen Wussow (Horatio, Hamlets Freund), Jürgen Hentsch (Polonius, Oberkämmerer), Rudolf Bissegger (Laertes, Sohn des Polonius), Leslie Malton (Ophelia, Tochter des Po-

lonius), Rudolf Buczolich (Rosenkranz), Rudolf Jusits (Güldenstern), Klaus Behrendt (Voltimand), Franz Köpp (Cornelius), Paul Hoffmann (erster Schauspieler und König im Schauspiel), Franz Tscherne (Königin im Schauspiel), Helmut Rühl (Lucianus, Schauspieler), Peter Schratt (Prolog im Schauspiel), Otto Goger (ein Schauspieler), Fritz Hakl, Johann Kolda, Willi Meierhofer (Pantomimen), Michael Janisch (zweiter Spaßmacher), Michael Wallner (Osrick, ein Hofmann), Reinhard Hauser (ein Edelmann am dänischen Hof), Ruben Albrecht (Marcellus), Fritz Muliar (erster Spaßmacher), Kurt Schossmann (Bernardo), Fritz Grieb (ein Priester), Martin Löschberger (Francisco, ein Soldat), Gunther W. Lämmert (ein norwegischer Hauptmann), Marcus Thill (ein Seefahrer), Georg Nenning (ein Bote), Hjalmar Strnischtie (ein Diener).
Burgtheater
Premiere: 21.12.1985.
KRITIK: Ulrich Weinzierl in FAZ, 24.12.1985; Otto F. Beer in SZ, 28.12.1985; Paul Kruntorad in FR, 3.1.1986; Helmut Schödel in Die Zeit, 3.1.1986.

Jedermann
(Bei der Wiederaufnahme des JEDERMANN in Salzburg spielte Michael Degen die Rolle des Tod)
Salzburger Festspiele, Domplatz/Großes Festspielhaus
Wiederaufnahme: 27.7.1986.

Jedermann
(Bei der Wiederaufnahme des JEDERMANN spielten Elisabeth Trissenaar die Buhlschaft und Herbert Propst den dicken Vetter).
Salzburger Festspiele, Domplatz/Großes Festspielhaus
Wiederaufnahme: 2.8.1987.

Lesung
Klaus Maria Brandauer: Wolfgang Amadeus Mozart, betrachtet von Gottfried von Jacquin.
Landestheater Salzburg
Premiere: 31.8.1987.

1987/88

Solidaritäts-Matinee des Burgtheaters mit den Studenten
Akademietheater
Premiere: 1.11.1987.

Jedermann
(Bei der Wiederaufnahme des JEDERMANN spielt Otto Sander die Rolle des Tod).
Domplatz/Großes Festspielhaus
Wiederaufnahme: 31.7.1988.

Der Salzburger Jedermann *von 1987 mit Kurt Heintel als Tod, Elisabeth Trissenaar als Buhlschaft und Klaus Maria Brandauer in der Titelrolle.*

Wie ich die Welt sehe

Eine Lesung mit KLAUS MARIA BRANDAUER als Albert Einstein.
Mozarteum, Salzburg
Premiere: 10.8.1988.

1988/89

Jedermann

(Bei der Wiederaufnahme des JEDERMANN spielen Heinz Ehrenfreund
den guten Gesellen, Anton Pointecker den Koch, Joachim Kemmer den
dünnen Vetter).
Domplatz/Großes Festspielhaus
Wiederaufnahme: 31.7.1989.

1990/91

Wie ich die Welt sehe

Eine Lesung mit KLAUS MARIA BRANDAUER als Albert Einstein.
Akademietheater
Produktion der Salzburger Festspiele
Wiederaufnahme: 28.4.1991.

1991/92

Wer hat Angst vor Virginia Woolf?

Edward Albee
Deutsch von Pinkas Braun.
Inszenierung: Hans Neuenfels. *Bühnenbild:* Reinhard von der Thannen.
Kostüme: Barbara Baum. *Musikalische Einrichtung:* Stefan Schiske.
Darsteller: Elisabeth Trissenaar (Martha), KLAUS MARIA BRANDAUER
(George), Markus Boysen (Nick), Andrea Clausen (Honey).
Burgtheater
Premiere: 15.12.1991.
KRITIK: Wolfgang Höbel in SZ, 17.12.1991; Ulrich Weinzierl in FAZ,
18.12.1991; Peter Iden in FR, 18.12.1991.

Spiel im Berg

Felix Mitterer
Inszenierung: KLAUS MARIA BRANDAUER. *Musik:* Christian Brandauer.

Darsteller: Michael Keller (Steffi), Hans Loitzi (Hans), Robert Hauer-Riedl (Teufel/Tutterer-Burgl).
Theater im Salzbergwerk Altaussee.
Premiere: 1.8.1992.
KRITIK: Thomas Thieringer in SZ, 3.8.1992.

Spiel im Berg
Theater im Salzbergwerk Altaussee.
Wiederaufnahme: 1.8.1993.

Verfemte Komponisten
Musik: Felix Mendelssohn Bartholdy, Giacomo Meyerbeer, Jacques Halévy, Arnold Schönberg, Jacques Offenbach, gespielt von Chor und Orchester der Wiener Staatsoper. *Moderation:* KLAUS MARIA BRANDAUER.
Mitwirkende: Agnes Baltsa, Edita Gruberova, Anja Silja, José Carreras, Plácido Domingo, Bernd Weikl u.a.
Wiener Staatsoper

Spiel im Berg
Theater im Salzbergwerk Altaussee.
Wiederaufnahme: 1.8.1994.

Spiel im Berg
Theater im Salzbergwerk Altaussee.
Neuinszenierung mit Schülern des Max-Reinhardt-Seminars, Wien.
Darsteller: Maria Henge (Teufel/Tutterer-Burgl), Philipp Hochmair (Steffi), Hans Loitzi (Hans), *Chor:* Mathias Deutelmoser, Eva Klemt, Steffi Kock, Angelika Richter, Renate Regal, Stefan Dietrich.
Wiederaufnahme: 5.8.1995.

Gurre-Lieder
Arnold Schönberg
Mitwirkende: Jennifer Lamare (Mezzosopran), Thomas Moser (Tenor), Kenneth Riegel (Tenor), Bernd Weikl (Baß), KLAUS MARIA BRANDAUER (Sprecher), Giuseppe Sinopoli (Dirigent) und die Staatskapelle Dresden.
Semper-Oper Dresden
Premiere: 29.8.1995.

Nicht realisierte Projekte

1978

Hamlet
Inszenierung: Hans Neuenfels, mit KLAUS MARIA BRANDAUER, Elisabeth Trissenaar.
Thalia-Theater, Hamburg
Brandauer reist nach den ersten Proben ab. F. K. Praetorius übernimmt die Titelrolle.

Through Roses
Marc Neikrug
Text/Musik: Marc Neikrug. *Musikalische Einrichtung:* Marc Neikrug.
Szenische Einrichtung: Jürgen Flimm, mit KLAUS MARIA BRANDAUER, Pinkas Zuckerman.
Brandauer, der kurz vor Probenbeginn absagt, wird durch Christoph Bantzer ersetzt.
Thalia Theater, Hamburg
Premiere: 18.4.1995.

Karin Brandauer: Filme und Fernsehspiele

Der Vampir, der aus der U-Bahn kam (Österreich 1975)
Diplomfilm.
Regie/Drehbuch: KARIN BRANDAUER.
Produktion: Filmhochschule Wien/ORF. 16 mm. Farbe. *Länge:* 30 Minuten.

Der Muff (Österreich 1975)
Regie: KARIN BRANDAUER. *Drehbuch:* Heide Kouba, KARIN BRANDAUER, nach einer Erzählung von Marie von Ebner-Eschenbach.
Darsteller: Elisabeth Epp.
Produktion: ORF. 16 mm. Farbe. *Länge:* 45 Minuten.

Kulturstraßen (Österreich 1976)
Dokumentarfilm.
Regie/Drehbuch: KARIN BRANDAUER.
Produktion: ORF. 16 mm. Farbe. *Länge:* 30 Minuten.

Im Sauwald (Österreich 1976)
Dokumentarfilm.
Regie: KARIN BRANDAUER.

Im Zwischenreich der Dämmerung (Österreich 1977)
Dokumentarfilm über Alfred Kubin.
Regie: KARIN BRANDAUER. *Drehbuch:* Kristian Sotriffer.
Produktion: Thalia-Film für ORF. 16 mm. Farbe. *Länge:* 50 Minuten.
Österreichischer Fortbildungspreis 1977.

Poesie und Revolution (Österreich 1977)
Regie: KARIN BRANDAUER.
Siehe: Fernsehfilme Klaus Maria Brandauer.

Eine florentinische Nacht (Österreich 1977)
Regie/Drehbuch: KARIN BRANDAUER.
Siehe: Fernsehfilme Klaus Maria Brandauer.

Angelo Soliman oder die Präparation eines Lebenslaufs (Österreich 1978)
Dokumentarfilm.

Regie: KARIN BRANDAUER. *Drehbuch:* Heide Kouba, KARIN BRAN-
DAUER.
Produktion: Thalia-Film für ORF. 16 mm. Farbe. *Länge:* 45 Minuten.

Wer war Angelika Kaufmann? (Österreich 1978)
Dokumentarfilm.
Regie: KARIN BRANDAUER. *Drehbuch:* Barbara Frischmuth.
Produktion: Zuppan-Film. 16 mm. Farbe. *Länge:* 45 Minuten.

Wozu das Theater? (Österreich 1979)
Dokumentar-Fernsehserie Folge 1–3.
Regie: KARIN BRANDAUER.

Wozu das Theater? (Österreich 1980)
Dokumentar-Fernsehserie Folge 4–6.
Regie: KARIN BRANDAUER.

Klaus Maria Brandauer im Gespräch mit Elisabeth Bergner (Öster-
reich 1981)
Aus der Fernsehreihe »Knallbonbons«
Regie: KARIN BRANDAUER.

Wozu das Theater? (Österreich 1981)
Dokumentar-Fernsehserie Folge 7–9.
Regie: KARIN BRANDAUER.

Der Weg ins Freie (Österreich/BRD 1982)
Regie: KARIN BRANDAUER: *Drehbuch:* Heide Kouba, KARIN BRANDAU-
ER, nach dem Roman von Arthur Schnitzler. *Kamera:* Christian Berger.
Ausstattung: Hans Hoffer.
Darsteller: KLAUS MARIA BRANDAUER (Baron Georg von Wer-
genthin), Heinz Ehrenfreund (Baron Felician von Wergenthin), Krista
Posch (Anna Rosner), Hans Clarin (Heinrich Bermann), Ursula
Lingen (Frau Ehrenberg), Mijou Kovacs (Else Ehrenburg), Walter
Schreiber (Oskar Ehrenberg), Norbert Kappen (Edmund Nürnber-
ger), Brigitte Karner (Therese Golowski), Christoph Schobesberger
(Leo Golowski), Manfred Inger (Dr. Stauber), Hans Hollmann (Dr.
Berthold Stauber), Sylvia Furtner (Amelie Reiter), Bela Erny (Deme-
ter Stanzides), Emil Stöhr (Vater Rosner), Eva Heer (Mutter Rosner),
Waltraut Taub.

Produktion: Schönbrunn-Film, Wien, für ORF und BR. Farbe. *Länge:* zweimal 90 Minuten.

Sendung: BR 3: 1. + 2.1.1983. ORF 2: 6. + 8.1.1983.

KRITIK: H. V. (= Hans Vetter) in KStA, 17.2.1984; BNB (= Barbara Bernauer) in FR, 17.2.1984.

INHALT: Schlüsselroman über die jüdische und besitzbürgerliche Gesellschaft im Wien zur Zeit des Untergangs der Donaumonarchie. Reiche Müßiggänger und dilettantische Künstler schwätzen an der Wirklichkeit vorbei, sehen nicht, was um sie vorgeht.

ZUM FILM: »Selten ist eine Zeitstimmung so annähernd authentisch in atmosphärischer Dichte, die melancholische Grundstimmung vermittelnden Bildern und Szenen umgesetzt wie in diesem Film. Das gleiche läßt sich auch von den Darstellern der beiden Hauptfiguren sagen: von Klaus Maria Brandauer in der Rolle des Komponisten und Krista Posch als seine Geliebte, deren Beziehung letztlich an der Wechselhaftigkeit der Gefühle scheitert.« (Hans Vetter)

Lächeln ist das Erbteil meines Stammes (Österreich/BRD 1983)
Dokumentarfilm über Friedrich Torberg.
Regie/Drehbuch: KARIN BRANDAUER.
Produktion: ORF und BR.16 mm. Farbe. *Länge:* 45 Minuten.

Das Totenreich (BRD/Dänemark 1985)
Regie: KARIN BRANDAUER. *Drehbuch:* Herbert Asmodi, nach dem Roman von Henrik Pontoppidan. *Kamera:* Odd Geir Saether. *Schnitt:* Wolfgang Richter. *Musik:* Jan Garbarek. *Ausstattung:* Wolfgang Schünke. *Kostüme:* Peter Pabst.
Darsteller: Leslie Malton (Jytte Abildgaard), Heidemarie Theobald (Bertha Abildgaard, ihre Mutter), Michael König (Torben Dihmer), Hans Christian Rudolph (Karsten Fromm), Walter Schmidinger (Asmus Hagen), Vadim Glowna (Mads Vestrup), Kurt Raab (John Hagen), Marika Adam (Wilhelmine, seine Frau), Richard Münch (Tyge Enslev), Immy Schell (Fanny Ewaldsen), Siemen Rühaak (Pastor Gaardbo), Felix von Manteuffel (Dr. Gaardbo), Maria von Bismarck (Meta, seine Frau), Irm Hermann (Stine Vestrup), Joachim Unmack (Redakteur Danielsen), Jochen Brockmann (Kaffeehändler Söholm), Fritz Lichtenhahn (Bischof), Hans Helmut Dickow (Propst Broberg), Peter Kern (Carlsen), Hartmut Kollakowsky (Frandsen), Uwe Jens Pape (Gjärup), Karl-Heinz Pelser (Tystrup), Angelika Thomas (Frau Merck), Fritz Müller-Scherz (Irrenarzt), Martin Rosenstiel, Claudia Burckhardt, Michael Gahr, Kurt Zips.

Leslie Malton und Heidemarie Theobald (r.) in DAS TOTENREICH *von Karin Brandauer.*

Produktion: Helga Poche für WDR und Danmarks Radio. Eastmancolor. *Länge:* 96 + 115 Minuten.

Erstsendung: ARD: 19. + 23.3.1986.

KRITIK: BS (= Barbro Schuchart) in KR, 12.9.1985; Eva Maria Lenz in FAZ, 19.3.1986; D. L. (= Dietrich Leder) in KStA, 19.3.1986; Anja Hennigsmeyer in Darmstädter Echo, 19.3.1986; kai in AZ, 21.3.1986; T. T. (= Thomas Thieringer) in FR, 25.3.1986; Birgit Weidinger in SZ, 25.3.1986; Heiko R. Blum in Berner Zeitung, 2.4.1986.

INHALT: »Dänemark nach der Jahrhundertwende. Die Menschen in dieser Gesellschaft sind ausgebrannt. Ein paar reaktionäre Kirchen-Fürsten versuchen, Einfluß auf das Volk, auf die Politik zu gewinnen. Sie gehen skrupellos mit allen Tricks vor gegen die, die einen Wandel anstreben, die Ursachen des Verfalls bekämpfen und nicht nur betäuben wollen.« (Thomas Thieringer)

Erdsegen (Österreich/BRD 1985)

Regie: KARIN BRANDAUER. *Drehbuch:* Felix Mitterer, nach dem Roman von Peter Rosegger. *Kamera:* Hans Liechti, Helmut Pirnat. *Schnitt:* Marie Homolka. *Musik:* Heinz Leonhardsberger. *Kostüme:* Edith Almoslino.
Darsteller: Dietrich Siegl (Hans Trautendorffer), Alexander Wagner (Adamshauser), Barbara Petritsch (Adamshauserin), Gudrun Trummer (Barbel), Karl Pongratz (Rocherl), Christian Spatzek (Guido Winter), Cilli Wang, Sepp Trummer (der doppelte Michelmensch), Heinrich Schweiger (Dr. von Stein), Hellfried Edlinger, Hannes Pichler, Klaus Rott, Bernd Spitzer, Gerhard Swoboda.
Produktion: MR-TV-Film, Wien/ORF/ZDF. Eastmancolor. *Länge:* 95 Minuten.
Erstsendung: ORF/ZDF: 28.3.1986.
KRITIK: Thomas Thieringer in SZ, 27.3.1986; Willi Winkler in Die Zeit,

Szene aus Karin Brandauers ERDSEGEN *mit Barbara Petritsch, Dietrich Siegl, Hannes Pichler, Alexander Wagner, Karl Pongratz, Gudrun Trummer.*

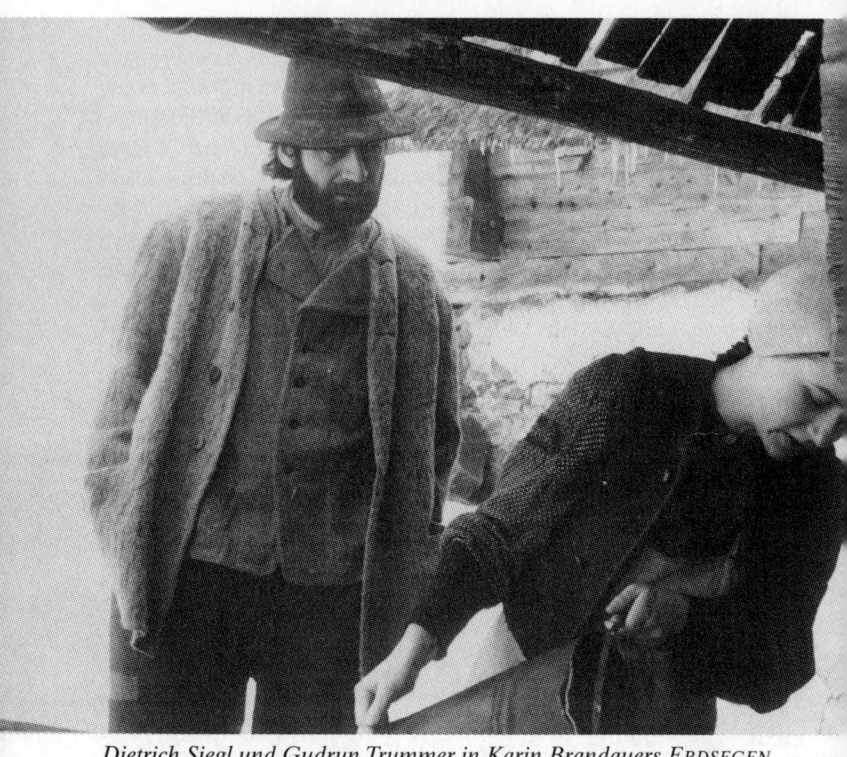

Dietrich Siegl und Gudrun Trummer in Karin Brandauers ERDSEGEN.

28.3.1986; T. T. (= Thomas Thieringer) in FR, 28.3.1986.

INHALT: Ein Journalist will aus seinem Job aussteigen und verpflichtet sich – aufgrund einer Wette – für ein Jahr aufs Land zu gehen, bei den Bauern zu leben und zu arbeiten. Was anfangs beschwerlich aussieht, wird zur angenehmen Gewohnheit, der Fremde wird seßhaft und bleibt am Ende im Dorf.

ZUM FILM: Heinz Werner Hübner, der diesen Stoff fand und im eigenen Hause gewissermaßen durchsetzte, sagt zu den Figuren der Romanvorlage: »Was sie tun und sagen – der Landadel, die Herren der Kirche und die der Arbeiterpartei – ist übertragbar bis auf den heutigen Tag – nicht nur in Dänemark.«

Felix Mitterer machte aus dem um 1900 entstandenen Briefroman von Peter Rosegger ein Drehbuch, das KARIN BRANDAUER verfilmte. Mitterer und Brandauer siedeln die Geschichte zehn Jahre später an, um die Umbruchstimmung der k. u. k. Monarchie auf dem Lande deutlicher zeichnen zu können.

Einstweilen wird es Mittag (Österreich/BRD 1988)
Regie: KARIN BRANDAUER. *Drehbuch:* Heide Kouba, KARIN BRANDAUER, nach der Studie DIE ARBEITSLOSEN VON MARIENTHAL von Marie Jahoda, Paul F. Lazarsfeld, Hans Zeisel. *Regieassistenz:* Johanna Stein-

EINSTWEILEN WIRD ES MITTAG

beisser. *Kamera:* Helmut Pirnat, Peter Paschinger. *Schnitt:* Maria Homolka, Monica Parisini. *Ausstattung:* Peter Manhardt. *Kostüme:* Uli Fessler.

Darsteller: Die Wissenschaftler: Franziska Walser (Ruth Weiss), Nicolas Brieger (Robert Bergheim), Stefan Suske (Philipp Strauss), Johannes Nikolussi (Kurt Schrader). Die Arbeitslosen: Hermann Schmid, August Schmölzer, Georg Staudacher, Bernd Spitzer, Peter Moucka, Kristina Walter, Karina Thayenthal, Andrea Kiesling, Inge Maux, Sybille Kos, Rainer Frieb, Peter Faerber, Josef Bilous, Hermut S. Müller, Karl Schmid-Werter, Erika Deutlinger, Margot Hruby, Patricia Hirschbichler, Sigrid Farber, Helga Illich, Heinrich Strobele, Hanns Thanheiser, Thomas Gratzer, Axel Sprenger, Alexander Berg, Maria Perschy, Maria Urban, Emanuel Schmid, Robert Hauer-Riedl, Marcus Thill, Fritz Holzer, Klaus Rott, Tom Krintzinger, Kurt Kusutic, Florian Mauthe.

Produktion: Kurt J. Mrkwicka für MR-TV, Wien im Auftrag von ORF und ZDF.

KRITIK: Birgit Weidinger in SZ, 3.5.1988; Friederike Reiss in KStA, 3.5.1988; seg in FR, 4.5.1988.

Fernsehpreis der Volksbildung, München 1989, für KARIN BRANDAUER und Kameramann Helmut Pirnat.

INHALT: Eine sozialpsychologische Studie von 1933 dokumentiert den Untergang eines Dorfes, der dadurch bedingt ist, daß die Bewohner auf einen Schlag ihre Arbeit verlieren. Der Film von KARIN BRANDAUER wurde beim Internationalen Forum des Jungen Films in Berlin sehr erfolgreich aufgeführt und lebhaft diskutiert.

Ein Sohn aus gutem Hause (Österreich/BRD 1988)

Regie: KARIN BRANDAUER. *Drehbuch:* KARIN BRANDAUER, Heide Kouba, nach dem Roman von Karl Tschuppik. *Kamera:* Helmut Pirnat. *Schnitt:* Monica Parisini. *Musik:* CHRISTIAN BRANDAUER.

Darsteller: Thomas Kaan (Max D'Adorno als Kind), Alexander Lutz (Max D'Adorno als junger Mann), Felix von Manteuffel (Baron D'Adorno), Alexandra Jank (Lucy D'Adorno als Kind), Angelika Ladurner (Lucy D'Adorno als junge Frau), Ewa Blaszcyk (Frau D'Adorno), Rolf Boysen (General Bardolo), Walter Schmidinger (Oberst Redl), Georg Friedrich (Karl Dillen), Karin Kienzer (Sussu von Barco), Alexander Strobele (Rittmeister von Barco), Doris Amon (Bibi).

Produktion: ORF/BR. Eastmancolor. *Länge:* 103 Minuten.

Erstsendung: ARD: 13.12.1989. ORF 2: 3.1.1990.

KRITIK: tsr in SZ, 13.12.1989; Hans Dieter Seidel in FAZ, 15.12.1989; Thomas Thieringer in FR, 15.12.1989; Norbert Hummelt in KStA, 15.12.1989.

Telestar 1990 für KARIN BRANDAUER.

ZUM FILM: »Menschen wie dem SOHN AUS GUTEM HAUSE nach dem Roman von Karl Tschuppik, deren vorgebliche Leere eine ihnen kaum bewußt werdende, empfindungsreiche Tiefe barg, galt das vordringliche Interesse der Regisseurin; daß diese Tiefe zwischen den Bildern immer zu ahnen blieb, daß die Leere um die Figuren unausgesprochen aufgefüllt wurde, machte die Qualität der Inszenierungen aus.« (Hans Dieter Seidel)

Verkaufte Heimat (Österreich/Italien/BRD 1989)
1. Brennende Lieb' (NDR)
2. Leb' wohl, mein Südtirol (BR)
Regie: KARIN BRANDAUER. *Drehbuch:* Felix Mitterer. *Kamera:* Helmut Pirnat. *Musik:* CHRISTIAN BRANDAUER. *Ausstattung:* Thomas Riccabona. *Darsteller:* Otto Donner (Altbauer Tschutschenthaler), Anna Pircher (Altbäuerin), Christine Mayr (Anna), Ludwig Dornauer (Hermann), Josef Griesser (Hans Oberhollenzer), Rita Frasnelli Wolff, Katharina Welser, Peter Mitterrutzner, Helmut Haidacher, Paolo Magagna. *Produktion:* Schönbrunn-Film, Wien. *Länge:* zweimal 115 Minuten. *Erstsendung:* ORF 2: 22. + 25.11.1989. ARD: 7. + 11.2.1990.

KRITIK: Uwe Schmitt in FAZ, 7.2.1990; Agnieszka Lessmann in KStA, 9.2.1990; Anne Rose Katz in SZ, 13.2.1990.

Telestar 1990 für Felix Mitterer (Drehbuch).

ZUM FILM: Unter den Faschisten wurde die Südtiroler Bevölkerung unterdrückt. Die Menschen durften nicht mehr Deutsch sprechen, sie wurden gar unter italienischen Namen begraben. Wenn sie den Kindern Deutsch beibringen wollten, mußte das heimlich und möglichst ohne Zeugen passieren. »Wir waren fanatisch für das Deutschtum, weil wir unterdrückt wurden«, sagt ein Südtiroler Dörfler. Unter dem Druck der nationalsozialistischen Propaganda entschlossen sich die meisten Menschen, abzuwandern – und wurden von den Nazis betrogen.

Aschenputtel (BRD/ČSSR/Italien 1989)
Regie: KARIN BRANDAUER. *Drehbuch:* Michael Schulz. *Kamera:* Helmut Pirnat. *Schnitt:* Daniela Padalewski. *Musik:* CHRISTIAN BRANDAUER, Natascha Wilhelm. *Kostüme:* Barbara Baum, Monika Jacobs. *Darsteller:* Petra Vigna (Aschenputtel), Claudia Knichel (jüngere Stief-

schwester), Roswitha Schreiner (ältere Stiefschwester), Krista Stadler (Stiefmutter), Stephan Meyer-Hohlhoff (Prinz), Jean-Marc Bory. *Produktion:* Omnia-Film, Toro-Film, RAI. Eastmancolor. *Länge:* 90 Minuten.

Erstaufführung: 9. Internationales Kinderfilmfestival Frankfurt/Main 1989. *Erstsendung:* ZDF: 25.12.1989.

KRITIK: Dagmar Ungureit in Kinder/Jugendfilmkorrespondenz 4/89; Hans Dieter Seidel in FAZ, 16.11.1992.

ZUM FILM: »Bei der Verfilmung gelang KARIN BRANDAUER ein bewundernswerter Balanceakt: kindlich glutvollem Erleben prächtig Auslauf zu geben und zugleich für erwachsene Zuschauer auf das notwendige Maß Ironie nicht zu verzichten.« (Dagmar Ungureit)

Marleneken (BRD 1990)
Regie: KARIN BRANDAUER. *Drehbuch:* Eva Maria Mieke. *Kamera:* Helmut Pirnat. *Musik:* »Die vier Jahreszeiten« von Antonio Vivaldi. *Ausstattung:* Hans Zillmann. *Kostüme:* Barbara Baum.

Darsteller: Hannelore Hoger (Marilena), Nina Hoger (Marilena, jünger), Daniela Schleicher (Marilena als Kind), Karin Baal (Marga), Therese Lohner (Marga, jünger), Janina Froh (Marga als Kind), Agnes Fink (Carla, ihre Mutter), Elisabeth Trissenaar (Carla, jünger), Leo Bardischewski (Opa Meissner), Eva-Ingeborg Scholz (Frau Meissner), Hans-Michael Rehberg (Egon Folkmann), Klaus Guth (Dr. Bosselt), Klaus Mikoleit (Schulleiter), Martin Diekow (Dieter), Wolfrid Lier (Helmut Möller), Neithardt Riedel (Helmut, jünger), Susanne Schäfer (Monika), Nadja Engelbrecht (Katja), Burkhard Heyl (Wolfgang), Marita Breuer (Irene).

Produktion: Katharina M. Trebitsch Objektiv Film GmbH für ZDF/ORF. *Länge:* 93 + 123 Minuten.

Erstsendung: ZDF/ORF: 21. + 27.5.1990.

Telestar 1990 für KARIN BRANDAUER (auch für EIN SOHN AUS GUTEM HAUS); Bayrischer Fernsehpreis für Eva Maria Mieke und KARIN BRANDAUER.

KRITIK: Hans Jürgen Otte in KStA, 21.2.1990; Roland Timm in SZ, 21.5.1990; Gerda H. Lottmann in Die Welt, 21.3.1990; Sigrid Schmitt in WAZ, 21.5.1990; Wilfried Geldner in SZ, 29.5.1990.

ZUM FILM: Die Dreharbeiten des Films wurden von den ebenso plötzlichen wie turbulenten Veränderungen in Deutschland erschwert, aber man konnte die neuen Ereignisse quasi bis zum Rücktritt von Egon Krenz noch einbringen.

Nina Hoger, Marita Breuer, Burghard Heyl in Karin Brandauers MAR-
LENEKEN.

»Wir mußten zum Glück nicht neu drehen, weil ich nicht mit der Rah-
menhandlung angefangen habe«, sagte KARIN BRANDAUER, die alle in
Mitteldeutschland spielenden Szenen in Polen gedreht hatte, »weil es
bisher immer so schwierig war, Drehgenehmigungen aus Ost-Berlin zu
bekommen.«

Sidonie (Österreich/BRD 1990)
Regie: KARIN BRANDAUER. *Drehbuch:* Erich Hackl, nach seinem gleich-
namigen Roman. *Regieassistenz:* Brigitte Hirsch. *Kamera:* Helmut Pir-
nat. *Schnitt:* Daniela Padalewski, Brigitte Frischler. *Musik:* CHRISTIAN
BRANDAUER. *Ausstattung:* Rudi Czettel.
Darsteller: Arghaven Sadeghi-Seragi (Sidonie), Kitty Speiser (Josefa
Breitner), Georg Marin (Hans Breitner), Micha Reisober (der kleine
Manfred), Markus Hotti (Manfred Breitner), Wolfgang Hübsch (Pe-
trak), Felicitas Ruhm (Frau Hinterleitner), Johanna Mertinz (Frau
Köppl), Gabriele Buch (Frau Kraft), Dietrich Hollunderbäumer (Herr
Kraft), Alexandra Hilverth (Irinka), Andrea Eckert (Sidonies »Mut-

ter«), Rudolf Buczolich (Pfarrer Bartel), Beatrice Frey, Josef Griesser, Jutta Heinz, Mareike Holzer, Karl Krittl, Peter Mouka, Peter Neubauer, Karl Stojka, Franz Robert Wagner.

Produktion: Schönbrunn-Film, Wien, für ORF und BR. Eastmancolor.
Länge: 87 Minuten.
Erstsendung: ORF: 28.11.1990. ARD: 27.3.1991.
KRITIK: Martin Ahrends in Die Zeit, 1.2.1991; Matthias Rüb in FAZ, 27.3.1991.

INHALT: »Am 18. August 1933 wird auf dem Portal des Krankenhauses in Steyr ein Kleinkind gefunden, neben dem ein Stück Papier liegt, auf dem mit ungelenker Handschrift geschrieben steht: ›Ich heiße Sidonie Adlersburg und bin geboren auf der Straße nach Altheim. Bitte um Eltern.‹ Einige Monate später wird das Kind Josefa und Hans Breirather aus Sierning (im Film: Breitner) zur Pflege übergeben ... Bis März 1943 bleibt Sidonie bei den Breirathers. Doch dann sind die Zeiten so groß geworden, daß man die kleine Sidonie den verzweifelten Pflegeeltern nimmt und nach Auschwitz deportiert.« (Matthias Rüb)

ZUM FILM: Erich Hackl schrieb nach authentischen Vorlagen das Drehbuch, später eine Erzählung mit dem Titel ABSCHIED VON SIDONIE. »Der Film ... ist unauffällig gut, weil er das uns gewohnte zivile Zusammenleben von Männern und Frauen als die unauffällige Katastrophe zeigt, die es ist. Der Mann, dessen Portrait nun überall in den Schulen und Amtsstuben hängt, befiehlt die rassische Sauberkeit – da handelt man gegen jede menschliche Regung. Da muß Frau auf die Knie fallen, um ihr ›Zigeunerkind‹, ihr ›Negerkind‹, ihr ›Findelkind‹ betteln, das doch bloß ihr Kind ist und sonst nichts. Der Film ist ohne Larmoyanz.

Im Zentrum dieser Geschichte stehen Szenen, die keiner finsteren Vergangenheit angehören, die sich unter dem Gesetz der Männermacht täglich wiederholen. Ein Mann im Gefängnis, die Frau nimmt seine Hand, ein Mann in Uniform steht starr daneben, gleich wird er die Szene abbrechen. Ein Mann im Ornat gibt halbwüchsige Mädchen mit leblosen Formeln in Gottes Hand. Drei Männer debattieren in einer Berghütte über die Weltrevolution, eine Frau hockt sich indessen zu den Kindern, um ihnen ein Kreiselspiel zu zeigen. Zwei uniformierte Amtmänner bringen eine flehende Frau und ein weinendes Kind zusammen, die nicht zusammengehören, sie unterfertigen und besiegeln männlich gerafft, um sich von dem weiblichen Getue abzusetzen. Dann nimmt man sich wieder die Zeitung vor, in der gerade so viel Neues steht von Krieg und großen Schlachten.« (Martin Ahrends)

Abkürzungsverzeichnis für die Filmographie

BZ = Berner Zeitung; FAZ = Frankfurter Allgemeine Zeitung; FNP = Frankfurter Neue Presse; FR = Frankfurter Rundschau; KStA = Kölner Stadtanzeiger; KR = Kölnische Rundschau; MFB = Monthly Film Bulletin; NRZ = Neue Ruhr Zeitung; NZZ = Neue Zürcher Zeitung; Rhp = Rheinpfalz; RP = Rheinische Post; SaZ = Saarbrücker Zeitung; SZ = Süddeutsche Zeitung; StZ = Stuttgarter Zeitung; taz = Die Tageszeitung; WAZ = Westdeutsche Allgemeine Zeitung.

Quellenangaben

Klaus Maria Brandauer, »Bleiben tu' ich mir nicht«, Verlag Jugend & Volk, Wien 1991
GEORG ELSER: Joachim Riedl in: Der Spiegel, 9.1.1989
REVOLUTION FRANÇAISE: Robert Fischer in: KStA, 5.4.1989

Danksagung

Und zum Schluß noch ein Dank an Marina Alsen, Friederike Auf, Katharina Blum, Christian Fuchs, Liesl Glas, Rudolf Gretscher, Uta Grünberger, Dr. Hans Heinz Hahnl, Dr. Mati Kranz, Dieter Masling, Beate Mutschler, Vera Neuroth, Peter H. & Iduna Schröder, Cordula Schurich, Annette Wagner, Rosemarie Weber, Ursula Zangerle, Meinolf Zurhorst und an alle, die uns direkt und indirekt unterstützt haben, natürlich auch allen Gesprächs- und Interviewpartnern.

Register